Geschichte und Geschehen

Thüringen **F5**

Klaus Bergmann
Rolf Brixius
Andreas Dambor
Michael Epkenhans
Casper Ferenczi

Klaus Helbig
Ulrich Mayer
Franz-Josef Wallmeier
Karl-Heinz Weppler
Antonius Wollschläger

D1732323

Ernst Klett Schulbuchverlag Leipzig

Leipzig Stuttgart Düsseldorf

Geschichte und Geschehen F5
Geschichtliches Unterrichtswerk
für die Sekundarstufe I

Verfasser:

Prof. Dr. Klaus Bergmann: S. 812–815, 814–843, 846–848, 855–871, 873, 876–883, 888–902, 911–918, 920, 923–925
Prof. Dr. Klaus Bergmann/Andreas Dambor: S. 907–910, 919
Prof. Dr. Klaus Bergmann/Karl-Heinz Weppler: S. 903–906
Rolf Brixius: S. 884–887
Andreas Dambor: S. 872
Dr. Michael Epkenhans: S. 766–783
Dr. Caspar Ferenczi: S. 788–799
Dr. Caspar Ferenczi/Karl-Heinz Weppler: S. 800–807
Dr. Klaus Helbig: S. 786–787
Dr. Ulrich Mayer: S. 808–811, 816–821, 921–922
Dr. Ulrich Mayer/Dr. Antonius Wollschläger: S. 826–830, 834–840
Franz-Josef Wallmeier: S. 849–854
Dr. Antonius Wollschläger: S. 822–825, 831–833

Einbandgestaltung: Manfred Muraro

Kartenbearbeitung: Justus Perthes Verlag Gotha GmbH
Kartenredaktion: Willi Stegner

Reinzeichnung der
Grafiken: Rudolf Hungreder, Leinfelden-Echterdingen

Dieses Werk   folgt der reformierten Rechtschreibung und Zeichensetzung. Ausnahmen bilden Texte, bei denen künstlerische, philologische oder lizenzrechtliche Gründe einer Änderung entgegenstehen.

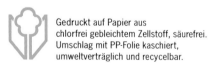

Gedruckt auf Papier aus chlorfrei gebleichtem Zellstoff, säurefrei. Umschlag mit PP-Folie kaschiert, umweltverträglich und recycelbar.

1. Auflage   1⁵ 4 3 2 1 | 2001 00 99 98 97

Alle Drucke dieser Auflage können im Unterricht nebeneinander benutzt werden, sie sind untereinander unverändert. Die letzte Zahl bezeichnet das Jahr dieses Druckes.
© Ernst Klett Schulbuchverlag Leipzig GmbH, Leipzig 1997. Alle Rechte vorbehalten.
Redaktion: Dr. Gabriele Möhring, Bernd Schmidt, Stefan Wolters
Assistenz: Cornelia Ade, Anke Bausch, Melanie Winkler
Satz und Reproduktionen: Steffen Hahn Satz & Repro GmbH, Kornwestheim
Druck: KLETT DRUCK H.S., Korb
ISBN 3-12-410550-8

Inhalt

Ein Wegweiser durch dieses Buch

Bildnachweis

AKG: Archiv für Kunst und Geschichte, Berlin (767, 787 unt., 819, 825.6, 829.5+6, 831, 854, 874 u.r., 874/875, 875, 888 ob., 906.9, 916 (Michael Teller)

Gerhard Armanski, „… und wenn wir sterben müssen", VSA-Verlag, Hamburg 1988, S. 89 (783 re.)

Auslandsgesellschaft Nordrhein-Westfalen e. V., Dortmund (17 re., 18)

BASF/Europhot, U.H. Mayer, Düsseldorf (667 re.)

Elvira Bauer, Trau keinem Fuchs auf grüner Heid und keinem Jud bei seinem Eid: ein Bilderbuch für Groß und Klein. Nürnberg: Stürmer-Verlag 1936 (896)

Bauhaus-Archiv, Museum f. Gestaltung, Berlin; Foto: Lucia Moholy; © Dr. F. Karsten, London (851)/Foto: Gunter Lepowski; Designsammlung Ludewig, Berlin (851)

Berlinische Galerie, Landesmuseum für Moderne Kunst, Fotografie und Architektur (841)

bpk: Bildarchiv Preußischer Kulturbesitz, Berlin (760, 770, 784 unt., 793, 817 li., 818, 839 re.+li., 864 li., 884 ob., 887, 890 li., 892, 894 ob.+unt.)

Bundesarchiv Koblenz (820, 864 re., 869, 878 ob., 885, 886, 909, 912)

Carlsen Verlag, Hamburg, Dieter Kalenbach/Friedemann Bedürftig (898)

Jean-Loup Charmet, Paris (774 ob.)

Chicago Tribune (860 re.)

Chronik des Ruhrgebietes. Bertelsmann Verlag, Gütersloh (784/785)

Culver Pictures Inc. (815)

R. Dazy (774 unt.)

Deutsche Jugend, Hermann Schroedels Fibel für den Gau Magdeburg-Anhalt, Pädagogischer Verlag Hermann Schroedel, Halle (Saale), S. 67 (883), S. 53 (891)

Die geschichtlichen Urkunden aus Deutschlands Eisernem Jahr 1914/1915, hrsg. im Auftrag des Wohlfahrtsausschusses für das Deutsche Heer von Paul Ruben, Charlottenburg (Stiftung Reichspräsident-Friedrich-Ebert-Gedenkstätte, Archiv, Heidelberg) (771)

Dr. Caspar Ferenczi, Wiesloch (807)

Anne Frank-Fonds, Basel (913.4)

Martin Geisz: Alle waren Milliardäre. In: Praxis Geschichte 6/88, S. 41, Westermann Schulbuchverlag, Braunschweig (832)

Archiv Gerstenberg, Wietze (796)

Costa Giancarlo, Mailand (856.2)

Giraudon, Vanves (906.8)

Galerie Volker Huber, Offenbach/Viola Roehr-v. Alvensleben, München (848.9)

Hulton Picture Library, London (777)

Illustrierte Reichsbanner Zeitung, 1930 (840)

Gabriele Klimek, Hildesheim (782)

Kunstmuseum Düsseldorf im Ehrenhof (846 unt.)

Langewiesche-Brandt, Anschläge: Deutsche Plakate als Dokumente ihrer Zeit, Ebenhausen (863, 879, 881.1,)

Library of Congress, Washington (812, 861)

Life Magazine, Time Warner Inc., New York (859)

Coll. Gabriele Mazzotta, Ph. Giancario Costa (784 ob., 808 o.l.)

Mauritius, Stuttgart (764/765)

Mercedes-Benz Classic-Archiv, Stuttgart (846 ob.)

Museum für Hamburgische Geschichte (Foto: Fischer-Daber), Hamburg (772)

Nowosti, Berlin (792, 794 li., 802 li., 803 unt., 918 ob.)

Nowosti, Berlin, Revolutionsmuseum Moskau (803 ob.)

Nowosti (M. Alpert), Berlin; Russische Informationsagentur (RIA) (802 re.)

Nowosti , Berlin; Russische Informationsagentur (RIA) (805)

Pariser Zeitung „Le rempart" (901)

Photoarchiv C. Raman Schlemmer, I-28050 Oggebbio/© Oskar Schlemmer, Bühnen Archiv, Badenweiler (850)

Poster Collection/Hoover Institution Archives (813)

Propyläen-Verlag, Berlin (850 li.)

Sächsische Landesbibliothek, Deutsche Fotothek, Dresden (844 ob.)

Sächsisches Staatsarchiv, Leipzig (836)

Sammlung R. Meinel (775)

Scala, Florenz (806)

Oskar Schlemmer, Archiv und Familien-Nachlass, Badenweiler (893)

Stadtarchiv, Dessau/Bernd Helbig (851, 852)

Stadtarchiv, Leipzig (872)

Stadtmuseum Düsseldorf (848.6)

Stiftung Parteien und Massenorganisationen der ehemaligen DDR im Bundesarchiv, Berlin (778)

Wilhelm Stöckle, Filderstadt (765 unt., 776)

Süddeutscher Verlag, Bilderdienst, München (786, 811, 837, 888 unt., 897.9, 899, 900, 907 re., 910 re. ob., 910 re. unt., 921)

Thames & Hudson, London (862)

MAria Thrum, Hamburg (754)

Thüringisches Hauptstaatsarchiv, Weimar (823, 827)

Topham/Imapress, Edenbridge (356.3)

Ullstein Bilderdienst, Berlin (779, 780, 791 ob., 817 re., 835, 844 unt., 874 o.r., 884.1 li.+re., 907 li., 908, 915)

Universitätsbibliothek Mannheim (828.4)

VG Bild-Kunst, Bonn 1997 (814, 847, 856 unt., 858.7, 871, 881.2, 890 re.)

VG Bild-Kunst, Bonn 1995, AKG (853, 64, 866, 923)

VG Bild-Kunst, Bonn 1997, AKG Otto Dix: Der Krieg (764)

VG Bild-Kunst, Bonn 1997, bpk (828.4)

VG Bild-Kunst, Bonn 1997, Hermitage, St. Petersburg/Bridgeman Art Library, London, Hans Grundig (1901–58): Summer Lightning over the Suburbs, 1933 (844/845)

VG Bild-Kunst, Bonn 1997, Kunstsammlung, Gera (822)

Dr. Berthold Volz, Unsere Kolonien, Brockhaus, Leipzig 1891, Titelbild (Stiftung Reichspräsident-Friedrich-Ebert-Gedenkstätte, Archiv, Heidelberg) (755)

SDN (Societé de Nation) (Aus: Europäisches Geschichtsbuch. Ernst Klett Verlag GmbH, Stuttgart, 1992, S. 330) (787)

The Heartfield Communitiy of Heirs/VG Bild-Kunst, Bonn 1997, AKG (873)

Collection of Whitney Museum of American Art, Purchase, New York (855)

Hede Zentner, München (917)

Zentralinstitut für Zeitgeschichte, München (877 unt.)

Ein Wegweiser durch dieses Buch

Die unterschiedlichen Medien in diesem Buch, Bilder, Karten, Grafiken und unterschiedlich gestaltete Texte, sind beispielhaft für die vielen Wege, über die man etwas über die Vergangenheit erfahren kann und für die Möglichkeiten sich mit ihr zu beschäftigen und das Wissen über sie weiterzugeben. Die folgenden Erklärungen sollen dir helfen mit der Geschichtsvermittlung, wie sie dieses Buch vornimmt, umzugehen.

ADS

Dieses Buch umfasst vier Themeneinheiten. Jede beginnt mit zwei besonders gestalteten Seiten, den *Auftaktdoppelseiten (ADS)*. Bilder und Grafiken der ADS sollen den Spannungsbogen eines Themas aufzeigen und nicht zuletzt dein Interesse wecken. Schon an der Bildkombination lässt sich einiges erkennen.

800 n. Chr. _____
1525 _____

Einige Kapitel beginnen mit einer *Zeittafel*. Hier findest du die wichtigsten Daten zum Kapitelthema auf einen Blick. Geschichte hat ja etwas mit Zeit zu tun, deshalb braucht man auch Daten um zu wissen, wie geschichtliche Ereignisse miteinander zusammenhingen, was vorher und was nachher war.

VT

Alle Verfassertexte (VT), die von Schulbuchautoren (meist Lehrerinnen und Lehrern) geschrieben wurden, haben die gleiche Breite (Zeilenlänge) wie der Text auf dieser Seite. Am Rand werden sie durch Marginalien gegliedert und informieren dich zusammenhängend über geschichtliche Sachverhalte. Am unterschiedlichen Stil kannst du auch erkennen, wie verschieden Geschichte dargestellt werden kann.

3

Quellen (z. B. Texte, Urkunden, Bilder) und andere *Materialien* (z. B. Schaubilder, Karten), die von den Autoren zusammengestellt wurden, sind in jedem Kapitel zur besseren Orientierung durchnummeriert (siehe Ziffer am Rand). Wenn im VT oder in Fragen auf Materialien verwiesen wird, sind diese mit „M" abgekürzt. Wie du mit den Materialien umgehst, hast du zum Teil schon gelernt; zum Umgang mit anderen Materialien leitet auch dieses Buch an.

Mit diesem *Schlüssel* sind jene Texte gekennzeichnet, die zeigen, wie man an ein bestimmtes Material (Fachliteratur, zeitgenössische Literatur, Plakate, Zeitungen, Zeitzeugeninterviews) herangehen kann um ihm Informationen zu entlocken. Auch im Inhaltsverzeichnis und im Verzeichnis der Namen, Sachen und Begriffe werden diese Elemente mit einem kleinen Schlüssel hervorgehoben.

Dieses Zeichen markiert *Fragen und Anregungen* am Ende eines Kapitels. Hier erhältst du Hinweise, wie du dich mit den Materialien des Kapitels auseinandersetzen und dich weiter mit dem Thema beschäftigen kannst.

Renaissance:

Besondere *historische Grundbegriffe* sind in einem Kasten am Ende eines Verfassertextes erklärt. Du findest sie auch, indem du am Ende des Buches im Verzeichnis der Personen, Sachen und Begriffe nachschlägst. Dort sind sie in fetten Buchstaben gedruckt und so besonders hervorgehoben.

Verzeichnis der Personen, Sachen und Begriffe

Willst du dich nochmals über *Personen, Sachen und Begriffe* informieren, dann hilft dir ein Verzeichnis am Ende des Buches. Neben den Erläuterungen sind auch die Seiten angegeben, auf denen du ausführlicher darüber nachlesen kannst.

Der Erste Weltkrieg

Soldatenfriedhof Douaumont bei Verdun mit dem Beinhaus, in dem unbekannte Soldaten verschiedener Nationen beigesetzt wurden.

Sammeldienst des Kreises Alsfeld

Schule:

Nr. .... Name des sammelnden Schülers:

Nichts, was das Vaterland bedarf, soll umkommen!

Sammle deshalb fleißig und regelmäßig:

		Du bekommst je 1 Sammelmarke
Papier	Sorte I: Zeitungen, Hefte, Akten, Kataloge, Geschäftsbücher u. andere Drucksachen. Sorte II: Sauberes Stopf- u. Abfallpapier.	für 1 Kilo Sorte I oder 2 Kilo Sorte II
Flaschen	Wein- u. Sektflaschen, Wasserflaschen u. sonstige Flaschen	für 1 ganze oder 2 halbe Wein- u. Sektfl., für 3 Wasser- od. 10 sonst. Fl.
Frauenhaar	(nicht gewickelt!)	für 10 Gramm
Metalle	Alle Gegenstände oder Abfälle aus Alfenide, Alpaka, Aluminium, Blei, Bronze, Christofle, Kupfer, Messing, Neusilber, Nickel, Platin, Tombak, Zinn, Zink usw.	

Du bekommst je eine Sammelmarke

1. für 10 Gramm Gegenstände aus Reinnickel oder Aluminium.
2. für 25 Gramm Einrichtungsgegenstände aus Kupfer oder Kupferlegierungen oder für 25 Gramm Bierfuttdeckel aus Zinn oder Zinngegenstände aller Art, (außer Zinnlöffeln und Gabeln) und für 25 Gramm Dach- oder Bitzableiterkupfer.
3. für 50 Gramm Altaluminium, Altnickel oder Haushaltungsgegenstände aus Kupfer und Kupferlegierungen.
4. für 100 Gramm Altkupfer, Altmessing, Altrotguß, Altrombak, Altbronze, Altzinn (auch Zinnlöffeln und -Gabeln).
5. für je 1 Kilo Blei oder Zink und 6. für 15 Weißblechdosen.

Sammle fleißig und regelmäßig: | Du bekommst je 1 Sammelmarke:

Zelluloid	I. Grammophonplatten u. -Walzen. II. Kämme, Schwimmtiere, Puppen, Stockgriffe, Uhrkapseln, Films usw.	für je 150 Gramm Sorte I oder je 20 Gramm Sorte II
Glühbirnen	mit gutem Gewinde	für 3 elektr. Birnen oder 4 Birn-Sockel
Gummi	Gegenstände u. Abfälle aller Art, wie Absätze, Bälle, Matten, Schuhe, Stopfen, Ringe, Schläuche usw.	für 250 Gramm
Korke	1. Sektkorke 2. Wein- oder Bierkorke, mindestens 30 mm lang 3. sonstige Korke oder Korkabfälle	für 1 Sektkorken oder 10 Wein- od. Bierkork. oder 100 Gramm sonst. Korke und Korkabfälle
Lederabfälle	Zerrissene Stiefel u. Schuhe, Leder- und Glanzlederhandschuhe, Riemen, Futterale, Schulranzen usw.	für 1 Kilo
Stanniol u. Silberpapier		für 200 Gramm Stanniol oder 50 Gr. Silberpap.

Über das Sammeln anderer Gegenstände erteilt die Schule Auskunft.

Für deinen Sammeleifer erhältst du bei Ablieferung von Sammelblättern

mit 100 Marken einen 3. Preis
mit 200 Marken einen 2. Preis
mit 300 Marken einen 1. Preis

Außerdem können besonders eifrige Sammler einen Ehrenpreis erhalten.

Das Allermindeste
Müßt Ihr entdecken
Auf das Geschwindeste
In allen Ecken.
Goethe.

Kinst. Gießen.

Links: Der Krieg (1929–1932), Mitteltafel eines Tryptichons (Ausschnitt) von Otto Dix (1891–1969) Rechts unten: Die unfreiwillige Ferienreise des deutschen Kaisers. Ansichtspostkarte von 1918 Rechts oben: Sammelkarte für Schüler aus dem Ersten Weltkrieg.

Die unfreiwillige Ferienreise
Auweh! Die Roten kommen!

1. Der Weg in den Krieg: die Balkankriege 1912/13

***Der Balkan –
eine Schwäche
Österreich-Ungarns?***

Während in Berlin, 1878, ein Kongress die gespannte Lage auf dem Balkan berät, liest man in einer süddeutschen Zeitung eine lautstarke Warnung, die an die Adresse Österreich-Ungarns gerichtet ist: Die Donaumonarchie solle sich davor hüten, die türkischen Provinzen Bosnien und Herzegowina zu besetzen. Der Widerstand der Bevölkerung, ob christliche Serben oder Moslems, wie auch das erwachte Nationalbewusstsein der Balkanvölker würden sie teuer zu stehen kommen. Im Artikel heißt es weiter: „Die bosnische Frucht schien … nur so lange sie am Baume hing, süß; sobald man einen Biss hineintut, wird man merken, wie sauer sie eigentlich ist. Auch Graf Andrassy (österreichischer Außenminister) wird noch zu erfahren haben, dass verbotene Frucht nicht immer süß schmeckt und dass derjenige ein Reich nicht immer stärkt, der seine Grenzen erweitert." Sollte diese Zeitung wirklich Recht haben?

Nationale Bestrebungen

Der Balkan war ein dauerhafter Krisenherd. Verantwortlich dafür war der Nationalismus der Balkanstaaten Serbien, Montenegro, Bulgarien, Rumänien und Griechenland. Deren Streben nach nationaler Einheit ihrer sehr verstreut und mit anderen Volksgruppen vermischt wohnenden Völker hatte jedoch eine Reihe von Konflikten untereinander über die bestehenden Grenzen zur Folge. Zugleich erhoben alle diese Länder Ansprüche auf die restlichen Gebiete des Osmanischen Reiches, zu dem sie einmal gehört hatten. Der Nationalismus der Balkanländer bedrohte aber auch die Existenz des Vielvölkerstaates Österreich-Ungarn. So wollte beispielsweise Serbien alle Serben, also auch die in der Donaumonarchie lebenden, in einem serbischen Großreich vereinen. Russland wiederum verstand sich als Beschützer aller Slawen. Dadurch kam es häufig zu Spannungen mit Österreich-Ungarn. Wegen der vielfältigen Konflikte wurde der Balkan daher bald als das „Pulverfass Europas" bezeichnet.

***Der Balkan als
dauerhafter Krisenherd***

Auslöser für eine Reihe von Krisen und Kriegen auf dem Balkan war zunächst jedoch eine innenpolitische Krise der Türkei, die Österreich-Ungarn 1908 ausnutzte, um Bosnien und die Herzegowina endgültig zu annektieren. Da sich Russland übergangen fühlte, löste die Donaumonarchie mit dieser Annexion eine große europäische Krise aus. Auch andere Mächte fühlten sich ermutigt, die Schwäche des Osmanischen Reiches auszunutzen. So begann Italien 1911, das zur Türkei gehörende Libyen zu erobern. Die militärische Niederlage der Türkei in diesem Krieg betrachteten die Regierungen der Balkanstaaten ihrerseits als eine günstige Gelegenheit, die noch unter türkischer Oberhoheit lebenden Angehörigen ihrer Nationen zu befreien. Serbien, Montenegro, Bulgarien und Griechenland hatten sich in einem Bund vereint. Im Oktober 1912 griffen sie gemeinsam die Türkei an. Sie musste nach mehreren Niederlagen schließlich auf fast alle ihre europäischen Gebiete verzichten. Im Streit um die Beute, in den auch Rumänien eingriff, bekämpften sich dann, 1913, alle Balkanstaaten untereinander. Nur mit großer Mühe gelang es den europäischen Großmächten, diese Kriege durch Verhandlungen zu beenden. Von einer Entspannung auf dem Balkan konnte aber keine Rede sein. Österreich betrachtete die großserbische Bewegung zunehmend als eine ernsthafte Bedrohung. Gegen Serbien militärisch vorzugehen konnte aber unabsehbare Konsequenzen haben, denn hinter diesem stand Russland. Die Prophezeiung aus dem Jahr 1878 drohte sich damit endgültig zu erfüllen.

1 *„Balkan Troubles"*
*Karikatur aus der eng-
lischen satirischen
Zeitschrift „Punch"
aus dem Jahre 1908. –
Erkläre, was der
Zeichner damit zum
Ausdruck bringen
wollte.*

2 **Österreichs Haltung gegenüber Serbien**
*Der österreichische Generalstabschef formu-
lierte am 20. Januar 1913:*
Die Entwicklung eines selbständigen großserbischen Staates ist eine eminente Gefahr für die
Monarchie, sie liegt darin: dass … die Slawen der
Monarchie … ihren Hort in diesem neuen, von
5 Russland unterstützten Staatswesen suchen, dass
vor allem die Serben der Monarchie die Angliederung an dasselbe anstreben werden; damit
droht der Monarchie der Verlust der wichtigsten
Gebiete für ihre Großmachtstellung und ihr wirt-
10 schaftliches Gedeihen … Eingekeilt zwischen
Russland, dann einem mächtig gewordenen Serbien und Montenegro und einem auf die Dauer
kaum verlässlichen Italien wird die Monarchie
zur politischen Ohnmacht und damit zum siche-
15 ren Niedergang verurteilt sein. Dies zu vermeiden muss also der Kern des Übels erfasst werden,
das heißt die Monarchie muss durch eine militärische Kraftäußerung ihr Prestige, besser gesagt ihre politische Geltung, wiederherstellen.
20 Am wirksamsten wäre dies der Fall, wenn es
gelänge, in einem Krieg gegen Russland Sieger zu
sein … Es ist also auch für Deutschland nur von
Vorteil, wenn die Kraftprobe zwischen Dreibund
und Tripleentente möglichst bald zum Austrag
25 kommt.

Franz Conrad v. Hötzendorff, Aus meiner Dienstzeit 1906–1918, Bd. 3, Wien
1922, S. 12 f.

3 Der Balkan 1908–1913

4 Der Krieg würde sehr wahrscheinlich
*Der deutsche Botschafter schrieb am 6. 2. 1913
über die russische Politik:*

Ich bleibe dabei, dass der Kaiser, Sasonow und
Kokowzow … den Krieg nicht wollen und alles
tun werden, um ihn zu vermeiden. Ich möchte
aber bestimmt annehmen und werde in die-
5 ser Annahme durch die zunehmende Nervosität
Sasonows bestärkt, dass im Falle eines Vorgehens
Österreichs gegen Serbien die zwar verhältnis-
mäßig kleine, aber mächtige und sehr rührige
Gruppe der panslawistischen Hetzer die ganze
10 öffentliche Meinung mit sich fortreißen und die
jetzigen Leiter der Regierung verdrängen würden und dass dann der Krieg zum mindesten sehr
wahrscheinlich werden würde.

Zit. nach: Erwin Hölzle (Hg.), Quellen zur Entstehung des Ersten Weltkrieges. Internationale Dokumente 1901–1914. Darmstadt 1978, S. 138.

5 „Ein Fehler von unermesslicher Tragweite"
*Der deutsche Reichskanzler schrieb am 10. 2.
1913 an den Außenminister Österreichs:*
Die Folgen eines russischen Eingreifens liegen
aber offenbar zu Tage. Sie würden auf einen krie-

gerischen Konflikt des von Italien voraussichtlich
nicht mit großem Enthusiasmus unterstützten
5 Dreibundes gegen die Mächte der Tripelentente
hinauslaufen, bei dem Deutschland das ganze
Schwergewicht des französischen und englischen Angriffs zu tragen hätte … Heute bildet
England ein vermittelndes Element, durch wel-
10 ches wir immer wieder vermocht haben, einen
beruhigenden und hemmenden Einfluss auf
Russland auszuüben … Die englische Haltung
gesellt sich den mancherlei Anzeichen zu, die
darauf hindeuten, dass die Ententepolitik ihren
15 Höhepunkt überschritten hat und dass wir einer
Neuorientierung der englischen Politik ent-
gegensehen dürfen, wenn es uns gelingt, ohne
Konflikte aus der gegenwärtigen Krisis herauszukommen. Eine gewaltsame Lösung aber,
20 selbst wenn manche Interessen der österreichisch-ungarischen Monarchie auf eine solche
hindrängen sollten, in einem Augenblick herbeizuführen, in dem sich uns eine wenn auch nur
entfernte Aussicht eröffnet, den Konflikt unter
25 für uns wesentlich günstigeren Bedingungen aus-
zutragen, würde ich für einen Fehler von unermesslicher Tragweite halten.

Zit. nach: Erwin Hölzle (Hg.), a. a. O., S. 141 f.

6 Serbien und die „zweite Türkei"
*Die serbische Zeitung „Piemont" schrieb am
8. 10. 1913, dem Jahrestag der Annexion Bos-
niens und der Herzegowina durch Österreich:*
Den Schmerz, der an diesem Tage dem serbischen Volke zugefügt wurde, wird das serbische
Volk noch durch Jahrzehnte fühlen … Das Volk
legt das Gelübde ab Rache zu üben, um durch
5 einen heroischen Schritt zur Freiheit zu gelangen. Serbische Soldaten … legen heute das Gelübde ab, dass sie gegen die „zweite Türkei"
ebenso vorgehen werden, wie sie … gegen die
Balkan-Türkei vorgegangen sind … Der Tag der
10 Rache naht. Eine Türkei verschwand. Der gute
serbische Gott wird geben, dass auch die „zweite
Türkei" verschwindet.

Zit. nach: Materialien für den Geschichtsunterricht in den mittleren Klassen,
Bd. 5, hg. von W. Kleinknecht und H. Krieger, Frankfurt a. M. 1965, S. 140.

a) Erkläre die Spannungen zwischen Österreich und Serbien und diskutiere
Auswege aus der Krise (M 2, M 6).
b) Nimm Stellung zur deutschen und russischen Haltung während der Balkankriege (M 4, M 5).
c) Vergleiche die damalige Situation auf dem Balkan mit der heutigen.

2. Der Erste Weltkrieg – eine Katastrophe für Europa

2.1 Die „Julikrise": Weichenstellung für den Krieg?

1912/13	*Die europäischen Großmächte rüsten auf.*
28. Juni 1914	*Der österreichisch-ungarische Thronfolger wird in der bosnischen Stadt Sarajevo ermordet.*
5./6. Juli 1914	*Deutschland versichert Österreich-Ungarn seiner Bündnistreue.*
23. Juli 1914	*Wien setzt Serbien ein Ultimatum.*
28. Juli 1914	*Österreich erklärt Serbien den Krieg.*
30. Juli 1914	*Russland verkündet die Generalmobilmachung.*
1./3. August 1914	*Deutschland erklärt Russland und Frankreich den Krieg.*
4. August 1914	*Großbritannien erklärt Deutschland den Krieg.*

Führt ein Attentat zum Weltkrieg?

Am 28. Juni 1914 ermordete in der bosnischen Hauptstadt Sarajevo ein serbischer Nationalist den österreichisch-ungarischen Thronfolger Franz Ferdinand. Bereits einen Tag nach dem Attentat äußerte ein führender deutscher Sozialdemokrat die Befürchtung, dass dieses „die Gefahr eines Weltbrandes heraufbeschwören wird". War diese Sorge begründet?

Krieg statt Diplomatie

Für die Regierung in Wien war das Attentat ein geeigneter Anlass, die vom serbischen Nationalismus ausgehenden Gefahren für den österreichischen Vielvölkerstaat zu beseitigen und mit Serbien „gründlich" abzurechnen. Das Deutsche Reich war bereit diese Politik zu unterstützen. Die Regierung in Berlin gab sich der Hoffnung hin, dass Russland einem Krieg Österreichs gegen Serbien tatenlos zusehen würde. Das Prestige des Zarenreiches als Beschützer der Balkanvölker hätte allerdings dadurch sehr gelitten; die Stellung Deutschlands und Österreichs hingegen wäre gestärkt worden. Falls Russland Serbien doch militärisch unterstützen sollte, wäre wegen der Bündnisverpflichtungen der Großmächte ein europäischer Krieg unvermeidlich geworden. Über dieses Risiko waren sich die Politiker in Berlin von Anfang an im Klaren. Dennoch schied für Berlin und Wien eine Lösung durch Verhandlungen der an dem Konflikt beteiligten Staaten, wie sie die englische Regierung mehrfach vorschlug, aus. Aus ihrer Sicht wäre ein politischer Kompromiss eine Niederlage gewesen.

Ein Krieg „Aller gegen Alle"

Ende Juli stellte Wien Serbien ein Ultimatum: Unter anderem sollten an den Untersuchungen des Attentats von Sarajevo österreichische Beamte mitwirken. Serbien war bereit Wien entgegenzukommen, lehnte aber Eingriffe in seine Souveränitätsrechte ab. Daraufhin erklärte Wien Serbien den Krieg. Um sein Ansehen unter den slawischen Völkern und im Innern zu wahren, mobilisierte Russland nun seine Armee zur Unterstützung Serbiens. Die deutsche Hoffnung auf einen politischen Erfolg ohne Krieg war damit gescheitert. Die Reichsregierung erklärte dem Zarenreich und dessen Verbündeten Frankreich den Krieg. Gleich zu Kriegsbeginn überfielen deutsche Truppen das neutrale Belgien. Die deutsche militärische Führung wollte Frankreich von Norden her schnell besiegen, um sich dann gegen Russland zu wenden. Für Großbritannien war dieser Überfall der Anlass, an der Seite Frankreichs und Russlands in den Krieg gegen Deutschland einzutreten. Damit begann, wie ein deutscher Diplomat berichtete, „ein Krieg Aller gegen Alle … wie ihn die Weltgeschichte noch nicht erlebt hat".

1

Mord am österreichisch-ungarischen Thronfolger *Franz Ferdinand und an dessen Frau in der bosnischen Stadt Sarajevo (zeitgenössische Zeichnung von Felix Schwormstädt).*
Der Mörder war ein serbischer Nationalist. Er begründete seine Tat mit der Unterdrückung der bosnischen Serben durch die Österreicher. Dafür habe er Rache nehmen wollen. Das Bild wurde nach der Skizze eines Augenzeugen gemalt.

2   Der deutsche Generalstabschef fordert einen Präventivkrieg

Der Staatssekretär des Auswärtigen Amts, Jagow, notierte über ein Gespräch mit dem Chef des Generalstabs, General Moltke, Ende Mai/ Anfang Juni 1914:

Unterwegs entwickelte mir Moltke seine Auffassung unserer militärischen Lage. Die Aussichten in die Zukunft bedrückten ihn schwer. In 2–3 Jahren würde Russland seine Rüstungen beendet
5 haben. Die militärische Übermacht unserer Feinde wäre dann so groß, dass er nicht wüsste, wie wir ihrer Herr werden könnten. Jetzt wären wir ihnen noch einigermaßen gewachsen. Es bleibe seiner Ansicht nach nichts übrig, als einen
10 Präventivkrieg zu führen, um den Gegner zu schlagen, solange wir den Kampf noch einigermaßen bestehen könnten. Der Generalstabschef stellte mir demgemäß anheim, unsere Politik auf die baldige Herbeiführung eines Krieges einzu-
15 stellen.

W. Baumgart (Hrsg.), Die Julikrise und der Ausbruch des Ersten Weltkriegs 1914, Darmstadt 1983, S. 30 f.

3   Diplomatie

Am 27. Juli 1914 warnte der deutsche Botschafter in London, Max Fürst von Lichnowsky, nach einem Gespräch mit dem englischen Außenminister:

Die britische Regierung, ob liberal oder konservativ, sieht in der Erhaltung des europäischen Friedens auf Grundlage des Gleichgewichts der Gruppen ihr vornehmstes Interesse … Der Ein-
5 druck greift hier immer mehr Platz …, dass die ganze serbische Frage sich auf eine Kraftprobe zwischen Dreibund und Dreiverband (Tripel-Entente) zuspitzt. Sollte daher die Absicht Österreichs, den gegenwärtigen Anlass zu benutzen,
10 um Serbien niederzuwerfen … immer offenkundiger in Erscheinung treten, so wird England, dessen bin ich gewiss, sich unbedingt auf Seite Frankreichs und Russlands stellen, um zu zeigen, dass es nicht gewillt ist, eine moralische oder gar
15 militärische Niederlage seiner Gruppe zu dulden. Kommt es unter diesen Umständen zum Krieg, so werden wir England gegen uns haben.

I. Geiss (Hrsg.), Juli 1914, München 1980, S. 235.

4 *Aufruf*
Kaiser Wilhelms II.
„An das Deutsche Volk" zu Beginn des Krieges

An das Deutsche Volk.

Seit der Reichsgründung ist es durch 43 Jahre Mein und Meiner Vorfahren heißes Bemühen gewesen, der Welt den Frieden zu erhalten und im Frieden unsere kraftvolle Entwickelung zu fördern. Aber die Gegner neiden uns den Erfolg unserer Arbeit.

Alle offenkundige und heimliche Feindschaft von Ost und West, von jenseits der See haben wir bisher ertragen im Bewußtsein unserer Verantwortung und Kraft. Nun aber will man uns demütigen. Man verlangt, daß wir mit verschränkten Armen zusehen, wie unsere Feinde sich zu tückischem Überfall rüsten, man will nicht dulden, daß wir in entschlossener Treue zu unserem Bundesgenossen stehen, der um sein Ansehen als Großmacht kämpft und mit dessen Erniedrigung auch unsere Macht und Ehre verloren ist.

So muß denn das Schwert entscheiden. Mitten im Frieden überfällt uns der Feind. Darum auf! zu den Waffen! Jedes Schwanken, jedes Zögern wäre Verrat am Vaterlande.

Um Sein oder Nichtsein unseres Reiches handelt es sich, das unsere Väter neu sich gründeten. Um Sein oder Nichtsein deutscher Macht und deutschen Wesens. Wir werden uns wehren bis zum letzten Hauch von Mann und Roß. Und wir werden diesen Kampf bestehen auch gegen eine Welt von Feinden. Noch nie ward Deutschland überwunden, wenn es einig war.

Vorwärts mit Gott, der mit uns sein wird, wie er mit den Vätern war.

Berlin, den 6. August 1914.

Wilhelm.

5 ***Der Wiener Politiker*** *Josef Redlich schrieb am 24. Juli 1914 über das Ultimatum:*
Die Note … lässt eine Annahme Serbiens eigentlich überhaupt nicht zu: sie ist ein 48-stündiges Ultimatum und dann beginnt der Krieg: dass Russland mit Serbien geht, ist so gut wie sicher
5 anzunehmen … Ließe Russland Serbien seinem Schicksal tatenlos anheimfallen, dann würden die Nationalisten den Zaren stürzen. Deutschland aber ist bereit und willens selbst zum Kriege zu greifen … Unsere Note ist sehr kräftig, sie
10 wird … einen furchtbaren Sturm in Europa erregen … Wir wollen und dürfen kein kranker Mann sein … lieber rasch zugrunde gehen!

Nach: W. Baumgart, Die Julikrise und der Ausbruch des Ersten Weltkrieges 1914. Darmstadt 1983, S. 117f.

6 ***Der russische Außenminister*** *Sasonow sagte am 8. August 1914 vor dem Parlament:*
Durch innere Unruhen zerrissen suchte Österreich einen Schlag zu führen, der gleichzeitig seine Kraft beweisen und uns demütigen sollte. Dafür musste Serbien herhalten …, mit dem uns
5 die Bande der Geschichte sowie gemeinsame Abstammung und Glauben vereinigen. Sie kennen die Umstände, unter welchen das Ultimatum an Serbien gerichtet wurde. Hätte sich Serbien diesen Bedingungen unterzogen, so wäre es
10 Österreichs Vasall geworden. Ein gleichgültiges Verhalten unsererseits hätte die Aufgabe unserer Jahrhunderte alten Rolle als Beschützer der Balkanstaaten bedeutet.

Berliner Monatshefte 8 (1930), S. 7670.

7 ***Ein Präventivkrieg?***
Der ehemalige deutsche Reichskanzler Bethmann Hollweg sagte am 24. Februar 1918 zum Reichstagsabgeordneten Haußmann:
Ja, Gott, in gewissem Sinn war es ein Präventivkrieg. Aber wenn der Krieg über uns hing, wenn er in zwei Jahren noch viel gefährlicher und unentrinnbarer gekommen wäre und wenn die Militärs
5 sagen, jetzt ist es noch möglich ohne zu unterliegen, in zwei Jahren nicht mehr! Ja, die Militärs! Er war nur zu vermeiden durch eine Verständigung mit England …

Nach: F. Fischer, Griff nach der Weltmacht. Die Kriegszielpolitik des kaiserlichen Deutschland 1914/18. Düsseldorf 1967, S. 85.

8   Krieg und Zivilisation. *Postkarte aus dem Ersten Weltkrieg (Künstler unbekannt). – Erläutere Symbolik und Aussage.*

9   Zwei Historiker über die Schuld am Ausbruch des Ersten Weltkrieges:

a) *Fritz Fischer (1967):*
Bei der angespannten Weltlage des Jahres 1914, nicht zuletzt als Folge der deutschen Weltpolitik – die 1905, 1909 und 1911 bereits drei gefährliche Krisen ausgelöst hatte –, musste jeder lokale
5 Krieg in Europa, an dem eine Großmacht unmittelbar beteiligt war, die Gefahr eines allgemeinen Krieges unvermeidbar nahe heran-
rücken. Da Deutschland den österreichisch-serbischen Krieg gewollt und gedeckt hat und, im
10 Vertrauen auf die deutsche militärische Überlegenheit, es im Juli 1914 bewusst auf einen Konflikt mit Russland und Frankreich ankommen ließ, trägt die deutsche Reichsführung den entscheidenden Teil der historischen Verantwor-
15 tung für den Ausbruch des allgemeinen Krieges.

Nach: F. Fischer, Griff nach der Weltmacht. Die Kriegszielpolitik des kaiserlichen Deutschland 1914/18. a. a. O., S. 82.

b) *Karl Dietrich Erdmann (1985):*
Gewiss, keine der europäischen Regierungen hat den allgemeinen Krieg gewollt. Aber fragen wir einmal umgekehrt: Haben sie den Frieden gewollt? Jede hätte den Krieg verhindern können,
5 wenn sie bereit gewesen wäre den Preis für den Frieden zu zahlen: Österreich, wenn es darauf verzichtet hätte, den seine Existenz als Vielvölkerstaat bedrohenden großserbischen Nationalismus zu zerbrechen; Deutschland, wenn es
10 Österreich hierbei nicht angetrieben, sondern zurückgehalten hätte – unter Einrechnung der Möglichkeit, hierdurch vielleicht seinen einzigen Bundesgenossen zu verlieren; Russland, wenn es darauf verzichtet hätte, den serbisch-österreichi-
15 schen Konflikt durch seine Mobilmachung zu einem europäischen Konflikt zu erweitern – was seine panslawistisch motivierten imperialistischen Balkanziele beeinträchtigt hätte; Frankreich, wenn es dem russischen Bundesgenossen
20 nicht die Gewissheit gegeben hätte, unter allen Umständen mit französischer Hilfe rechnen zu können – was die Existenz des Bündnisses gefährdet hätte; England, wenn es nicht seinen Entente-Partnern die Gewissheit gegeben hätte,
25 dass es im Kriegsfall auf deren Seite stehen werde.

K. D. Erdmann, Hat Deutschland auch den Ersten Weltkrieg entfesselt? in: Europa 1914 – Krieg oder Frieden. hrsg. v. Kultusminister des Landes Schleswig-Holstein, Kiel 1985, S. 45 ff.

a) *Erkläre den Einfluss des deutschen Militärs auf die Politik (M2, M7).*

b) *Welche Politik verfolgten die österreichische, die englische und die russische Regierung in der Julikrise? Vergleiche diese mit der deutschen Haltung (VT, M2, M3, M5 bis M7).*

c) *Vergleiche die deutsche Politik im Juli 1914 mit der Haltung während der Balkankriege 1912/13 (M2 bis M4, M7, Kap. „Der Weg in den Krieg …").*

d) *Wie beantworten Historiker die Frage nach der Verantwortlichkeit für den Ausbruch des Ersten Weltkriegs (M9 a und b)?*

e) *Vergleiche die Stellungnahmen der Historiker mit dem Aufruf des Kaisers vom 6. August 1914 und den Äußerungen des Reichskanzlers aus dem Jahre 1918 (M4, M7).*

2.2 Europa wird zum Schlachtfeld

Kriegsbegeisterung und Kriegsziele

Der Beginn des Krieges wurde von großen Teilen der Bevölkerung in den beteiligten Staaten zunächst mit Begeisterung und Jubel begrüßt. Nach den vielen Jahren sich steigernder Spannungen betrachteten sie den Krieg als ein „reinigendes Gewitter". Viele Menschen glaubten auch, die Ehre und die Macht des eigenen Staates gegen den Angriff anderer Mächte verteidigen zu müssen. Deswegen waren zum Beispiel die von der Regierung bisher verfolgten Sozialdemokraten bereit, das „Vaterland nicht im Stich" zu lassen. Ein englischer Soldat dachte ähnlich, als er 1914 schrieb: „Wie schrecklich das alles ist; keiner kann sich eine Vorstellung vom Krieg machen, bevor er nicht selbst dabei gewesen ist … Mag der Kaiser auf immer und ewig verflucht sein, mag er nie wieder in Frieden schlafen, mag er selbst nach dem Tode keine Ruhe mehr finden … Wir müssen ihn fertigmachen, denn wenn wir es nicht tun, dann werden wir niemals sicher sein." Die Staatsmänner der am Krieg beteiligten Länder hofften zur gleichen Zeit, durch einen Sieg weitreichende Kriegsziele verwirklichen zu können.

Stellungskrieg im Westen

Die ersten Kämpfe im Westen und Osten schienen die weitverbreitete Auffassung zu bestätigen, dass dieser Krieg nur von kurzer Dauer sein würde. Innerhalb weniger Wochen drangen die deutschen Truppen durch Belgien bis kurz vor Paris vor. Erst hier konnten die englischen und französischen Armeen den deutschen Vormarsch aufhalten. In den folgenden vier Jahren erstarrte der Krieg zwischen der belgischen Nordseeküste und der Schweizer Grenze in einem System von Gräben und Stacheldraht. Die Zahl der Opfer in diesen sinnlosen Stellungskämpfen war gewaltig. So verloren allein in den nur wenige Monate dauernden Kämpfen um die Festung Verdun 360 000 französische und 335 000 deutsche Soldaten ihr Leben.

Krieg und moderne Technik

Auch der ständig steigende Einsatz von Maschinengewehren, Flugzeugen, Panzern und Giftgas in den blutigen Kämpfen veränderte die militärische Lage nur wenig. Die neuen Waffen machten jedoch deutlich, dass die moderne Technik und die Industrialisierung den Charakter des Krieges veränderten. Der Krieg wurde immer mehr zu einer Materialschlacht, in der ungeheure Mengen an Waffen und Munition verbraucht wurden. Die Zerstörungskraft der Waffen und damit die Zahl der Opfer stieg in bis dahin unvorstellbarer Weise.

Der Krieg im Osten

Im Gegensatz zu der steckengebliebenen Offensive im Westen war der Verlauf des Krieges im Osten für das Deutsche Reich erfolgreicher. Nach anfänglichen Niederlagen gelang es den deutschen Truppen, die russische Armee zurückzudrängen. Der Zusammenbruch des Zarenreiches in der Revolution von 1917 ermöglichte es Deutschland 1918, Russland in Brest-Litowsk einen Friedensvertrag zu diktieren, durch dieses viele seiner Gebiete im Westen verlor.

U-Boot-Krieg und Kriegseintritt der USA

Die zunehmend ausweglosere Lage an allen Fronten veranlasste die Oberste Heeresleitung im Februar 1917, den Krieg zur See zu verschärfen. U-Boote sollten nun ohne Warnung Handels- und Passagierschiffe versenken. Dadurch glaubte man England innerhalb von sechs Monaten zum Frieden zwingen zu können. Für die USA war diese Verschärfung der Kriegführung, die auch auf neutrale Handelsschiffe keine Rücksicht nahm, Anlass, im April 1917 an der Seite der Alliierten in den Krieg einzutreten. Damit erhielten die Alliierten nicht nur militärische, sondern auch große finanzielle und wirtschaftliche Unterstützung. Folglich änderte sich das Kräfteverhältnis zugunsten der Entente.

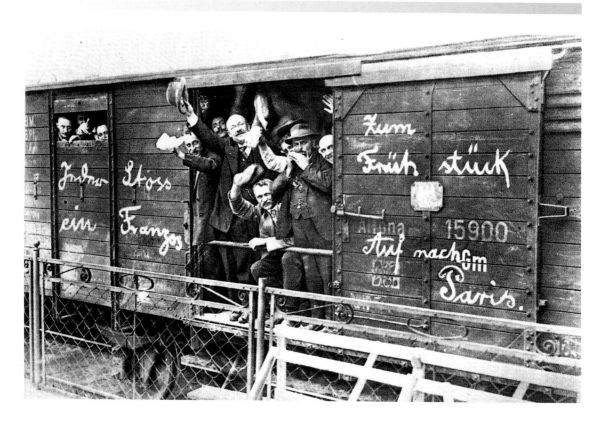

1 **Wie sich die Bilder gleichen**. *Deutsche (oben) und französische Soldaten (unten) fahren an die Front. Ähnliche Szenen spielten sich in allen am Krieg beteiligten Ländern ab. – Welche Stimmung wird auf den Fotos deutlich? Was wollten die Soldaten mit den Aufschriften auf den Waggons ausdrücken?*

2 Kriegsziele

a) *Im geheimen „Septemberprogramm" vom 9.9.1914 wurden die deutschen Ziele genannt:*
Das allgemeine Ziel des Krieges: Sicherung des Deutschen Reiches nach West und Ost auf erdenkliche Zeit. Zu diesem Zweck muss Frankreich so geschwächt werden, dass es als Groß-
5 macht nicht neu erstehen kann, Russland von der deutschen Grenze nach Möglichkeit abgedrängt und seine Herrschaft über die nichtrussischen Vasallenvölker gebrochen werden. Die Ziele des Krieges im einzelnen:
10 1. Frankreich. Von den militärischen Stellen zu beurteilen, ob die Abtretung von Belfort, des Westabhangs der Vogesen, die Schleifung der Festungen und die Abtretung des Küstenstrichs von Dünkirchen bis Boulogne zu fordern ist …
15 2. Belgien. Angliederung von Lüttich und Verviers an Preußen … Jedenfalls muss ganz Belgien, wenn es auch als Staat äußerlich bestehen bleibt, zu einem Vasallenstaat herabsinken, in etwa militärisch wichtigen Hafenplätzen ein Besatzungs-
20 recht zugestehen, seine Küste militärisch zur Verfügung stellen, wirtschaftlich zu einer deutschen Provinz werden.

Zit. nach: W. Basler, Deutschlands Annexionspolitik in Polen und im Baltikum 1914–1918, Berlin 1962, S. 383 f.

b) *Der französische Botschafter in St. Petersburg beschrieb am 12. September 1914 die russischen Ziele:*
1. Das Hauptziel der drei Verbündeten würde sein, die Macht Deutschlands und seinen Anspruch auf militärische und politische Herrschaft zu brechen.
5 2. Die territorialen Veränderungen müssen durch den Grundsatz der Nationalitäten bestimmt werden.
3. Russland würde sich den Unterlauf des Njemen und den östlichen Teil Galiziens aneignen.
10 Es würde dem Königreich Polen das östliche Posen, Schlesien … und den westlichen Teil Galiziens angliedern.
4. Frankreich würde Elsass-Lothringen wiedernehmen, wobei es ihm freisteht, einen Teil
15 Rheinpreußens und der Pfalz hinzuzufügen.
Belgien würde … einen bedeutenden Gebietszuwachs erhalten.
12. England, Frankreich und Japan würden sich die deutschen Kolonien teilen.
20 13. Deutschland und Österreich würden eine Kriegskontribution zahlen.

Nach: A. Brückmann. Die europäische Expansion. Stuttgart 1993, S 151.

Les cinq continents sont :

L'Allemagne !

l'Asie   l'Amérique
l'Afrique   l'Océanie

3 „Die fünf Kontinente sind …"

Die französische Propagandapostkarte aus dem Jahr 1914 illustrierte die deutschen Kriegsziele. Beschreibe, welches Bild von Deutschland in Frankreich verbreitet werden sollte.

4 Auszüge aus Briefen von später gefallenen Soldaten an ihre Familien

a) *Fritz Philipps, Student, geb. am 21. November 1889, gefallen am 2.5.1915*
1. Oktober 1914 … Abschiedsbrief; nur zu öffnen, wenn ich fallen sollte.
Ich ziehe gern und aus innerstem Herzen freiwillig in den Krieg, von dem ich für Deutschland
5 einen günstigen, siegreichen Ausgang nicht bezweifle. Ich wünsche, dass nicht eher die Waffen niedergelegt werden, als bis wir einen völligen Weltsieg errungen haben. Dass ich den Krieg als Krieg hasse, brauche ich kaum zu sagen, aber ge-
10 rade deshalb will ich kämpfen und teilnehmen an der großen Sache und gern sterben, wenn ich mit dazu beitragen kann, den Weltkrieg in Weltfrieden zu wandeln … Meine Leiche … bitte nicht überführen, lasst mich dort begraben sein,
15 wo ich gekämpft habe und gefallen bin. Legt keine Trauerkleider an, legt niemand Zwang auf, sondern freut Euch, dass auch Ihr auf dem Altar des Vaterlandes habt opfern dürfen.

Nach: Ph. Witkop (Hrsg.), Kriegsbriefe gefallener Studenten. München 1933, S. 60.

4   *b) Fritz Francke, Student, Berlin, geboren am 31. Dezember 1892, gefallen am 29. Mai 1915*

Louve, 5. November 1914

Gestern noch wussten wir nicht, ob überhaupt jemand von uns durchkäme. Ihr könnt Euch ja gar nicht ausmalen, wie so ein Schlachtfeld aus-
5 sieht, man kann's nicht beschreiben, und schon heut', wo es erst einen Tag hinter uns liegt, schon heut' will ich's selbst kaum glauben, dass so viel viehische Barbarei und unsägliches Elend mög-lich ist. Schritt für Schritt muss erstritten werden,
10 alle hundert Meter ein neuer Schützengraben, und überall Tote, reihenweise! Alle Bäume zer-schossen, die ganze Erde metertief zerwühlt von schwersten Geschossen, und dann wieder Tier-leichen und zerschossene Häuser und Kirchen,
15 nichts, nichts auch nur annähernd noch brauch-bar! Und jede Truppe, die zur Unterstützung vor-geht, muss kilometerweit durch dieses Chaos hindurch, durch Leichengestank und durch das riesige Massengrab.
20 So sind wir auch Dienstag um 3 Uhr im Mond-schein dahingezogen in stummer Kolonne gegen die Front und dann in den Schützengraben als Reserve, 200 bis 300 Meter vor den Engländern dicht hinter unserer Infanterie. Da liegt man nun
25 den ganzen Tag anderthalb bis zwei Meter unter der Erde, im engen Graben geduckt, auf dünner Strohschicht und ununterbrochen den Tag und große Teile der Nacht ein betäubender Lärm; die ganze Erde zittert und bebt! Alle nur erdenkli-
30 chen Töne, Pfeifen, Fauchen, Klingen, Krachen, Rollen … dicht über einem schlagen die Dinger ein und zerbersten und surrend fahren die Sprengstücke umher, und das einzige, was man sich fragt, ist: warum trifft es dich eigentlich
35 nicht? Handbreit oft schlagen die Dinger neben uns ein und man schaut zu. Bald wird man so ab-gestumpft, dass man höchstens noch eine Ver-beugung macht, wenn so ein ganz großes Schiffs-geschütz gar zu dicht herleuchtet und sein grau-
40 grüner Dampf gar zu arg stinkt. Aber sonst liegt man bald da und denkt an alles andere. Und dann zieht man wieder die Felddienstordnung hervor oder einen alten Brief von daheim und auf einmal ist man eingeschlafen in all dem Lärm.

Nach: Ph. Witkop (Hrsg.), Kriegsbriefe gefallener Studenten, München 1933, S. 90 f.

5   ***Auf einer deutschen Propagandapostkarte*** *aus dem Jahre 1917 wurden der Bevölkerung die Folgen einer militärischen Niederlage vor Augen geführt. – Was wurde damit bezweckt?*

Gesetzl. geschützt.   Entw. v. Hptm. Dr. F. MEHNS

Wenn wir unterliegen!

6 **Die neue Kriegstech-
nik** *führte zur Verwüs-
tung weiter Gebiete
in Belgien und Frank-
reich, wie ein Bild von
der Umgebung der
nordostfranzösischen
Stadt Arras aus dem
Jahr 1917 zeigt.*

7 **Der Erste Weltkrieg 1914–1918**

a) *Versuche die Begeisterung der Soldaten zu Beginn des Krieges (M1 a, M1 b) zu erklären. Vergleiche diese Haltung und die bald darauf erfahrene Wirklichkeit (M4 a, M4 b).*

b) *Vergleiche die deutschen und die alliierten Kriegsziele (M2 a und b). Beschreibe die möglichen Folgen dieser Ziele.*

c) *Warum wird der Erste Weltkrieg oft auch als erster industrialisierter Krieg bezeichnet (M1, M4 b, M6)?*

2.3 Der Krieg verändert die Gesellschaft

Allmähliche Ernüchterung

Die schweren Kämpfe und die großen Verluste im Herbst 1914 ließen die anfängliche Hoffnung vieler Menschen auf ein schnelles Kriegsende bald schwinden. Zur gleichen Zeit begann sich der Krieg auch direkt auf die Bevölkerung in der Heimat auszuwirken. Frauen mussten in immer größerem Maße in den Fabriken und Geschäften die Arbeit der Männer übernehmen, die an die Front geschickt wurden. Dazu kam die Sorge um den Unterhalt der Familie und um das Leben der Ehemänner in den Schützengräben. Not und Entbehrungen kennzeichneten zunehmend das alltägliche Leben der Bevölkerung in den kriegführenden Ländern. Insbesondere in Deutschland, das durch die englische Blockade der Nordsee vom Weltmarkt abgeschnitten war, wurden viele Gegenstände des täglichen Lebens wie Seife, Kleidung und Schuhe zur Mangelware. Vor allem aber der durch den Mangel an Lebensmitteln verursachte Hunger begann, die Menschen in der Heimat allmählich zu zermürben.

Kriegsmüdigkeit und Reformforderungen

Das Ausbleiben des Sieges, der Tod vieler naher Angehöriger, den bald jede Familie zu beklagen hatte, und der Hunger waren seit 1917 die Ursache für eine zunehmende Kriegsmüdigkeit und für offene Proteste gegen den Krieg. Auch im Reichstag gab es im Sommer 1917 eine Mehrheit für einen Frieden der Verständigung. Aufgrund der großen Opfer im Krieg wurden zur gleichen Zeit auch die Stimmen nach einer Reform des politischen Systems immer lauter. Das Deutsche Reich sollte endlich eine moderne parlamentarische Monarchie werden, in der alle Bevölkerungsschichten und Parteien gleichberechtigt am politischen Leben teilhaben konnten. Die Bemühungen um ein Ende des Krieges scheiterten am Widerstand der militärischen Führungsspitze und der Anhänger weitreichender Annexionen, die weiterhin einen Sieg anstrebten. Der Ruf nach Reformen verhallte ebenfalls weitgehend ungehört. Die führenden Schichten waren nicht bereit ihre Machtpositionen aufzugeben.

Die Niederlage zeichnet sich ab

Seit dem Sommer 1918 änderte sich die militärische Lage. Die deutschen Truppen mussten vor den Alliierten immer weiter zurückweichen. Die Verbündeten Österreich-Ungarn, Bulgarien und die Türkei standen ebenfalls am Rande des Zusammenbruchs. Die Oberste Heeresleitung forderte daher Ende September den baldigen Abschluss eines Waffenstillstands. Dieser sollte zu einem für das Deutsche Reich maßvollen Frieden führen.

1 Massenkundgebung während des Januarstreiks 1918. Nach vereinzelten Streiks im Jahre 1917 legten im Januar 1918 allein in Berlin mehr als 200 000 Arbeiter aus Protest gegen den Krieg die Arbeit nieder.

2 **Die Opfer und die Leidtragenden des Krieges**
*Generalfeldmarschall Hindenburg sagte ein-
mal: „Mit Sentimentalitäten kann man keinen
Krieg führen. Je unerbittlicher die Kriegführung ist, um so menschlicher ist sie in
Wirklichkeit." – Setze dich mit dieser Meinung
auseinander.*

***Innere Reformen
kommen zu spät***

Jetzt wurden auch die inneren Reformen vorangetrieben. Prinz Max von Baden
übernahm das Amt des Reichskanzlers. Unter Beteiligung der im Reichstag ver-
tretenen Parteien wurde Deutschland nun in eine parlamentarische Monarchie
umgewandelt. Diese Reformen kamen aber zu spät. Die unerwartete Nachricht
von der bevorstehenden militärischen Niederlage hatte das Vertrauen der Bevölkerung in das alte System endgültig erschüttert.

***Matrosenmeuterei
und Revolution***

Wie berechtigt das Misstrauen der Bevölkerung in die neue Regierung war,
zeigte sich Ende Oktober. Obwohl die Regierung bereits mit den Alliierten über
einen Waffenstillstand verhandelte, befahl die Marineführung der Flotte nur
wegen der Ehre der Offiziere zu einer sinnlosen Schlacht in die Nordsee auszulaufen. Gegen diese „Todesfahrt" meuterten die Matrosen der Hochseeflotte in
Kiel und Wilhelmshaven. Damit gaben sie zugleich das Signal zum endgültigen
Sturz der Monarchie. Am 9. November, als die revolutionäre Welle Berlin
erreichte, verzichtete Wilhelm II. auf seinen Thron. Zwei Tage später unterzeichneten Vertreter der neuen Regierung im Wald von Compiègne bei Paris das
Waffenstillstandsabkommen. Der Erste Weltkrieg war damit zu Ende.

***Eine Katastrophe
für Europa***

Für Europa war dieser Krieg eine Katastrophe. Millionen Menschen hatten ihr
Leben verloren. Weite Landschaften Europas waren völlig verwüstet worden. In
Frankreich und Belgien waren allein 350 000 Häuser völlig zerstört. Gleichzeitig
hatte sich die Landkarte Europas verändert: Die Donaumonarchie war ebenso
wie das Osmanische Reich in mehrere Einzelstaaten zerfallen; in Osteuropa
waren nach dem Zusammenbruch des Zarenreiches ebenfalls mehrere neue
Staaten entstanden. Mittel- und Osteuropa wurden seit 1917 von einer Welle
innerer Revolutionen erfasst, die die bestehenden Gesellschaftsordnungen radikal in Frage stellten. Der Eintritt der USA in den Krieg war schließlich ein Zeichen dafür, dass Europa seine alte Rolle in der Geschichte der Welt verloren
hatte.

3 **Aus dem Tagebuch einer Bonnerin**

Anna Kohns (1883–1977, Ehefrau eines Stein-
bildhauers), zeichnete von 1914 bis 1920 ihre
Eindrücke und Beobachtungen in einem kleinen
Schulheft auf, das nach ihrem Tod auf einer
Müllkippe gefunden wurde.

1. Oktober 1914

Jetzt ist schon 2 Monate Krieg, wenn es so weiter
geht wie bisher ist in 1 guten Monat alles vorüber. Viele Siege können wir verzeichnen. Gott
5 war mit uns.

Weihnachten 1914

Welch trauriges Fest! Kein Ende zu sehen, noch
immer alles beim Alten. Immer weiter. Alle,
Deutsche u(nd) Franzosen, sind gut verschanzt.
10 An ein weiterkommen ist nicht zu denken. Die
Franzosen haben gestern vor den hohen Tagen
die Offensive ergriffen, Gott sei Dank erfolglos.
Aber wie viele tausend Opfer hat diese gekostet,
von beiden Seiten …

15 14. Sept(ember) 1915

Jetzt werden die dauernd Untauglichen gemus-
tert, das wird wohl das Ende sein, denn wen wol-

4 **Frauen in einer Geschossdreherei.** *Da die Män-*
ner an der Front waren, mußten Frauen deren
Plätze in Betrieben, öffentlichen Einrichtungen
und selbst im Straßenbau übernehmen.

len sie dann holen. Ich glaube, wenn alle fort sind,
ist der unselige Krieg von selbst zu Ende. Man
20 könnte verzweifeln darüber …

21. März 1916

Die Soldaten sind missmutig – aber auch alle –
und sind nahe dran den Gehorsam zu verwei-
gern. Und erst die Stimmung im Volk! Die ist
25 nicht zu beschreiben. Es ist bald kein Haus wo
nicht ein Angehöriger gefallen ist und dann die
ungeheure Teuerung der Lebensmittel, wir sind
von aller Welt abgeschnitten und müssen uns
selbst ernähren. Wenn man bei Fett und Butter-
30 verkauf die Menschenmenge sieht die sich
drängt, dann die Polizisten, die die Ordnung halten, dann weiß man wie es mit uns steht. Ich
glaube sicher, dass unser Heer den Sieg nicht
herbeiführen kann, die können so viel siegen, wie
35 sie wollen, der verd(ammte) Engländer will keinen Frieden …

23. April, Ostern 1916

Was nützen alle die Siege, wenn nichts mehr zu
essen da ist? Täglich ein Pfund Kartoffeln, 1 Brot
40 von 3 1/2 Pfd. die Woche, kein Fleisch, keine
Milch nur noch Gemüse und davon sollen die
Menschen jetzt leben. Wir lassen uns nicht aus-
hungern! Der reinste Hohn ist dieser Ausspruch.

1. Oktober 1916

45 Ist das ein Jammer, Elend und Not! Wir haben
nicht genug zum leben u(nd) zuviel zum sterben.
Eier gibts alle 14 Tage 1 Ei für die Person. Fleisch
alle 8 Tage 100–150 gr. Fett gar keins mehr. Butter 30 gr. die Woche. Dazu schon mal 6 o(der)
50 8 Pfd. Kartoffeln und 1 Brod für die Woche, davon soll man leben … Ich weiß wirklich nicht,
wie wir im Winter leben sollen und wovon. Das
ist mir ein Rätsel. Aber die Noblesse die Reichen,
die haben alles in Fülle und können auch dran
55 kommen. Es ist eine Schande, wenn man die
Ungerechtigkeit sieht.

10. Februar 1917

Jetzt fängt Amerika durch den verschärften
U-Boot-Krieg auch noch an. Wie mag das ei-
60 gentlich enden. Wir essen jetzt Steckrüben oder
Knollen u(nd) alle essen diese und sind zufrieden,
dass etwas da ist, womit der Hunger gestillt werden kann … In Friedenszeiten hat man die Dinger dem Vieh verfüttert, heute sind die Städter
65 froh, dass sie welche zum essen haben.

11. November 1918

Am 11. 11. um 11 Uhr ist der Waffenstillstand unterzeichnet. Gott sei Dank. Besser ein Ende mit
Schrecken wie Schrecken ohne Ende.

Journal für Geschichte, 1980/5, Braunschweig, S. 28/34.

5 *Ein Polizeispitzel notierte nach einem Gespräch von zwei Soldaten im Lazarett Folgendes:*

Siehst Du, Kamerad, wir sind kaputt, keiner denkt mehr an Sieg, was die Zeitungen schreiben, ist Lug und Trug … Wenn wir jetzt Schluss machen, können wir noch viel retten, Geld und
5 Menschen. Sollen wir uns denn die Knochen kaputt schießen lassen, nur weil die Oberen noch Lust haben zu dieser wahnsinnigen Schlachterei? … Wir kriegen unsere Kameraden so weit, dass sie alle mitmachen wie in Russland, wir ha-
10 ben ja nichts mehr zu verlieren.

Zit. nach: Jörg Berlin (Hrsg.), Die deutsche Revolution 1918/19. Quellen und Dokumente, Köln 1979, S. 110.

6 *Ist der Krieg noch zu gewinnen?*

Oberst v. Thaer schrieb nach einem Gespräch mit General Ludendorff vom 1. Oktober 1918 in sein Tagebuch:

Furchtbar und entsetzlich! Es ist so! In der Tat! Als wir versammelt waren, trat Ludendorff in unsere Mitte, sein Gesicht von tiefstem Kummer erfüllt, bleich, aber mit hoch erhobenem
5 Haupt. Eine wahrhaft schöne germanische Heldengestalt! Ich musste an Siegfried denken mit der tödlichen Wunde im Rücken von Hagens Speer.
Er sagte ungefähr Folgendes: Er sei verpflichtet
10 uns zu sagen, dass unsere militärische Lage furchtbar ernst sei. Täglich könne unsere Westfront durchbrochen werden. Er habe darüber in den letzten Tagen S(eine)r M(ajestät) zu berichten gehabt. Zum 1. Mal sei die O(bersten) H(ee-
15 res) L(eitung) von S(eine)r M(ajestät) bzw. vom Reichskanzler die Frage vorgelegt worden, was sie und das Heer noch zu leisten imstande seien. Er habe im Einvernehmen mit dem Generalfeldmarschall geantwortet: „Die O.H.L. und das
20 deutsche Heer seien am Ende; der Krieg sei nicht nur nicht mehr zu gewinnen, vielmehr stehe die endgültige Niederlage wohl unvermeidlich bevor. Bulgarien sei abgefallen. Österreich und die Türkei am Ende ihrer Kräfte, würden wohl bald
25 folgen. Unsere eigene Armee sei leider schon

7 *Erschöpfte Soldaten* an der Westfront 1918

schwer verseucht durch das Gift spartakistisch-sozialistischer Ideen. Auf die Truppen sei kein Verlass mehr. … Er habe sich nie gescheut von der Truppe Äußerstes zu verlangen. Aber nach-
30 dem er jetzt klar erkenne, dass die Fortsetzung des Krieges nutzlos sei, stehe er nun auf dem Standpunkte, dass schnellstens Schluss gemacht werden müsse, um nicht noch unnötigerweise gerade noch die tapfersten Leute zu opfern, die
35 noch treu und kampffähig seien … Es sei ein schrecklicher Augenblick für den Feldmarschall und für ihn gewesen, dieses S(eine)r M(ajestät) und dem Kanzler melden zu müssen. Der letztere, Graf Hertling, habe in würdiger Weise
40 S(eine)r M(ajestät) erklärt, er müsse daraufhin sofort sein Amt niederlegen.“… Exc(ellenz) Ludendorff fügte hinzu: „Zur Zeit haben wir also keinen Kanzler. Wer es wird, steht noch aus. Ich habe aber S.M. gebeten jetzt auch diejenigen
45 Kreise an die Regierung zu bringen, denen wir es in der Hauptsache zu danken haben, dass wir so weit gekommen sind. Wir werden also diese Herren jetzt in die Ministerien einziehen sehen. Die sollen nun den Frieden schließen, der jetzt
50 geschlossen werden muss. Sie sollen die Suppe jetzt essen, die sie uns eingebrockt haben!“

Albrecht v. Thaer, Generalstabsdienst an der Front und in der O.H.L., hrsg. von S. A. Kaehler, Göttingen 1958, S. 234 f.

a) *Erkläre den Wandel in der Stimmung der Bevölkerung (M3).*
b) *Der Erste Weltkrieg wird oft als die „Urkatastrophe" des 20. Jahrhunderts bezeichnet. Setze dich mit dieser Meinung auseinander.*
c) *Nach dem Krieg wurde oft behauptet, der Krieg sei nur durch die Revolution im Innern verloren worden. Diskutiere diese These.*

2.4 Kriegerdenkmäler – Mahnung für die Zukunft oder Verherrlichung der Vergangenheit?

1

„Nie wieder Krieg" stand 1981 eines Morgens in großen weißen Buchstaben auf dem Kriegerdenkmal zu Ehren der Gefallenen des Ersten Weltkrieges in Hildesheim. Während viele Einwohner darauf empört reagierten, fragte eine Zeitung provokativ: „Schmiererei oder sinnvolle Ergänzung?" In Hildesheim beantwortete man diese Frage mit der Entfernung der Schrift und provozierte damit erneut heimliche Kommentare, wie das nebenstehende Bild zeigt.
Die „Aufregung" in Hildesheim war kein Einzelfall. Auch in anderen Städten kam es zu ähnlichen Auseinandersetzungen über Kriegerdenkmäler. Das war nicht immer so.

Die Toten des Ersten Weltkrieges – Mahnung oder Vorbilder?

Am Ende des Ersten Weltkrieges hatte das Deutsche Reich 1,8 Millionen, Russland 1,7 Millionen, Österreich-Ungarn 1,2 Millionen und Großbritannien 1 Million tote Soldaten zu beklagen. Fast zwanzig Millionen Soldaten waren verwundet und oft für den Rest ihres Lebens verkrüppelt. Die Zahl der getöteten Zivilisten wird auf fünf Millionen geschätzt. Diese Zahlen, die die Verluste in allen bisherigen Kriegen bei weitem übertrafen, waren in allen Ländern Anlass an diese Opfer zu erinnern. Wie nach anderen Kriegen in der Vergangenheit dienten dazu auch Denkmäler. Doch anders als zuvor gab es keine einheitliche Meinung mehr darüber, was Denkmäler aussagen sollten.

Frankfurt – ein „Opferdenkmal"

Die Enthüllung des Frankfurter Opferdenkmals im Oktober 1920 war ein „Skandal". Die Stadtverwaltung wurde mit Eingaben überschüttet, die Zeitungen waren voller Leserbriefe, „denn mancher Mitbürger konnte sich nicht damit abfinden, dass ‚das nackte Mensch' den Schmerz der Mutter Deutschland um die im Ersten Weltkrieg Gefallenen versinnbildlichen sollte". Nur durch Zufall wurde dieses Denkmal nach 1933 von den Nationalsozialisten nicht zerstört.

Windsbach – ein „Heldendenkmal"

Ganz anders als in Frankfurt verlief die Denkmalsenthüllung im kleinen Ort Windsbach in Mittelfranken nur zwei Jahre später. Der ganze Ort nahm an der Einweihung teil. „In einer Zeit", so hieß es in der vom Studiendirektor des örtlichen Gymnasiums verfassten Urkunde zur Grundsteinlegung, „da die Liebe in so vielen Herzen erkaltet ist, da frevlerische Habgier und gewissenlose Genusssucht sich breitmachen, sei dieses Denkmal uns und unseren Nachkommen eine Erinnerung an die alte deutsche Kraft und Ehre, eine Mahnung zu neuer Treue und Frömmigkeit. Möge das junge Geschlecht den Vätern nacheifern in jeder deutschen Tugend, dann wird ein Volk heranwachsen, stark genug zu brechen die Ketten der Knechtschaft, herbeizuführen eine neue Zeit gottgesegneten

2 *Opferdenkmal in Frankfurt a. M.* von B. Elkan (links); rechts: **Windsbacher Denkmal** von W. Franke

Friedens! In Treue fest! Gott mit uns!" In der Folgezeit, vor allem nach 1933, wurde dieses Denkmal zum Ausgangspunkt großer Aufmärsche, an denen, wie bei seiner Einweihung, die Einwohner „schwarz mit Zylinder, mit Vereins- sowie Orden und Ehrenzeichen ... zu Ehren der gefallenen Helden" teil-nahmen.

Denkmäler als historische Quelle

Denkmäler unterscheiden sich von anderen Kunstobjekten durch ihren publikumswirksamen Aufstellungsort wie dem Marktplatz, dem Stadtpark oder an der Kirche, durch Gedenkveranstaltungen an ihrem Aufstellungsort, an denen in der Regel wichtige Repräsentanten des öffentlichen Lebens teilnehmen, durch ihre große Verbreitung sowie ihre oft ausdrucksvolle Symbolik.

Als historische Quelle sind Denkmäler sehr aufschlussreich. Ihre Gestaltung, ihre Inschriften, die Feierlichkeiten anlässlich ihrer Errichtung sowie anlässlich besonderer Gedenktage sind ein Spiegel für das Verhältnis der Menschen zu ihrer Geschichte. Zugleich geben Denkmäler Aufschluss über die erzieherischen Absichten derjenigen, die sie errichtet haben.

Folgende Fragen und Arbeitsschritte helfen dir, ein Denkmal zu interpretieren:

1. Aus welchem Anlass wurde das Denkmal errichtet? Wer gab den Auftrag dazu und wer hat es geschaffen?

2. Was ist dargestellt? Wie lautet die Inschrift? Wie wurde das Thema des Denkmals künstlerisch umgesetzt?

3. Wo wurde das Denkmal aufgestellt? Gibt es bestimmte, regelmäßige Gedenkveranstaltungen an diesem Denkmal?

Weitere Informationen geben dir Artikel über Gedenkveranstaltungen in der Presse, Festprotokolle, Predigten, Fotos und Berichte von Teilnehmern.

Versuche der Orientierung und Zukunftsgestaltung nach dem Ersten Weltkrieg

Revolutionäre Massenkundgebung in
Elberfeld am 9. November 1918
Links oben: „Die Hoffnung Italiens",
Propagandabild der italienischen
Faschisten, 1933
Rechts oben: „Lower Manhattan",
Ölgemälde George Grosz, 1934
Links unten: Plakat von Cesar Klein zu den
Wahlen zur Nationalversammlung im
Auftrag des Rates der Volksbeauftragten,
Jahreswende 1918/19
Rechts unten: „Gen.(osse) Lenin reinigt die
Erde von Unrat", Plakat von V. Denin, 1920

1. Friedenshoffnungen und Friedensdiktate

08.01.1918 _____ USA-Präsident Wilson unterbreitet einen 14-Punkte-Friedensvorschlag.
14.02.1919 _____ Der Völkerbund konstituiert sich in Paris.
28.06.1919 _____ Deutschland unterzeichnet den Friedensvertrag in Versailles.

Friedenssehnsucht und Friedensvorschläge

Nach den schrecklichen Kriegsjahren hofften die Menschen in der ganzen Welt auf einen dauerhaften Frieden und die Versöhnung der Völker. Viele Politiker, so auch der englische Premierminister Lloyd George, unterbreiteten 1918/1919 Friedensvorschläge. Am ausführlichsten war der „14-Punkte-Plan" des USA Präsidenten Woodrow Wilson, der einen Frieden ohne Sieger, eine gerechte Nachkriegsordnung in Europa und das Selbstbestimmungsrecht der Völker forderte.

Friedenskonferenz von Paris – der Versailler Vertrag

Im Januar 1919 trafen sich in Paris 27 Staaten zur Friedenskonferenz. Die Besiegten waren nicht zugelassen. Bei den Verhandlungen zeigte sich, dass die Interessen der USA, Englands und Frankreichs so weit auseinandergingen, dass die Konferenz zu scheitern drohte. Frankreich wollte Deutschland militärisch und wirtschaftlich schwächen, dagegen war England an einem Gleichgewicht der Mächte interessiert. Der ausgehandelte Kompromiss – der Versailler Vertrag – diktierte Deutschland äußerst harte Friedensbedingungen. Außerdem wurden die Habsburger Monarchie und das Osmanische Reich aufgelöst und neue Staaten geschaffen. Dabei fanden die Interessen von nationalen Minderheiten oftmals keine Beachtung. Österreich, Ungarn, Bulgarien und die Türkei lehnten die ihnen aufgezwungenen Friedensverträge ab.

Der Völkerbund – Erwartung und Enttäuschung

Auf Vorschlag des USA-Präsidenten Wilson wurde bei den Pariser Friedensverhandlungen auch der Völkerbund gegründet. Er war die erste internationale Friedensorganisation, die zwischenstaatliche Konflikte gewaltfrei regeln sollte. Zunächst durften nur die Siegerstaaten Mitglied werden; Deutschland, Österreich, die Türkei, Ungarn und Russland blieben ausgeschlossen. Der USA-Kongress lehnte die Mitgliedschaft ab. Bereits über die Satzung hatten die Großmächte weit auseinander gehende Meinungen. Der Völkerbund besaß auch keinerlei Machtmittel, um seine Beschlüsse durchzusetzen.

1 Clemenceau (Frankreich), Wilson (USA) und Lloyd George (England) beim Verlassen des Schlosses von Versailles (von l.n.r.). Nur diese drei Staaten und Italien – und in einigen Fragen auch Japan – fassten die Beschlüsse der Friedenskonferenz.

2 **Der Völkerbund ... und wie er in Wirklichkeit aussieht** *(Karikatur von Arpad Schmidhammer, 1920)*

3 **Das „Programm des Weltfriedens" von USA-Präsident Woodrow Wilson**

1. Öffentliche Friedensverträge und Abschaffung der Geheimdiplomatie
2. Absolute Freiheit der Schifffahrt
3. Aufhebung sämtlicher wirtschaftlicher Schranken und gleiche Handelsbedingungen zwischen allen Nationen
4. Rüstungsbegrenzung auf dem niedrigsten Stand, der mit der inneren Sicherheit zu vereinbaren ist
5. Unparteiische Neuordnung aller Kolonialfragen bei Beachtung der Interessen der betroffenen Bevölkerung
6. Räumung des gesamten russischen Gebietes
7. Wiederherstellung der Souveränität Belgiens
8. Räumung Frankreichs, Rückgabe von Elsass-Lothringen, Zahlung von Wiedergutmachung
9. Grenzziehung Italiens nach dem Nationalitätenprinzip
10. Autonomie der Völker Österreich-Ungarns
11. Wiederherstellung Serbiens, Rumäniens und Montenegros
12. Autonome Entwicklung der Völker des Osmanischen Reiches, ungehinderte Durchfahrt durch den Bosporus und die Dardanellen
13. Errichtung eines unabhängigen polnischen Staates
14. Bildung eines allgemeinen Verbandes der Nationen zur Garantie der Unabhängigkeit und territorialen Integrität aller Staaten

Handbuch der Verträge 1871–1964, Berlin 1968, S.169 f. (bearb. v. Verf.).

4 **Aus den 440 Artikeln des Versailler Vertrages**

– Abtrennung großer Gebiete des Deutschen Reiches, u. a. Elsass-Lothringen, Nordschleswig, Posen, Westpreußen, Teile von Oberschlesien, Eupen-Malmedy, Hultschiner Ländchen
5 – Das Saarland wird dem Völkerbund unterstellt und Frankreich für 15 Jahre zur wirtschaftlichen Nutzung überlassen
– Danzig wird freie Stadt
– Verlust aller deutschen Kolonien
10 – Heer und Marine werden bis auf leichte Waffen weitgehend entwaffnet. Die Heeresstärke wird auf 100 000 Mann festgelegt
– Reparationszahlungen in Geld- und Sachleistungen in nicht festgelegter Höhe

Handbuch der Verträge 1871–1964, a.a.O., S.190 f. (bearb. v. Verf.).

5 **Aus den Bestimmungen des Völkerbundes**

– Mitglieder sind die Siegermächte und eine Reihe noch einzuladender Staaten
– Sitz des Bundes ist Genf
– Die Organe sind die Bundesversammlung, der
5 Rat und das ständige Sekretariat
– Als Schlichtungsstelle wird ein Internationaler Gerichtshof in Den Haag eingerichtet
– Wichtigste Aufgaben sind die Erhaltung des Friedens und die Reduzierung der Rüstungen
10 – Die Mitglieder verpflichten sich die betreffende Konflikte durch ein Schiedsgericht klären zu lassen, für ehemalige Kolonien übernehmen Mitglieder des Völkerbundes das Mandat

Handbuch der Verträge 1871–1964, a.a.O., S.184 f. (bearb. v. Verf.).

a) Deutsche Politiker sahen in dem 14-Punkte-Programm Wilsons (M3) eine Chance für ihr Land. Begründe deren Optimismus. Wie beurteilst du das Programm?

b) Wie sah der Karikaturist von M2 den Völkerbund? Wie ist deine Meinung?

2. Vom Zarenreich zur Sowjetunion

2.1 Zwischen Reform und Revolution: Russland 1861 bis 1917

1861 _____ Zar Alexander II. – „der Befreier" – hebt die Leibeigenschaft der Bauern auf.

1905 _____ Die Niederlage im Krieg gegen Japan und revolutionäre Unruhen im Innern zwingen Zar Nikolaj II. zum Erlass einer Verfassung und zur Einrichtung eines Parlaments (Reichsduma).

Kein anderes Ereignis hatte so weit reichende Auswirkungen auf die Entwicklung der modernen Welt im 20. Jahrhundert wie die russische Revolution von 1917. Sie war nicht nur eine nationale Revolution, sie veränderte auch die internationalen Beziehungen von Grund auf. Zweifellos hat der Erste Weltkrieg die revolutionäre Entwicklung in Russland beschleunigt. Die Ursachen der russischen Krise reichen jedoch weit ins 19. Jahrhundert zurück.

Rückständige Großmacht: „Koloss auf tönernen Füßen"

Nach der Niederlage gegen England und Frankreich im Krimkrieg (1853–1856) sah sich die russische Staatsführung zu einem umfassenden Umbau von Staat und Gesellschaft gezwungen. Der Zar musste einsehen, dass überholte gesellschaftliche und wirtschaftliche Strukturen für die Niederlage verantwortlich waren. Seine Berater machten ihm klar, dass Russland als Großmacht nur überleben konnte, wenn es rasch eine moderne leistungsfähige Industrie aufbaute.

Freiheit für die Bauern?

Den Anfang der Reformen, die das Agrarland auf das Niveau Europas heben sollten, bildete die Bauernbefreiung. Im Februar 1861 entließ Zar Alexander II. 40 Millionen Bauern aus der Erbuntertänigkeit. Zwar konnten sie nun nicht mehr verkauft werden, als Zwangsmitglieder der Dorfgemeinde durften sie jedoch weiterhin weder ihren Wohnort noch ihren Beruf frei wählen. Außerdem mussten sie für das zugewiesene Land hohe „Loskaufzahlungen" entrichten.

Späte Industrialisierung

Da es in Russland keine breite Unternehmerschicht gab, war die Regierung gezwungen, mit ausländischer Hilfe die Industrialisierung selbst zu organisieren. Dank importierter Technologie entstand binnen weniger Jahrzehnte eine moderne Großindustrie. Abgesehen von wenigen hochindustrialisierten „Inseln" fehlte es der Industrialisierung jedoch an Breite. So konnte die russische Wirtschaft bis 1914 insgesamt nicht den Rückstand zu Westeuropa aufholen.

Autokratie und Opposition

Trotz der unleugbaren Fortschritte erwies sich die „Autokratie" selbst immer mehr als das größte Hindernis auf dem Weg zu einem modernen Russland. Der Zar verstand sich nach wie vor als absoluter „Selbstherrscher". Wie seine „Vorväter" wollte er, gestützt allein auf Bürokratie, Adel und orthodoxe Staatskirche, sein riesiges Reich allein regieren. Gegner der bestehenden Ordnung ließ er unbarmherzig verfolgen. Sie kamen zumeist aus der „Intelligencija", wie man im alten Russland Regimegegner aus der Bildungsschicht nannte. Doch die Umsturzpläne der Intelligencija scheiterten allesamt. Ihr Erbe traten in den 90er Jahren zunehmend straffer organisierte sozialistische Parteien an: u. a. die „Russländische Sozialdemokratische Arbeiterpartei", die sich bereits 1903 – nach dem Ergebnis einer eher zufälligen Abstimmung – in die gemäßigten Menschewiki (Minderheitler) und die radikalen Bolschewiki (Mehrheitler) spaltete, sowie die „Partei der Sozialrevolutionäre", die für die Bauern eintrat.

1 **„Reparaturarbeiten an einer Eisenbahnlinie"**, *Gemälde von Konstantin A. Sawizkij, 1874.*
Auch in Russland war der Eisenbahnbau der wichtigste Leitsektor der frühen Industrialisierung.
Ungünstige klimatische und geographische Verhältnisse sowie die weiten Distanzen erschwerten den
Ausbau dieses für das Land bis heute wichtigsten Verkehrssystems.

Die erste russische
Revolution

Lang aufgestaute Unzufriedenheit mit den gesellschaftlichen und politischen Zuständen brach sich schließlich 1905 Bahn. Nahezu alle Schichten und Gruppen lehnten sich gegen das Zarenregime auf: Die städtische Intelligenz (Anwälte, Ärzte usw.) demonstrierte für demokratische Grundrechte; mit dem liberalen Adel forderte sie eine Beteiligung an der Regierung. Die Arbeiter kämpften für eine Verbesserung ihrer Lebens- und Arbeitsbedingungen. Zur Organisation von Streiks und Aufständen gründeten sie im Herbst 1905 Sowjets (Räte). Als die Unruhen auch die Bauern erfassten, als im europäischen Teil Russlands überall Herrenhäuser brannten und Gutsbesitzer ermordet wurden, schien der Zusammenbruch des Zarismus unabwendbar. Doch durch das Zugeständnis bürgerlicher Freiheiten und konstitutioneller Rechte, vor allem aber mit Hilfe des Militärs konnte Nikolaj II. die Autokratie noch einmal retten. Nach einer kurzen Reformperiode (1907–1910) versuchte der Zar die Rechte der Duma wieder zurückzuschneiden. Die oppositionellen Strömungen erhielten dadurch erneut Auftrieb. Die Gegensätze zwischen Autokratie und Gesellschaft verschärften sich. Anfang 1914 glaubte niemand mehr, dass Russland sich auf friedlichem Wege zu einem parlamentarischen Verfassungsstaat entwickeln könne. Ob das „Alte Regime" einen Krieg überdauern würde, war mehr als fraglich.

Russ. Bauer, um 1916

a) Nenne die wesentlichen sozialen und ökonomischen Probleme Russlands
   um 1860.
b) Worin siehst du die zentrale(n) Ursache(n) dafür, dass sich Russland vor
   1914 nur teilweise zu einem modernen Staat entwickeln konnte?
c) Welche Informationen über Arbeitsverhältnisse und -organisation enthält
   die Darstellung von M1? Beachte die Arbeit von Frauen und Männern.

2.2 Revolution in Russland, 1917 bis 1921: Aufbruch in eine bessere Zukunft?

**Februar-
revolution 1917:
Ende der
Zarenherrschaft**

Im Winter 1916/17, im dritten Kriegswinter, verschlechterte sich die Versorgungslage der russischen Hauptstadt Petrograd (bis August 1914: St. Petersburg) immer mehr. Am 23. Februar (8. März)*, dem Internationalen Frauentag, demonstrierten die Petrograder Frauen für mehr Brot. Einen Tag später streikte und demonstrierte bereits jeder zweite Arbeiter. Sie forderten bessere Versorgung, sofortige Beendigung des Krieges, höhere Löhne (als Ausgleich für die kriegsbedingte Geldentwertung) sowie Verteilung des Großgrundbesitzes an die Bauern. Immer lauter wurde der Ruf „Nieder mit der Selbstherrschaft!" Als der Zar befahl die Unruhen niederzuschlagen, weigerten sich die Soldaten nicht nur auf die Demonstranten zu schießen – große Teile der Petrograder Garnisonstruppen liefen gar zu den Aufständischen über und verteilten ihre Gewehre unter das Volk. Am 2. März wurde Zar Nikolaj II. zur Abdankung gezwungen. Damit war das Ende der Zarenherrschaft besiegelt.

**Doppelherrschaft:
Provisorische
Regierung
und Sowjets**

Die Februarrevolution war ein spontaner Massenprotest. Parteien und politische Gruppen hatten so gut wie keinen Einfluss auf ihren Verlauf. Dennoch vollzog sich der Machtwechsel rasch und reibungslos. Bereits am dritten Tag (25. Februar) bildeten sich in der Hauptstadt zwei neue Machtzentren: das „Provisorische Dumakomitee" sowie der „Petrograder Sowjet der Arbeiter- und Soldatendeputierten" (Abgeordnete). Noch am 2. März, dem Tag des Zarensturzes, setzte das Dumakomitee eine Provisorische Regierung ein, der mit Ausnahme des Sozialrevolutionärs Kerenskij nur bürgerliche Vertreter angehörten. Die neue Regierung verkündete ein umfassendes Reformprogramm: Die bürgerlichen Grundrechte wurden allen zuteil, alle Standesprivilegien sollten fallen, alle Nationalitäten und Religionen gleichberechtigt sein, in Stadt und Land sollten lokale Selbstverwaltungsorgane entstehen. Den Arbeitern wurde das Streikrecht zugestanden, politische Gefangene und Verbannte wurden amnestiert. Über die drängendsten Fragen – Frieden und Land – sollte eine frei gewählte Konstituierende, d.h. Verfassunggebende Versammlung entscheiden.
Bald stellte sich heraus, dass die Provisorische Regierung machtlos war. Ihr fehlte der „Unterbau", d.h. Verwaltungseinrichtungen, die ihre Beschlüsse verwirklichen konnten. Im Volk hatte sie nur wenig Rückhalt und die Reichsduma, auf die sie sich stützte, war bereits 1912 – also unter ganz anderen Bedingungen – gewählt worden. Die Sowjets auf der anderen Seite waren unmittelbar vom Volk gewählt, faktisch ruhte die Staatsgewalt bereits in ihren Händen. Doch noch zögerte ihre gemäßigte Mehrheit die Macht zu übernehmen.

**Lenin betritt die
Szene: „Alle Macht
den Räten!"**

In dieser offenen Situation erschien Wladimir Iljitsch Lenin. Der Führer der Bolschewiki war Anfang April aus seinem Schweizer Exil nach Petrograd zurückgekehrt. Die deutsche Regierung hatte die Durchreise in einem plombierten Eisenbahnwaggon erlaubt. Sie hoffte, dass der „Unruhestifter" Lenin den Kriegsgegner Russland schwächen würde. Bei seiner Ankunft in Petrograd griff Lenin sofort das unausgesprochene Stillhalteabkommen zwischen Provisorischer Regierung und Sowjets scharf an. Im Gegensatz zu Menschewiki und Sozialrevolutionären, die sich zunächst mit der bürgerlichen Revolution begnügen woll-

---

* In Russland galt bis 1918 der Julianische Kalender (nach Julius Caesar), der im 20. Jahrhundert um 13 Tage hinter dem im Westen gültigen Gregorianischen Kalender zurückliegt.

1 *Der Petrograder Sowjet der Arbeiter- und Soldaten- deputierten tagt,* März 1917. Versammlungsort war das Taurische Palais, der Sitz der Reichsduma – ein Zeichen, dass der Sowjet mit seiner Mehrheit aus gemäßigten Sozialisten (Menschewiki und Sozialrevolutionäre) grundsätzlich zur Zusammenarbeit mit der Provisorischen Regierung bereit war.

ten, war er davon überzeugt, dass Russland bereits „reif" sei für die sozialistische Revolution. Zur Verwirklichung seines radikalen Programms forderte er die sofortige Machtübernahme durch die Sowjets.

„Heißer Sommer" 1917: Fahnenflucht und Gegenputsch

Da die Regierung daran festhielt, den Krieg an der Seite der verbündeten Westmächte fortzusetzen, verschärfte sich die Krise im Sommer 1917. Die zentralen Probleme des Landes – Frieden, Brot, Land – blieben ungelöst. Als Kriegsminister Kerenskij im Juli eine neue Großoffensive befahl, meuterten die Soldaten an der Front; in Scharen verließen sie die Schützengräben und machten sich auf den Heimweg in ihre Dörfer, um bei der Landverteilung dabei zu sein, mit der man schon begonnen hatte. Gleichzeitig revoltierten zunehmend in den Fabriken die Arbeiter gegen die Unternehmer und Betriebsleitungen.

Im August versuchte der Oberbefehlshaber der Streitkräfte, General Kornilov, noch einmal durch einen Putsch „Ruhe und Ordnung" wiederherzustellen. Er scheiterte damit jedoch völlig: Die von den Bolschewiki kontrollierte Eisenbahnergewerkschaft lenkte den Zug, der seine Truppen nach Petrograd bringen sollte, schon nach kurzer Fahrt auf ein Abstellgleis. Damit wurde offenkundig, dass sich die Kräfteverhältnisse im Lande verschoben hatten.

2 Zeitgenöss. Karikatur: „Vorwärts, in die Offensive!"

Oktoberrevolution 1917 – Bolschewistischer Umsturz in Petrograd

Lenin erkannte frühzeitig, dass die Situation für eine Machtübernahme günstig war. Die Wut und Enttäuschung der Bevölkerung über die Tatenlosigkeit der Regierung richteten sich seit der Ernennung einiger sozialistischer Minister im April zunehmend auch gegen Sozialrevolutionäre und Menschewiki. Außerdem hatte der Putschversuch der Rechten die Revolutionäre überall im Lande aufgerüttelt. Einzig die bolschewistische Partei blieb von dem allgemeinen Autoritätsverfall verschont. Sie, die im März in den Sowjets noch in der Minderheit gewesen war, erhielt seit Juli großen Zulauf von allen Seiten. Doch erst nach schwierigen Diskussionen konnten Lenin und Trotzki die Mehrheit des bolschewistischen Zentralkomitees für ihren Umsturzplan gewinnen. In der Nacht vom 24. auf den 25. Oktober drangen die „Roten Garden" praktisch ohne Gegenwehr in das Winterpalais, den Sitz der Provisorischen Regierung, ein. Ministerpräsident Kerenskij und sein Kabinett wurden abgesetzt. Alles verlief fast ohne Blutvergießen und – im Unterschied zur Februarrevolution – auch ohne Beteiligung der Massen.

3 „*Lenin verkündet die Sowjetmacht*"
Gemäldeausschnitt von Vladimir Serov, 1947, im Stil des „Sozialistischen Realismus", auf den Stalin in den 30er Jahren alle Künstler festlegte: Die Kunst sollte die Realität im Sinne der offiziellen Ideologie widerspiegeln. Auf historische Wahrheit kam es dabei nicht an – die dargestellte Szene hat es nie gegeben! –, das Bild sollte vielmehr den Eindruck „optimistischen Kollektivhandelns" vermitteln. Ist das hier gelungen?

Revolutionäre Regierung: der Rat der Volkskommissare

Die Führung der Bolschewiki hatte den Termin für den Umsturz sorgfältig mit dem Zweiten Allrussischen Sowjetkongress abgestimmt. Da die Bolschewiki in den lokalen Sowjets bereits seit September über eine klare Mehrheit verfügten, stellten sie auch die Mehrheit der Delegierten. Als der Kongress am 25. Oktober in Petrograd zusammentrat, setzte er erwartungsgemäß sofort eine Regierung ein: den Rat der Volkskommissare, zu dessen erstem Vorsitzenden Lenin gewählt wurde. Die neue Regierung ergriff umgehend eine Reihe von Maßnahmen, die Staat, Wirtschaft und Gesellschaft von Grund auf verändern sollten. Das „Dekret über Grund und Boden" legalisierte die entschädigungslose Aufteilung des Großgrundbesitzes unter den Bauern. In den Fabriken bereits durchgeführte Maßnahmen der Arbeiter, z. B. der Bildung von Betriebsräten, erhielten mit dem „Dekret über die Arbeiterkontrolle" Gesetzeskraft. Im „Dekret über den Frieden" schlug die Regierung allen kriegführenden Ländern den sofortigen Abschluss eines gerechten Friedens vor und erklärte ihre bedingungslose Bereitschaft zu Friedensverhandlungen. Doch Lenins Friedensappell verhallte weithin ungehört. Immerhin konnten Anfang Dezember 1917 ein Waffenstillstand mit den Mittelmächten geschlossen und Friedensverhandlungen vereinbart werden. Die deutschen Bedingungen waren hart: Im Frieden von Brest-Litowsk musste Sowjet-Russland im März 1918 auf die baltischen Provinzen verzichten und die Unabhängigkeit Finnlands und der Ukraine anerkennen.

„Diktatur der Arbeiter und Bauern" oder parlamentarische Demokratie?

Im Oktober war noch keine endgültige Entscheidung über die künftige Staats- und Regierungsform gefallen. Viele hofften, die Wahlen zur Konstituierenden Versammlung würden Klarheit bringen. Klarer Sieger dieser Wahlen im November 1917 wurden die Sozialrevolutionäre. Sie waren vor allem von der Landbevölkerung gewählt worden, die in den meist städtischen Sowjets unterrepräsentiert war. Die Bolschewiki erhielten nur ein Viertel der Stimmen. Sie weigerten sich aber dieses Wahlergebnis anzuerkennen, das sie durch den Oktoberumsturz für überholt hielten. Die Konstituierende Versammlung trat schließlich am 5. Januar 1918 in Petrograd zusammen. Da sie nicht bereit war, die Sowjetmacht uneingeschränkt anzuerkennen, löste die Regierung sie am nächsten Tag auf.

2.2 Revolution in Russland, 1917 bis 1921: Aufbruch in eine bessere Zukunft?

793

Bürgerkrieg 1918–1921: „Rot" schlägt „Weiß"

Lenin war sich durchaus bewusst, dass das brutale Vorgehen der (roten) Sowjetregierung die Gefahr eines Bürgerkriegs heraufbeschwor. Eine Folge der bolschewistischen Gewaltmaßnahmen war, dass nicht nur Liberale und Konservative, sondern sogar gemäßigte Sozialisten die Maßnahmen der Regierung zur revolutionären Umgestaltung von Wirtschaft und Gesellschaft bekämpften. Viele von ihnen schlugen sich auf die Seite „weißer" Freiwilligenverbände, die seit Frühjahr 1918 unter Führung ehemaliger Zarengenerale von den Randgebieten ins Innere Russlands vordrangen. Die „Weißen" erhielten massive Unterstützung aus dem Ausland. Die Kämpfe, die von beiden Seiten mit gnadenloser Härte und unerhörter Grausamkeit geführt wurden, dauerten nahezu drei Jahre. Unter ungeheuren Anstrengungen gelang es schließlich der neu geschaffenen Roten Armee unter Führung Trotzkis, den Feind zurückzuschlagen und die Herrschaft der Bolschewiki in ganz Russland durchzusetzen.

Kriegskommunismus – die „Morgenröte" einer Zukunftsgesellschaft?

ПОМОГИ

4 „Hilf!" Plakat 1921

Die Bolschewiki hatten das Ziel, erstmals in der Menschheitsgeschichte eine kommunistische Gesellschaftsordnung zu errichten. Zunächst mussten sie aber um das bloße Überleben kämpfen. Hunger und Bürgerkrieg zwangen sie zu Improvisationen und Notmaßnahmen, in denen viele Kommunisten bereits die Umrisse einer neuen Gesellschaftsordnung erkennen zu können glaubten. Der Kriegskommunismus war ein umfassendes Zwangssystem: Die Bauern mussten zur Versorgung der Städte alle Erzeugnisse abliefern, die über den Eigenbedarf hinausgingen. Industrie, Handel und Gewerbe wurden verstaatlicht und der Arbeiterkontrolle unterstellt. Betriebskomitees sollten Produktion und Transport kriegswichtiger Güter sicherstellen. Zugleich wurde eine allgemeine Arbeitspflicht eingeführt („Wer nicht arbeitet, soll auch nicht essen!"). Die Verteilung der wenigen Güter, die noch produziert wurden, übernahm der Staat. Das durch die Inflation wertlos gewordene Geld spielte so gut wie keine Rolle mehr. Die Folgen waren verheerend: Im Winter 1920/21 standen die meisten Fabriken still. In weiten Teilen des Landes brach das Eisenbahnsystem zusammen. Die Bauern produzierten nur noch so viel, wie sie selbst verbrauchen konnten. In Land und Stadt wurde das Leben unerträglich. Die Menschen hungerten und froren, Epidemien und Seuchen breiteten sich aus. Selbst die wenigen Arbeiter, die es noch gab, demonstrierten gegen das bolschewistische Regime.

März 1921: Kronstädter Aufstand

Höhepunkt des landesweiten Protestes war die Revolte der Matrosen der vor Petrograd gelegenen Seefestung Kronstadt. Diese forderten die Absetzung der Sowjetregierung und Neuwahlen bei geheimer Stimmabgabe. Lenin und Trotzki ließen den Aufstand niederschlagen. Aber sie mussten erkennen, dass der Kriegskommunismus in eine Sackgasse geführt hatte. Die Sowjetregierung hatte den Sieg im Bürgerkrieg errungen, aber das Land war ausgeblutet. Im Volk war nur noch wenig von der anfänglichen Begeisterung für die Revolution zu spüren. Wer konnte in dieser Situation noch auf eine bessere Zukunft hoffen?

Sowjets (Räte): Sammelbezeichnung für die spontan gewählten Arbeiterausschüsse und Soldatenkomitees, die sich seit der Februarrevolution überall in Russland zu bilden begannen. Vorbild waren die Sowjets der Revolution von 1905. 1917 entwickelten sie sich zu Zentren des revolutionären Kampfes. Sie verstanden sich selbst als Organe einer revolutionären Demokratie der arbeitenden Bevölkerung. Anders als westliche Parlamente, die sich in erster Linie dem gesamtstaatlichen Interesse verpflichtet fühlen, verstanden sich die Sowjets vor allem als Interessenvertretung der Arbeiterklasse. Im Unterschied zu Parlamenten beschränkten sie sich nicht auf die Gesetzgebung, sondern übernahmen auch Aufgaben der Exekutive.

5 Lenins Aprilthesen

Am 7. April 1917 veröffentlicht Lenin in der „Prawda" („Die Wahrheit") einige Thesen:

1. In unserer Stellung zum Krieg … sind auch die geringsten Zugeständnisse an die „revolutionäre Vaterlandsverteidigung" unzulässig … 2. Die Eigenart der gegenwärtigen Lage in Russland
5 besteht im Übergang von der ersten Etappe der Revolution, die … der Bourgeoisie die Macht gab, zur zweiten Etappe der Revolution, die die Macht in die Hände des Proletariats und der ärmsten Schichten des Bauerntums legen muss … 3. Kei-
10 nerlei Unterstützung der Provisorischen Regierung … 4. Anerkennung der Tatsache, dass unsere Partei in den meisten Sowjets … in einer schwachen Minderheit ist gegenüber dem Block aller kleinbürgerlichen opportunistischen Elemente,
15 die dem Einfluss der Bourgeoisie erlegen sind und diesen Einfluss in das Proletariat hineintragen … 5. Keine parlamentarische Republik …, sondern eine Republik der Sowjets … im ganzen Lande, von unten bis oben. Abschaffung der Polizei, der
20 Armee und der Beamtenschaft. Entlohnung aller Beamten, die durchweg wählbar und jederzeit absetzbar sein müssen, nicht über den Durchschnittslohn eines guten Arbeiters hinaus. 6. … Im Agrarprogramm … Konfiskation* aller Guts-
25 besitzerländereien. Nationalisierung des gesamten Bodens im Lande; die Verfügungsgewalt über den Boden liegt in den Händen der örtlichen Sowjets der Landarbeiter- und Bauerndeputierten …

* Beschlagnahmung

Lenin, Werke, Band 24, Berlin 1959, S. 1–5.

6 Revolutionsplakate *von Viktor Deni (1920)*
Unten: „Jeder Hammerschlag ist ein Schlag gegen den Feind".
Rechts: „Mähe beizeiten"; linke Figur: polnischer Adliger (auch Polen beteiligte sich am Bürgerkrieg); rechte Figur: Wrangel, General der weißen Südarmee im Bürgerkrieg.

7 Dekret über den Frieden

Einstimmig angenommen in der Sitzung des Allrussischen Sowjetkongresses am 26. Oktober 1917:

Die Arbeiter- und Bauernregierung … schlägt allen kriegführenden Völkern und ihren Regierungen vor, sofort Verhandlungen über einen gerechten demokratischen Frieden zu beginnen.
5 Ein gerechter und demokratischer Friede, den die überwältigende Mehrheit der durch den Krieg erschöpften, gepeinigten und gemarterten Klassen der Arbeiter und der Werktätigen aller kriegführenden Länder ersehnt, … ist nach Auf-
10 fassung der Regierung ein sofortiger Friede ohne Annexionen* und ohne Kontributionen** … Gleichzeitig erklärt die Regierung, … dass sie bereit ist, auch jegliche anderen Friedensbedingungen zu erwägen, und lediglich darauf besteht,
15 dass die Friedensbedingungen … rasch und in vollster Klarheit angeboten werden. Die Regierung schafft die Geheimdiplomatie ab; sie erklärt, dass sie ihrerseits fest entschlossen ist, alle Verhandlungen völlig offen vor dem ganzen Volke
20 zu führen … Die Regierung schlägt allen Regierungen und Völkern aller kriegführenden Länder vor, sofort einen Waffenstillstand abzuschließen …; (sie) wendet sich gleichzeitig insbesondere an die klassenbewussten Arbeiter der drei fortge-
25 schrittensten Nationen der Menschheit … Englands, Frankreichs und Deutschlands … (Sie ist überzeugt), dass diese Arbeiter … die Sache des Friedens und zugleich damit die Sache der Befreiung der werktätigen und ausgebeuteten
30 Volksmassen von jeder Sklaverei und jeder Ausbeutung erfolgreich zu Ende führen.

* Aneignung fremder Territorien
** Von einem besiegten Land geforderte Geldzahlung

Zit. nach: Manfred Hellmann (Hg.), Die russische Revolution 1917, München 1969, S. 312–315.

8 Kriegskommunismus auf dem Lande

Aus dem Brief eines Bauern an den Schriftsteller Maxim Gorki, Mai 1918:

Sehr geehrter Freund und Genosse! …

Am 3. und 4. April machten wir alle eine sehr schwere Zeit durch …, als etwa 3 000 Rotgardisten zu uns ins Dorf kamen und alle wohlhaben-
5 den Hausbesitzer beraubten, d. h. die Kontributionen eintrieben … Es lässt sich absolut keine Rechnung aufstellen, wie viel sie bei unseren Bürgern noch an Gütern verschiedenster Art, wie z. B. Brot, Mehl, Kleidung usw., geraubt
10 haben; … Und es ist kaum zu beschreiben, wie sie die Leute mit der Nagaika (Riemenpeitsche) geschlagen haben … Wir glauben alle, dass die Qualen der Hölle leichter zu ertragen sind als die Folterungen dieser Räuber. Weiter gibt es keine
15 besonderen Neuigkeiten aus unserm Dorf zu berichten; als die Rote Garde verschwunden war, haben wir, die ärmste Klasse, … selbst damit angefangen, nach dem Vorbild dieser Räuber die wohlhabenden Bürger unseres Dorfes zu berau-
20 ben. Nachts haben wir sogar andere Dörfer überfallen … das Leben hier wird unerträglich!

Maxim Gorkij, Unzeitgemäße Gedanken über Kultur und Revolution, Frankfurt a. M. 1972 S. 195–197.

9 Der Kriegskommunismus in der Stadt

Ein Berufsrevolutionär erinnert sich:

Die Banknoten waren nichts mehr wert, kluge Theoretiker sprachen von der nahe bevorstehenden Abschaffung des Geldes. Zum Druck der Briefmarken fehlten Farben und Papier … Die
5 von den verstaatlichten Kooperativen (hier: Genossenschaftsläden) verteilten Rationen waren winzig: Schwarzbrot …, einige Heringe im Monat, ein bisschen Zucker für die erste Kategorie (Handarbeiter und Soldaten), fast nichts für die
10 dritte (Nicht-Arbeiter) … Der Winter war für die Bewohner der Stadt eine wahre Qual. Keine Heizung, kein Licht und dazu der nagende Hunger! Schwache Kinder und Greise starben zu Tausenden. Der Typhus, von Läusen verbreitet, räumte
15 gründlich auf … Um die Genossenschaftsversorgung aufrechtzuerhalten, die in erster Linie ein bitter und hoffnungslos gewordenes Proletariat, die Armee, die Flotte, die Parteigliederungen beliefern sollte, schickte man Requisitionskomman-
20 dos (Eintreibungskommandos) in entfernte Landesteile, die von den Bauern oft mit Mistgabeln vertrieben und manchmal massakriert wurden.

Victor Serge, Beruf: Revolutionär. Erinnerungen 1901–1917–1941, Frankfurt 1967, S. 134 ff.

Arbeit mit Fachliteratur

Wer sich mit der Geschichte beschäftigen möchte und sich für bestimmte Fragestellungen interessiert, braucht Informationen. Informationen über die Vergangenheit „schöpfen" wir nicht nur aus Quellen, den überlieferten Zeugnissen der Vergangenheit, sondern auch aus der Fachliteratur, also aus Büchern von Historikerinnen und Historikern, die sich selbst wiederum auf der Grundlage von Quellen mit einem historischen Thema auseinandergesetzt haben. Die Ergebnisse ihrer Arbeit können sehr unterschiedlich ausfallen. Solche „kontroversen" Darstellungen ergeben sich aus verschiedenen Gründen: weil man Quellen eine unterschiedliche Bedeutung beimessen kann, weil man mit unterschiedlichen Methoden arbeiten kann, weil jeder Betrachter der Geschichte einen eigenen Standpunkt einnimmt und darum auch historische Sachverhalte unterschiedlich wahrnimmt, beurteilt und bewertet. Eine absolut „objektive" Darstellung kann es darum nie geben. Das heißt aber nicht, dass jeder behaupten kann, was er will. Die Darstellung muss den geltenden wissenschaftlichen Standards entsprechen; ihre Aussagen müssen nachvollziehbar und überprüfbar sein.

Folgende Fragen können bei der Arbeit mit Fachliteratur helfen:

– Welche Sachverhalte werden dargestellt? Sind dir andere Aussagen bekannt, die das Dargestellte bestätigen oder widerlegen?

– Lassen sich Faktenwiedergabe, Urteile oder Wertungen unterscheiden?

– Welche Kriterien für ausgesprochene Urteile sind zu erkennen? Welche Urteile und Wertungen überzeugen dich, welche nicht?

– Kann man von den Urteilen auf eine bestimmte Weltanschauung schließen?

– Zu welchen Fragen braucht man zusätzliche Informationen?

10 *Opfer der Hungersnot im Wolgagebiet, 1921/1922*

11 **Die Oktoberrevolution in der wissenschaftlichen Kontroverse**

a) *Der Historiker Isaac Deutscher, 1967:*
1917 trat Lenin für das Sowjetsystem als einen höheren Typus der Demokratie … ein … Die proletarische Diktatur sollte in jedem Fall den Arbeitern und Bauern, das heißt der überwiegen-
5 den Mehrheit des Landes, mehr politische und wirtschaftliche Freiheiten gewähren, als sie unter einer bürgerlichen Demokratie erlangen konnten. Am Ende des Bürgerkriegs waren auch die Arbeiter und Bauern ihrer politischen Freiheiten
10 beraubt und waren die Fundamente für das Einparteisystem gelegt worden. Im Lichte der späteren Ereignisse hat man oft angenommen, dass Lenins Partei von Anbeginn absichtlich auf dieses Ziel hingearbeitet habe, aber diese Ansicht
15 findet keine Bestätigung durch die Tatsachen. Erst im Bürgerkrieg, als die Bolschewisten oft nicht zwischen Feind und Freund unterscheiden konnten, unterdrückten sie die Parteien der Opposition und errichteten so unter dem Druck der
20 Ereignisse allmählich und tastend ihr eigenes politisches Monopol (hier: Vorherrschaft). In späteren Jahren erzwang das Bewusstsein von der Isolierung Russlands in einer feindseligen Welt … die endgültige Abschaffung der „prole-
25 tarischen Demokratie" und die Verwandlung des Sowjetregimes in einen terroristischen Polizeistaat …

Isaac Deutscher, Die unvollendete Revolution, Frankfurt a. M. 1970, S. 138 f.

b) *Der Politologe Karl Dietrich Bracher, 1992:*
Lenins Machtergreifung war beides zugleich: geschickt genutztes Zusammenspiel mit der demokratischen Revolution und antidemokratischer Umsturz, der alle Chancen einer parlamentari-
5 schen Demokratie in Russland abschnitt und damit eine direkte Brücke vom zaristischen Absolutismus zum Parteiabsolutismus schlug … Vor den Augen der Welt … erstand ein autokratisches Regime neuer Art, das sich zum ersten totalitären
10 System der Geschichte entwickeln sollte. Denn was immer seine Zielsetzung war, es unterdrückte rigoros all jene Freiheiten und Menschenrechte, deren weltweite Verbreitung die Vorkämpfer der Demokratie im Westen als Er-
15 gebnis und Sinn des Krieges proklamiert hatten. Der Sturz des Zarismus führte in einen Neo-Absolutismus, der selbst vor der Religion nicht Halt machte. Das war der welthistorische Schock, den Lenins Revolution auslöste … Die Kalkulation
20 Lenins und seiner Mitarbeiter, durch Unterdrückung, Einschüchterung oder Liquidierung (Ermordung) die kritische Phase meistern zu können, ging auf.

Karl Dietrich Bracher, Die Krise Europas seit 1917, Frankfurt a. M., Berlin 1992, S. 39 ff.

a) *Charakterisiere die Situation in Petrograd bei der Ankunft Lenins im April 1917. Wie und mit welchen Zielvorstellungen versuchte er die Entwicklung zu beeinflussen (M5)?*

b) *Welche neuartigen bzw. revolutionären Vorstellungen kannst du im Friedensdekret entdecken (M7)? An wen richtete sich der Friedensappell?*

c) *Nenne Gründe für das Scheitern des Kriegskommunismus (VT, M4, 8, 9, 10).*

d) *Ermittle und vergleiche die zentralen Aussagen der beiden Texte 11a) und b). In welcher Grundannahme unterscheiden sich die Autoren?*

e) *In welchen Entwicklungen der Jahre 1917–1921 siehst du die wichtigsten „Weichenstellungen" für die weitere Zukunft?*

2.3 Die „Neue Ökonomische Politik", 1921 bis 1928: Zeit der Experimente

30. Dezember 1922 _____ In Moskau beschließt der Erste Allunions-Sowjetkongress die Bildung der „Union der Sozialistischen Sowjetrepubliken".

24. Januar 1924 _____ Lenin stirbt.

NEP: Liberalisierung der Wirtschaft

Der Kronstädter Aufstand hatte das endgültige Scheitern des Kriegskommunismus deutlich gemacht. Lenin reagierte rasch. Auf dem 10. Parteitag der Kommunistischen Partei im März 1921 stellte er sein wirtschaftliches Reformprogramm vor: Die „Neue Ökonomische Politik" (abgekürzt NÖP, russ. NEP) verbot die gewaltsame Beschaffung von Lebensmitteln; die Bauern mussten lediglich eine niedrige „Naturalsteuer" an den Staat entrichten, die wenig später durch eine Geldsteuer ersetzt wurde. Sie konnten nun wieder ihre Erzeugnisse frei auf dem Markt verkaufen. Die Banken, die Währung, das Verkehrssystem, der Außenhandel, die große und mittlere Industrie blieben unter der Kontrolle des Staates. Auf diese Weise glaubte Lenin eine Wiederherstellung kapitalistischer Verhältnisse verhindern zu können. Der Neuanfang war schwierig, doch bald ging es aufwärts: Zunächst wurde der Hunger besiegt. Bereits 1925/26 erreichte die Wirtschaft in wichtigen Bereichen den Produktionsstand der Vorkriegszeit. Dieser Aufschwung begünstigte vor allem Großhändler, Kulaken (Großbauern) und „Spekulanten". Diese selbstbewusste Schicht von Neureichen war den Kommunisten von Anfang an verdächtig und verstärkte deren Vorbehalte gegen die NEP. Durch vermehrte Eingriffe der Regierung seit 1926, v. a. durch die Absenkung der Agrarpreise, wurde der Aufschwung rasch abgewürgt.

1 *„Bildungsoffensive"*
a) *„Agitationsporzellan":*
„Wissen erleichtert die Arbeit" (R. F. Wilde, 1921).
Vor dem Ersten Weltkrieg waren mehr als 70 % der Bevölkerung Russlands des Lesens und Schreibens unkundig. Der Kampf gegen das Analphabetentum wurde nach 1917 zum bildungspolitischen Hauptziel erklärt.
b) *Rechts: Plakat, Unterschrift: „Bildung ist der Weg zum Kommunismus". Buchaufschrift: „Proletarier aller Länder, vereinigt euch", unbekannter Künstler, 1920, Auflage: 50 000 Exemplare.*

Dadurch verschärfte sich auch das Schlüsselproblem der NEP – das ungleichmäßige Wachstum von Industrie und Landwirtschaft. Die Industrie produzierte insgesamt zu wenig und dazu häufig in mangelhafter Qualität; außerdem verlangte sie für ihre Güter unangemessen hohe Preise. Die Bauern verzichteten daher schließlich auf den Kauf von Industriegütern – mit der Folge, dass der innere Markt zusammenbrach. 1927/28 führte dies mehrfach zu schweren Krisen bei der Versorgung der Städte.

Veränderungen in der Partei

Die Partei versuchte die Zugeständnisse, zu denen sie in der Wirtschaft gezwungen war, durch eine Verstärkung ihres politischen Machtmonopols auszugleichen. Fraktionsbildungen und oppositionelle Gruppierungen innerhalb und außerhalb der Partei wurden verboten. Dies führte zur Unterdrückung der innerparteilichen Diskussion und zu wachsender Intoleranz gegenüber Minderheiten. Die Partei selbst erlebte einen tief greifenden Wandel. In der ersten Hälfte der 20er Jahre verdoppelte sich ihre Mitgliederzahl; Anfang 1926 wurde die Millionengrenze überschritten. Die Kommunistische Partei wurde immer mehr zur Staatspartei. In Staatsverwaltung und Wirtschaft wuchsen ihr neue Aufgaben zu. Die neuen Mitglieder waren zumeist unerfahren. Mehr als die Hälfte von ihnen bezeichnete sich selbst als „politische Analphabeten". Willig folgten sie daher den Anweisungen und Befehlen von „oben", das hieß zunehmend: von Stalin, der 1922 zum Generalsekretär ernannt worden war, obwohl er bereits allen Führungsgremien der Partei angehörte. Durch diese Ämterhäufung schuf er sich eine „Hausmacht", die ihm in den Kämpfen um die Nachfolge Lenins einen entscheidenden Vorteil verschaffen sollte.

Revolution und Kunst

In den 20er Jahren hielten die Künstler weitgehend an den revolutionären Darstellungs- und Organisationsformen fest. Für die meisten blieb es selbstverständlich, mit ihrer Kunst der Revolution zu dienen. Der Bruch mit der Vergangenheit und das Experiment standen nach wie vor im Zentrum ihres Schaffens: Straßentheater, politische Plakatkunst, Produktdesign sowie „Proletkult" (proletarische Kultur) und „Agitprop" (Agitation und Propaganda) etc. Mit diesen neuen Formen erreichte die russisch-sowjetische Kunst weltweite Beachtung. Erst in den 30er Jahren hat die von der Politik erzwungene Unterwerfung der Kunst die Vielfalt der Ausdrucksformen zerstört und zur Erstarrung geführt. Das bekannteste Beispiel dafür ist der „Sozialistische Realismus".

Frauenemanzipation

2 *Plakat, 1926: „Von der Leibeigenschaft befreite Frau, bau den Sozialismus auf!"*

Ziel der sozialistischen Revolution war die Befreiung der Frau aus ihrer traditionell untergeordneten Stellung. Zunächst setzte die Sowjetregierung die rechtliche Gleichstellung der Frau in Ehe und Gesellschaft durch; sie erhielten das gleiche Wahlrecht wie Männer; Scheidungen wurden erleichtert. Da aber das revolutionäre Regime von Anfang an um sein bloßes Überleben kämpfen musste, blieb der Spielraum für Reformen sehr eng. Das mag erklären, warum die tatsächliche Emanzipation der Frau – also ihre Beteiligung an Entscheidungen in Politik, Wirtschaft und Gesellschaft – nur langsam vorankam. Dennoch lässt sich sagen, dass unter den Kommunisten die Stellung der Frau in der Öffentlichkeit aufgewertet wurde. Langfristig zeigte auch die Bildungsoffensive Wirkung. Durch gezielte Förderung des Staates wurden insbesondere die Bildungs- und Lebenschancen für Mädchen aus Arbeiter- und Bauernfamilien entscheidend verbessert. Seit der Einführung der allgemeinen Schulpflicht 1930/31 nahm die Zahl der Frauen mit höherer (Aus-)Bildung stetig zu. Zumeist entschieden sich die Hochschulabsolventinnen jedoch im Sinne der traditionellen Rollenverteilung für – schlecht bezahlte – pädagogische oder medizinische Berufe.

3 Die Sucharewka im Zentrum Moskaus (Foto von Nikolai Petrow, 1920) galt als der größte Markt in der Sowjetunion. Als Symbol der NEP war er den Kommunisten verhasst.

5 „Ursache aller Übelstände ..."
Ein Ex-Kommunist über die 20er Jahre:
Ursache all unserer ... Übelstände schien mir die NEP zu sein. NEP – das bedeutete private Kaufhäuser und Läden, die erheblich mehr anzubieten hatten und schmucker aussahen als die tristen
5 zentralen Arbeiter-Genossenschaftsläden; bedeutete stutzerhaft gekleidete Männer und elegante Frauen in Restaurants, in denen abends Tanzkapellen Charleston spielten ... NEP – das waren die Märkte, die überquollen von schmut-
10 zigen bunten Menschenmengen ... kreischende Marktweiber, einschmeichelnde Zwischenhändler, völlig zerlumpte, dreckschwarze Besprisorniki („Unbehütete", d. h. die Millionen Kinder, die ihre Eltern verloren hatten bzw. von diesen fort-
15 geschickt worden waren, weil sie sie nicht mehr ernähren konnten, und die sich zu Banden zusammenschlossen). Die Witzblätter ... machten sich über die NEP-Leute lustig. Majakowski (sowjet. Dichter) aber scherzte durchaus nicht mit seinem
20 Appell: „Dreht den Kanarienvögeln schleunigst die Hälse um, sonst besiegen die Kanarienvögel den Kommunismus!" Wegen der NEP zerstritten sich die Parteiführer untereinander.

Lew Kopelew, Und schuf mir einen Götzen, Lehrjahre eines Kommunisten, übers. v. H. Pross-Wee Hamburg 1979, S. 218.

4 „Den Kapitalismus einholen und überholen"
Lenin vor Parteisekretären, 26. November 1920:
Solange wir noch nicht die ganze Welt erobert haben, solange wir wirtschaftlich und militärisch schwächer sind als die kapitalistische Welt, ... muss man es verstehen, sich die Widersprüche
5 und Gegensätze zwischen den Imperialisten zunutze zu machen ... Es wäre natürlich ein schwerer Fehler zu glauben, die Konzessionen* bedeuten Frieden. Keineswegs! ... Wir ... gehen zum wirtschaftlichen Krieg über. Wir erklären aus-
10 drücklich, dass neben einem Konzessionsbetrieb unser Betrieb liegen wird, dann wiederum ein Konzessionsbetrieb usw. Wir werden bei ihnen lernen, Musterbetriebe zu organisieren, indem wir unsere daneben aufbauen. Wenn wir das
15 nicht fertig bringen, dann ist überhaupt alles zwecklos. Es ist im gegenwärtigen Moment keine leichte Aufgabe, die Betriebe nach den letzten Errungenschaften der Technik einzurichten. Wir müssen das ... aber anhand der Praxis ler-
20 nen, denn das kann man nicht durch Schulen, Universitäten oder Kurse erlangen ... Ich bin überzeugt, dass die Sowjetmacht den Kapitalismus einholen und überholen wird und dass wir nicht nur wirtschaftlich gewinnen werden ...

* An ausländische Unternehmer zu vorteilhaften Bedingungen erteilte Genehmigung zur Errichtung einer Fabrik bzw. zur Erschließung eines Gebiets.

Lenin, Sämtliche Werke. Bd. 25, Wien/Berlin 1930, S. 623–644.

6 Lese- und Schreibkundige (in Prozent)

	1897	1920	1926	1939	1970
Gesamt	28,4	44,1	56,6	87,4	99,7
Männer	40,3	57,6	71,5	93,5	99,8
Frauen	16,6	32,2	42,7	81,6	99,7
Stadt	57,0	73,5	80,9	93,8	99,8
Land	23,8	37,8	50,6	84,0	99,5

Böss, Russland-Chronik, Salzburg 1986, S. 254.

a) Weshalb begegneten viele Kommunisten der NEP mit großen Vorbehalten (VT, M3, M4)? Was erhoffte sich Lenin von der Zusammenarbeit mit ausländischen „Kapitalisten" (M5)?
b) Beschreibt, wie sich das Leben und die Stellung der Frauen nach der Revolution verändert haben (VT und M2, M6 sowie M7 im nächsten Kapitel).
c) Beschreibe Ziele, Mittel, Probleme und Erfolge der Bildungsoffensive (M1 und M5). Mit welchen Mitteln arbeitet das Plakat M1? Vergleiche seine „Bildsprache" auch mit den anderen Plakaten dieses Großabschnitts.

2.4 Die Sowjetunion unter der Gewaltherrschaft Stalins

„Aufbau des Sozialismus in einem Lande"?

Mit Lenin und Trotzki hatten viele Kommunisten lange Zeit an der marxistischen Vorstellung festgehalten, dass die Revolution nur in einem Land auf Dauer nicht überleben könne, wenn ihr das internationale Proletariat nicht zu Hilfe komme. Stalin stellte 1925 die Gegenthese auf, dass der „Aufbau des Sozialismus in einem Land" auch ohne eine Weltrevolution möglich sei. Diese Auffassung gewann in der Partei Oberhand. Stalin nutzte den Meinungswandel geschickt aus, um Trotzki, der weiter auf die Vorrangstellung einer internationalen Revolution beharrte, als ernsthaften Konkurrenten um die Macht auszuschalten.

Nach 1925 ging es den Bolschewiki vor allem um die Entwicklung des eigenen Landes; bei der Vorgehensweise gab es aber große Meinungsverschiedenheiten. Zu Lebzeiten Lenins hatte niemand gewagt offen gegen die NEP Front zu machen. Doch nach seinem Tod entbrannte der Streit: Sollte man die bisherige Wirtschaftspolitik beibehalten, die auf ein gleichmäßiges Wachstum von Landwirtschaft und Industrie setzte oder sollte man den Ausbau der Schwerindustrie mit allen Mitteln – auch mit Gewalt – vorantreiben? Die Krisen der NEP führten dazu, dass die Anhänger einer Radikallösung immer mehr an Boden gewannen.

Massenterror und Personenkult

Stalin, der als Nachfolger Lenins eine ungeheuere Machtfülle in seinen Händen konzentriert hatte, setzte nun alles daran, seine ehrgeizigen Ziele, die bald die Wirklichkeit völlig außer Acht ließen, durchzusetzen. Unter der Losung, das Vermächtnis Lenins zu erfüllen, gelang es ihm im Laufe der Zeit, jede Opposition auszuschalten und gleichzeitig eine beachtliche Popularität zu erringen. Alle, die sich seinen Vorstellungen widersetzten oder an seiner Unfehlbarkeit zweifelten, entmachtete er willkürlich. Auf diese Weise gelang es ihm nur noch solche Gefolgsleute um sich zu scharen, die sich seinem Willen bedingungslos beugten und jeden Fortschritt oder Erfolg im Lande als persönliches Verdienst Stalins propagierten. Den sowjetischen Geheimdienst NKWD ermächtigte er zur massenhaften Willkür gegen alle Andersdenkenden. Die 1935 einsetzenden „großen Säuberungen" gegenüber „Volksfeinden

2 **Häftlinge** *werden in ein Zwangsarbeitslager eingeliefert.*

1 **Stalin**, *Gemälde aus der Zeit nach dem Zweiten Weltkrieg. – Welche Eigenschaften Stalins wollte oder sollte der Maler des Bildes zum Ausdruck bringen?*

und Schädlingen" erreichten in den Jahren 1935 bis 1938 in den „Moskauer Schauprozessen" ihren Höhepunkt. Stalin ließ nicht nur nahezu die gesamte Parteiführung der zwanziger Jahre „liquidieren", d.h. umbringen, auch Generale und Offiziere der Roten Armee, Angehörige der Intelligenz, einfache Arbeiter und Bauern, von Zeit zu Zeit sogar Teile des Geheimdienstes verschonte der Terror nicht. Selbst ausländische Arbeiter, die am Aufbau beteiligt waren und in die Sowjetunion emigrierte Kommunisten waren betroffen. Sie alle wurden auf Grund haltloser Beschuldigungen ohne Gerichtsverfahren verhaftet und verschleppt oder mit Hilfe falscher, durch Folter erpresster Geständnisse zum Tode oder zu Zwangsarbeit verurteilt. In den Zwangsarbeitslagern (Gulags) kamen viele von ihnen infolge der unmenschlichen Lebens- und Arbeitsbedingungen um. Wie viele Menschen insgesamt Opfer der Stalinschen „Säuberungen" wurden, ist unbekannt. Neuere Untersuchungen schätzen die „Verluste" allein für die Jahre von 1927 bis 1939 auf 12 bis 15 Millionen Menschen. Eine Logik war hinter diesem Treiben kaum noch zu erkennen. Wer nach Erklärungen sucht, wird immer wieder auf die krankhaften Züge im Charakter Stalins verwiesen: sein grenzenloses Misstrauen, seinen ungezügelten Machttrieb, seine nachtragende Rachsucht.

Zur Untermauerung seiner Führerrolle entwickelte Stalin einen „Personenkult", der in immer neuen Steigerungen bis zu seinem Tode im Jahre 1953 und auch noch darüber hinaus anhielt: In allen Städten wurden Stalindenkmäler aufgestellt. Sein Bild hing in allen Klassenzimmern und Städte, Flüsse und Berge wurden nach ihm benannt u.v.a.m.

Krieg gegen die Bauern und Zwangskollektivierung

Nach Meinung der Gruppe um Stalin hing der Erfolg der Industrialisierung entscheidend von der stabilen Versorgung der Bevölkerung mit Nahrungsgütern ab. Zu diesem Zweck sollten auf dem Lande möglichst rasch die unrentablen bäuerlichen Kleinbetriebe zu größeren Produktionseinheiten zusammengefasst werden, die besser geeignet schienen Überschüsse zu produzieren. Unberücksichtigt blieb dabei, dass dadurch viele Kleinbauern um das Eigentum an Boden gebracht wurden, den sie ja vielfach erst durch die Revolution bekommen hatten. Nach einer kurzen Vorbereitungsphase, in der das Prinzip der Freiwilligkeit noch respektiert wurde, eröffnete Stalin im Herbst 1929 einen regelrechten Krieg gegen die Bauern. Als Vorwand dienten dabei die Getreideversorgungskrisen der Städte in den Vorjahren. Mit brutalen Methoden wurden die Bauern in die Kollektivwirtschaften, die „Kolchosen", getrieben. Der Hass der Partei richtete sich insbesondere gegen die Kulaken (Großbauern), die den Kommunisten bislang den Zutritt zum russischen Dorf verwehrt hatten. Die Bauern leisteten zunächst erbitterten Widerstand. Dabei vernichteten sie Getreide, verfütterten Mehl an Schweine und schlachteten in großen Mengen Vieh ab. Ihr Aufbegehren wurde niedergeschlagen, wenn nötig, sogar mit militärischer Gewalt. Nicht nur die Kulaken und ihre Familien wurden aus ihrer Heimat vertrieben oder umgebracht, sondern auch viele andere, die man zu Gegnern erklärt hatte.

1935 waren an die Stelle der 25 Millionen bäuerlichen Einzelbetriebe der NEP-Periode knapp eine Viertelmillion Kolchosen getreten. Daneben gab es noch über vier Millionen staatliche Agrarbetriebe, die Sowchosen, deren Beschäftigte im Unterschied zu Kolchosbauern feste Löhne bezogen und für Betriebsverluste nicht selbst aufkommen mussten. Nach neuesten Forschungsergebnissen hat die Zwangskollektivierung inklusive ihrer Folgekatastrophen (Hungersnöte etc.) zwischen 1929 und 1934 acht Millionen Menschen das Leben gekostet. Dabei konnte die Regierung erst mittelfristig ihr Produktionsziel erreichen: Seit 1936 nahm die Marktanlieferung von Agrarprodukten ständig zu. 1940/41 lieferte die Landwirtschaft dreimal so viel Getreide wie vor der Kollektivierung.

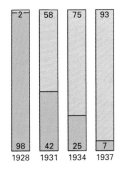

2	58	75	93
98	42	25	7
1928	1931	1934	1937

3 Anteile der Privatbetriebe (grün) und der Kollektivwirtschaften an der landwirtschaftlichen Nutzfläche, 1928–1937

**Forcierte
planwirtschaftliche
Industrialisierung**

Seit Beginn des ersten Fünfjahresplans 1929 war die enorme Steigerung der Industrieproduktion vorrangiges Ziel der Wirtschaftspolitik. Dabei sollten Schwerindustrie und Energieerzeugung bevorzugt ausgebaut und der sozialistische Sektor der Volkswirtschaft auf Kosten der privaten Wirtschaft stetig erweitert werden – dies alles unter strikter Wahrung der Unabhängigkeit vom kapitalistischen Ausland.

Als entscheidend galt die Elektrifizierung des Landes. Lenin hatte den Grundgedanken in die wirkungsvolle Losung: „Kommunismus – das ist Sowjetmacht plus Elektrifizierung des ganzen Landes" gefasst. Zwischen 1922 und 1931 wurden 30 Kraftwerke errichtet, die die Stromerzeugung auf rund das Fünffache von 1913 steigerten. Industriestandorte im Westen des Landes wurden ausgebaut, neue entstanden im Osten und mit der Erschließung des rohstoffreichen Sibirien wurde begonnen. Weitere Eckpunkte der Industrialisierung waren die eigene Autoproduktion, der Aufbau von Traktorenfabriken sowie die Entwicklung von Diesellokomotiven und der Flugzeugbau.

Durch die Mobilisierung von Millionen Menschen sowie den gnadenlosen Einsatz der Zwangsarbeiter aus den Gulags beim Bau von Großprojekten wurden Ergebnisse erreicht, die im In- und Ausland Bewunderung hervorriefen und selbst Gegner dieser Entwicklung zu Respekt veranlassten. Obwohl die Sowjetunion Mitte der dreißiger Jahre einen bemerkenswerten Produktionszuwachs erzielte, konnte sie aber bei weitem nicht den Stand der Arbeitsproduktivität, den technischen Standard und den Versorgungsgrad der Bevölkerung mit Industriegütern der fortgeschrittenen westlichen Industrieländer erreichen.

4   „Großbaustellen des Kommunismus"

Links: Hochofenbau in Magnitogorsk; rechts: Bau der Turksib, einer 1500 km langen Eisenbahnstrecke, die Turkestan mit Sibirien verbindet. Die Arbeit war militärisch organisiert, musste meist mit Hacken, Schaufeln und Pferdewagen bewältigt werden, da kaum Maschinen zur Verfügung standen. Neben den Strapazen der Arbeit forderten auch die Unterbringung in einfachsten Wohnzelten bei bis zu minus 30 Grad sowie die unzureichende Verpflegung zahlreiche Opfer unter den enthusiastischen Freiwilligen und den gequälten Zwangsarbeitern.

Belohnen und Strafen

Anstecknadel für besondere Leistungen: „Dem Stoßarbeiter für die Erfüllung seiner Aufgaben"

Obgleich bei der Kollektivierung und Industrialisierung häufig brutale Methoden angewandt wurden, herrschte doch nicht ausschließlich Zwang. Begeisterung, Enthusiasmus und ein unvorstellbarer Fortschrittsglaube waren in den dreißiger Jahren insbesondere unter der sowjetischen Jugend verbreitet. Viele reizte es, bei der Gewinnung von Neuland oder auf den „Großbaustellen des Kommunismus" Abenteuerlust und persönlichen Aufstieg miteinander zu verbinden. Für die meisten Sowjetbürger gab es nach 1930 eine deutliche Verbesserung ihres Lebens. Die relative Stabilisierung der Versorgung und die sichtbaren Veränderungen in vielen Städten und Dörfern sowie eine ausgeprägte Propaganda sorgten dafür, dass viele trotz des stalinistischen Terrors glaubten am Aufbau einer Gesellschaft mitzuwirken, die ihnen mehr Chancen auf ein menschenwürdiges Leben bot als unter der Zarenherrschaft. Dem Idealismus wurde durch materielle Anreize nachgeholfen: Wer effizienter arbeitete oder besser ausgebildet war, erhielt mehr Lohn. Wer sich in der Produktion bewährte, wer sich in den neu gegründeten Berufsschulen hervortat, wer gar erfolgreich eine Fachhochschule absolvierte, dem stand der Weg nach oben offen – vor allem, wenn er auch noch Mitglied der Partei war. Als Techniker, Ingenieur oder Agronom gehörte er der neuen „Sowjet-Intelligencija" an. Diese Aufsteiger wurden zu treuen Anhängern des Systems. Ein ausgeklügeltes System von Belohnungen und Privilegien sorgte dafür, dass die „roten Spezialisten" materiell besser gestellt waren als der durchschnittliche Sowjetbürger. Die „Helden der Arbeit" wurden vielfach geehrt und ausgezeichnet. Vorbild für viele konnte so der Kohlenhauer Stachanow sein, der 1935 mit seiner Brigade in einer Schicht 102 Tonnen Kohle förderte – und dies bei einer Norm von sieben Tonnen. Wer sich dagegen durch Geld, Lob und Tadel nicht zu höheren Arbeitsleistungen bewegen ließ, wurde hart bestraft. Nicht selten wurden die Betroffenen wegen Sabotage angeklagt und in Arbeitslager verschleppt.

„Sowjetpatriotismus" und nichtrussische Völker

Wappen der Russischen Sozialistischen Föderativen Sowjetrepublik mit der Aufschrift: „Proletarier aller Länder vereinigt euch!"

Zu den Hauptbetroffenen der Gewaltherrschaft Stalins zählten vor allem auch die nichtrussischen Nationen. Um deren Widerstand endgültig zu brechen, zögerte der Georgier Stalin nicht, ihre Führungsschichten auszurotten. Bis etwa 1930 hatten die Kommunisten – zumindest noch in ihrem Parteiprogramm – das Selbstbestimmungsrecht und die kulturelle Eigenständigkeit der nichtrussischen Völker der Union respektiert. Mit Beginn der Kollektivierung und forcierten Industrialisierung verkündete Stalin auf dem Parteitag, dass im Land der Sowjets alle Unterschiede zwischen den Nationalitäten überwunden seien, dass fortan die Nationen in einem Sowjetvolk aufgingen. Da die Realität offensichtlich dieser Doktrin widersprach, verstärkte die Bürokratie den Druck auf die Nationalitäten. Die wirtschaftlichen Interessen der nichtrussischen Republiken wurden den Interessen Russlands untergeordnet. Die Republiken wurden weitgehend entmündigt. Usbekistan wurde beispielsweise zum Baumwollproduzenten der Union erklärt. Diese Monokultur hat bis in die heutige Zeit hinein verheerende Auswirkungen für die Volkswirtschaft, die Umwelt und die Gesundheit der Menschen: Usbekistan ist heute wirtschaftlich abhängig von der Russischen Föderation und der GUS. Der Boden ist ausgelaugt, die noch vor Jahrzehnten überaus fruchtbaren Flussoasen leiden an Wassermangel. Der Aralsee wird immer kleiner. Die Folgen des jahrzehntelangen unkontrollierten Insektizideinsatzes für die Gesundheit der Menschen sind unabsehbar.
Der Druck auf die nichtrussischen Nationalitäten ließ auch während des Zweiten Weltkrieges nicht nach. Obgleich sie einen entscheidenden Beitrag zum Sieg geleistet hatten, überging sie Stalin mit Schweigen: Auf der Siegesfeier im Mai 1945 brachte er seinen Trinkspruch auf das „Wohl des russischen Volkes" aus – als „hervorragendste Nation unter allen zur Sowjetunion gehörenden Nationen".

5 Das Leben in einer Industriestadt

John Scott, ein amerikanischer Ingenieur, der mit seiner russischen Frau Mascha die Aufbaujahre in der Sowjetunion verbrachte, berichtete über seinen Aufenthalt in Magnitogorsk 1935 bis 1938:

Mascha und ich lebten ein arbeitsames, glückliches und einfaches Leben. Im Herbst 1935 trat jedoch ein Ereignis ein, das unser Dasein bedeutend komplizierter machte. Unsere erste Tochter

5 wurde geboren. Keiner von uns wusste, wie man einen Säugling behandelt, und, was noch mehr ins Gewicht fiel, wir waren beide ungeheuer an unserer Arbeit interessiert. Es gelang uns, ein ideales Mädchen zu finden, das sich unseres et-

10 was verwahrlosten Haushaltes annahm, so dass alles schließlich wie am Schnürchen ging. Wera war sechzehn Jahre alt, Tochter eines enteigneten Kulaken, der in einer Baracke in dem speziellen Distrikt nicht weit von uns wohnte. Sie war

15 1930 mit Mutter, Vater, einer Schwester sowie zwei Brüdern nach Magnitogorsk gekommen. Im ersten Winter wohnten sie nur in einem Zelt. Die Mutter, ein Bruder und die Schwester starben, Wera aber überlebte … und besuchte zwei

20 Jahre hindurch die Schule. Dann erlitt ihr Vater einen Unglücksfall und konnte nur noch als Wächter arbeiten. Die Familie hatte nicht genug zu essen und auch Wera musste sich Arbeit suchen. Sie war ein ausgezeichnetes Mädchen für

25 uns. Sie besorgte alles … Das Einzige, was sie forderte, war, dass sie jeden Abend die Schule besuchen konnte … Es war ein harter Schlag für uns, als die Polizei im Jahr 1938 … Wera und eine Reihe anderer Jugendlicher, die aus den ihrer Pri-

30 vilegien beraubten Schichten stammten, nach Tscheljabinsk verschickte … Dort wurde Arbeitskraft zum Aufbau einer neuen Waffenfabrik gebraucht …

Einige Monate nach Elkas Geburt legte Mascha

35 das Abschlussexamen ab und erhielt einen Platz als Mathematiklehrerin … Sie unterrichtete im Durchschnitt fünf Stunden am Tag und erhielt ein Monatsgehalt von 500 Rubel, ungefähr gerade so viel, wie ich verdiente. Sie fühlte sich sehr wohl in

40 ihrer Arbeit und hatte gute Erfolge … Mascha hatte nicht nur zu unterrichten. Sie war auch persönlich verantwortlich für eine Gruppe von etwa 25 Kindern. Wenn diese schlechte Zeugnisse erhielten, zu spät oder überhaupt nicht in die

45 Schule kamen, wenn sie sich schlecht aufführten, so war es Maschas Pflicht, die Gründe zu untersuchen und die Verhältnisse zu ordnen. …

Mascha war typisch für eine ganze Generation junger Sowjetfrauen, die die umfassenden Ausbil-

50 dungsmöglichkeiten, die ihnen geboten wurden, ausnutzten und gebildete Berufsfrauen wurden, während ihre Eltern nur gerade lesen und schreiben konnten.

Diese Gruppe … war unter dem Schlagwort

55 „Gleiche Möglichkeiten für Männer und Frauen" geformt worden. Sie waren in den zwanziger Jahren mit Propaganda über die Beseitigung der bürgerlichen Familie als Institution überschüttet worden. Mit Kochen, Abwaschen und Nähen

60 wollten sie sich so wenig wie möglich befassen. Solche Aufgaben waren für die Dienstboten da, die nicht genügend Intelligenz besaßen oder nicht genug Schulung hatten, um einen anderen Beruf auszuüben …

John Scott, Jenseits des Ural. Die Kraftquellen der Sowjetunion. Stockholm 1944. S. 154ff.

6 „Im Stoßarbeitertempo mit Vollgas den Fünfjahresplan in vier Jahren erfüllen"

Plakat zum ersten Fünfjahresplan 1929–1932, der ein Jahr vorzeitig erfüllt wurde (unbekannter Künstler).

7 *„Einzug in die neue Wohnung",* Gemälde von Alexander Laktinow

8 **Aus dem Bericht eines Augenzeugen**

Ich nahm an Beratungen der staatlichen Plankommission teil, als dort verblüffende Entwürfe für den Bau mächtiger Wasserkraftwerke, großer metallurgischer Betriebe, chemischer Werke und
5 neuer Eisenbahnstrecken erörtert wurden. Wir … vergaßen oft, wie schwer es uns fallen würde, die einfachsten Dinge – Fäustlinge oder Filzhüte, Blauglas für Stahlwerker oder Tinte für Registriergeräte – zu beschaffen. Wir dachten nicht
10 daran, wer Geschirr für die Kantinen und Fensterglas für die im Bau befindlichen Häuser liefern sollte. Tagtäglich ergaben sich Fragen, wie man sie beim Bau von Werken in Westeuropa nicht kannte.

Zit. nach: W. Jemeljanow ‚Meine Zeit und meine Genossen und ich‘ Berlin 1976 , S. 86 f.

9 **Industrieproduktion** *(in Mio t oder cbm)*

	1913	1940	1955
Erdöl:	9,2	31,1	70,8
Gas:	20,0	3 400,0	10 400,0
Steinkohle:	29,1	165,9	391,3
Eisenerz:	9,2	29,9	71,9
Roheisen:	4,2	14,9	33,3
Stahl:	4,2	18,3	45,3

H. Raupach, Geschichte der Sowjetwirtschaft, Reinbek 1964, S. 134ff.

10 *„… mein Geständnis konterrevolutionärer Tätigkeit"*
Der Gefangene Robert Indrikowitsch Eiche (1890–1940), Parteimitglied seit 1905, seit 1930 Mitglied des ZK, seit 1935 Kandidat des Politbüros des ZK der KPdSU(B) schrieb
a) *an Stalin (am 27. Oktober 1939):*
Wenn ich auch nur in einem Hundertstel auch nur eines der mir zur Last gelegten Verbrechen schuldig wäre – ich würde es nicht wagen, Ihnen diese vor dem Tode geschriebene Erklärung zu
5 übermitteln … Mein gesamter Fall ist ein typisches Beispiel einer Provokation, von Verleumdung und Vergewaltigung der elementaren Grundlagen der revolutionären Gesetzlichkeit … Nun komme ich zum schändlichsten Abschnitt
10 meines Lebens … Das ist mein Geständnis konterrevolutionärer Tätigkeit … Die Sache war so: Ich hielt die Folterungen nicht mehr aus, die Uschakow und Nikolajew (Angehörige des NKWD) gegen mich anwandten und zwar be
15 sonders der Erstgenannte, der die Tatsache ausnutzte, dass meine Wirbel, die gebrochen waren, schlecht verheilten, und der mir unerträgliche Schmerzen zufügte. Sie zwangen mich zur Verleumdung der eigenen Person und zur Verleum
20 dung anderer. Die Mehrzahl meiner Aussagen suggerierte oder diktierte Uschakow … Wenn in der von Uschakow fabrizierten und von mir unterschriebenen Lesart etwas nicht ganz stimmte, wurde ich gezwungen, eine andere Variante zu
25 unterschreiben … Ich bitte Sie und flehe Sie an anzuweisen, dass mein Fall erneut untersucht wird und zwar nicht, um mich zu schonen, sondern um die nichtswürdige Provokation aufzudecken, die wie eine Schlange viele Menschen umwickelt hat …

b) *Am 2. Februar 1940 erklärte er vor Gericht:*
In allen meinen angeblichen Aussagen gibt es keinen einzigen von mir selbst stammenden Buchstaben mit Ausnahme der Unterschriften unter den Protokollen, zu denen man mich gezwungen
5 hat. Die Aussagen machte ich unter dem Druck des Untersuchungsrichters, der mich von Beginn meiner Verhaftung an misshandelte. Darauf begann ich sämtliche Dummheiten zu schreiben … Ich sterbe mit demselben Glauben an die Richtig
10 keit der Politik der Partei, wie ich an sie im Verlauf meiner gesamten Arbeit geglaubt habe.

R. I. Eiche wurde am 4. 2. 1940 erschossen.

Zit. nach: Die Geheimrede Chruschtschows. Berlin 1990, S. 35 f.

11 *„Das verfluchte Otterngezücht muss zertreten werden"*

Aus dem Plädoyer des Chefanklägers A. J. Wyschinski im Dritten Moskauer Schauprozess, 1938, gegen den „Antisowjetischen Block der Rechten und Trotzkisten". – Von den 21 Angeklagten, zumeist führende Altbolschewiken, wurden 18 zum Tode verurteilt – u. a. A. I. Rykow und N. I. Bucharin. Staatsanwalt Wyschinski erhielt für die während des Prozesses geleistete Arbeit die höchste Auszeichnung der UdSSR, den Lenin-Orden:

Es ist erwiesen, dass der „Antisowjetische Block der Rechten und Trotzkisten"… systematisch Schädlings- und Sabotageakte in verschiedenen Bereichen unserer Volkswirtschaft durchgeführt

5 hat …, dass der Block eine ganze Reihe von Terrorakten gegen den Führer von Partei und Staat organisiert hat, die aber – zu unserem Glücke – alle fehlschlugen … Mir fehlen die Worte, um die Ungeheuerlichkeit der von den Angeklagten ge-

10 schilderten Verbrechen zu schildern. Ja, – so frage ich – bedarf es denn hier überhaupt noch der Worte? Nein, Genossen Richter, … Alles ist schon gesagt, alles wurde bis in die kleinsten Einzelheiten erörtert …

15 Unser Volk und alle ehrlichen Menschen der ganzen Welt erwarten von Ihnen ein gerechtes Urteil …

Unser ganzes Land, Jung und Alt, erwartet und fordert das eine: Die Verräter und Spione, die un-

20 sere Heimat an den Feind verschachern wollten, müssen wie räudige Hunde erschossen werden! Unser Volk fordert das eine: Das verfluchte Otterngezücht muss zertreten werden! Die Zeit wird vergehen, Unkraut und Disteln

25 werden die Gräber der verhassten Verräter überwuchern, die von den ehrlichen Sowjetmenschen, dem ganzen Sowjetvolk auf ewig geächtet sein werden.

Über uns aber, über unserem glücklichen Lande

30 wird nach wie vor unsere Sonne mit ihren hellen Strahlen klar und freudig leuchten. Wir und unser Volk werden nach wie vor, geführt von unserem geliebten Führer und Lehrer – dem großen Stalin –, den vom letzten Schmutz und Unrat der

35 Vergangenheit gesäuberten Weg gehen, vorwärts und immer vorwärts, dem Kommunismus entgegen!

Zit. nach: Prozessbericht über die Strafsache des antisowjetischen „Blocks der Rechten und Trotzkisten". Verhandelt vor dem Militärkollegium des Obersten Gerichtshofes vom 2. bis 13. März 1938.

12 *Anna Achmatova, 1889-1966, Porträt in Öl, 1922, von Kusma Petrow-Wodkin*

13 *Vermisst*

Anna Achmatova gilt als eine der bedeutendsten russischen Dichterinnen. Sie hatte von 1922 bis 1958 mit wenigen Unterbrechungen Publikationsverbot, weil sie den Sozialismus ablehnte. Ihr Sohn wurde 1936 inhaftiert. 17 Monate versuchte sie vor den Auskunftsfenstern der Leningrader Gefängnisse seinen Verbleib zu erkunden. 1957 schrieb sie über diese Erfahrungen das folgende Gedicht:

„Requiem"
Ich erfuhr, wie die Gesichter einfallen,
Wie unter den Lidern die Furcht hervorschaut,
Wie das Leiden harte Seiten

5 In Keilschrift auf den Wangen zeichnet,
Wie schwarze und aschblonde Locken,
Mit einem Male silbrig werden,
Wie das Lächeln auf den demütigen Lippen welkt,

10 Und in trockenem Auflachen der Schrecken zittert.
Und ich bete nicht für mich allein,
Sondern für alle, die dort mit mir gestanden haben,

15 In grimmiger Kälte und in glühender Julihitze,
Unter der roten, blind gewordenen Wand.

A. Achmatova, Requiem, New York 1976, S. 66.

14 *„Friedhof der Denkmäler"* im Moskauer Gorki-Park, September 1991.

Zwar wurde Stalins Leichnam Ende 1961 von dem Ehrenplatz an der Seite Lenins im Mausoleum wieder entfernt, aber erst im Sommer 1991 wurden auch die letzten Denkmäler der Stalinzeit vom Volk gestürzt. –

Was sollte ein Volk nach deiner Auffassung mit solchen Denkmälern machen?

15 **Abrechnung mit dem Stalinismus**

Chruschtschows Geheimrede vom 25. Februar 1956 (20. Parteitag der KPdSU):

Genossen! … Nach dem Tode Stalins leitete das ZK der Partei eine Aufklärungsarbeit ein, um mit zwingender Konsequenz nachzuweisen, dass es unzulässig und dem Geist des Marxismus-Leni-
5 nismus zuwider ist, eine Person hervorzuheben und sie zu einem Übermenschen zu machen, der gottähnliche, übernatürliche Eigenschaften besitzt, zu einem Menschen, der angeblich alles weiß, alles sieht, für alle denkt, alles kann und in
10 seinem ganzen Verhalten unfehlbar ist. Ein solcher Glaube an einen Menschen, und zwar an Stalin, ist bei uns viele Jahre kultiviert worden … Wir haben uns mit der jetzt und künftig für die Partei überaus wichtigen Frage zu befassen, wie
15 der Kult mit der Person Stalins sich allmählich entfalten konnte, dieser Kult, der in einer ganz bestimmten, konkreten Phase zur Quelle einer Reihe außerordentlich ernster und schwerwiegender Verfälschungen der Parteigrundsätze, der
20 innerparteilichen Demokratie und der revolutionären Gesetzlichkeit wurde … Der 20. Parteikongress der KPdSU war ein erneuter kraftvoller Beweis für die unerschütterliche Einheit unserer Partei, … ihres entschlossenen Willens, die große
25 Aufgabe des Aufbaus des Kommunismus zu vollbringen (Reaktion des Publikums: tosender Beifall). Und die Tatsache, dass wir die mit der Überwindung des … Personenkults verbundenen Grundprobleme in all ihren Formen und auch
30 das Problem der Liquidierung seiner lästigen Folgen dargelegt haben, ist ebenfalls ein Beweis für die große moralische und politische Kraft unserer Partei.

Zit. nach: R. Medwedew, R. Havemann u. a., Entstalinisierung der KPdSU und seine Folgen, Frankfurt a. M. 1977, S. 487-537.

a) *Charakterisiere die wirtschaftlichen Veränderungen in der Sowjetunion seit Ende der zwanziger Jahre (VT, M3, 4, 6, 9). Was waren die Ursachen für den Wandel? Berücksichtige dabei auch die Methoden, mit denen die Veränderungen durchgeführt wurde, und die Auswirkungen.*

b) *Kennzeichne den Stalinismus (VT, M1, 2, M10–13, M15).*

c) *Beschreibe anhand der Abbildungen M1 und M7 sowie M2 im Kap. 2.2, in welchem Verhältnis die Kunst zur dargestellten Wirklichkeit bzw. zur Politik der Sowjetunion unter Stalins Herrschaft stand.*

d) *Was erfährst du aus M5 über das Leben des Kindermädchens Wera? Inwiefern spiegelt der Bericht von John Scott – auch über seine Lebenssituation – Typisches der allgemeinen Entwicklungen und Probleme jener Zeit?*

e) *Wie weit geht die Kritik Chruschtschows an der Herrschaft Stalins (M15)?*

3. Faschistische Diktatur in Italien

Nach dem Ersten Weltkrieg und der Zerstörung der alten Ordnung suchten viele Menschen in Europa nach neuen Orientierungen. Große Anziehungskraft besaß die sozialistische Umwälzung in Russland. Vielen galt aber auch die faschistische Diktatur in Italien als Vorbild für eine erstrebenswerte politische Ordnung. Wie war der Faschismus entstanden und was waren seine Kennzeichen?

Der „verlorene Sieg" – Italiens innere Gegensätze verschärfen sich

Viele Menschen in Italien waren vom Kriegsausgang enttäuscht. Obwohl das Land zu den Siegern des Krieges gehörte, erhielt es nur einen Teil der Gebietsgewinne, die die Alliierten zugesagt hatten. Die Nationalisten beklagten den „verlorenen Sieg" und forderten weiterhin Landbesitz rings um Adria und Ägäis sowie Kolonialgebiete in Afrika. Der besitzlosen Landbevölkerung war während des Krieges eine Landreform versprochen worden. Aber sie blieb aus. Deshalb schlossen sich viele Landarbeiter zu Gewerkschaften (Ligen) gegen die Großgrundbesitzer zusammen. Es gelang ihnen, höhere Löhne und bessere Arbeitsbedingungen zu erkämpfen. Auch die Gewerkschaften der Industriearbeiterinnen und -arbeiter konnten durch Streiks und Fabrikbesetzungen bessere Einkommen und Lebensbedingungen durchsetzen. Wegen der Erfolge der Arbeiterbewegung befürchteten die bürgerlichen Mittelschichten, deren Situation sich vergleichsweise verschlechterte, eine Revolution wie in Russland.

Mit Gewalt gegen die Arbeiterbewegung

In dieser wirren und unsicheren Nachkriegssituation entstand der Faschismus. Im März 1919 gründete Benito Mussolini, ursprünglich führender Funktionär des radikalen Flügels der Sozialistischen Partei, faschistische „Kampfbünde". Ihr Symbol waren die „Fasces", das Rutenbündel mit dem Beil (Bild links) als Zeichen der Amts- und Gerichtsgewalt im antiken Rom. Die faschistische Bewegung erhielt rasch wachsenden Zulauf von Unzufriedenen. Es bildeten sich

1 Aus unterschiedlicher Perspektive versuchten zwei italienische Zeichner Ursprung und Wesen des Faschismus zu verdeutlichen.
Links: „Wer hat Italien gerettet?
Der Faschismus!!"
Rechts: „24. Dezember 1920.
Der Sohn des Krieges" (Arena per la stampa = Sand für die Presse).
Der Tod ist in die Flagge Italiens gehüllt. – 1920 beginnen die Übergriffe gegen Linke und Gewerkschafter.

2 *„Benito Mussolini"*
Gemälde von G. Ambrosi (entstanden zwischen 1933 und 1936). Dem Porträt sind Gebäude und Straßen Roms um das antike Forum Romanum unterlegt.
Mussolini 1932 über Prinzipien des Faschismus:
„Der Krieg allein bringt alle menschlichen Energien zur höchsten Anspannung ...
Der Faschismus ... behauptet die unabänderliche, fruchtbare und heilsame Ungleichheit der Menschen, die nicht ... wie bei dem allgemeinen Stimmrecht auf das gleiche Niveau gebracht werden können ...
Der faschistische Staat ist Wille zur Macht und Herrschaft. Die römische Überlieferung ist ihm eine Idee des Antriebes ...
Für den Faschismus ist das Streben zum impero, das heißt zur Expansion der Nation, ein Ausdruck der Vitalität."

„Stoßtrupps", die seit 1920 gegen Mitglieder und Einrichtungen der linken Parteien und der Gewerkschaften sowie gegen sozialistische Kommunalverwaltungen mit brutaler Gewalt vorgingen. Dabei erhielten sie oft heimliche Unterstützung durch Polizei und Behörden. 1921 zog die Faschistische Partei ins Parlament ein. Mussolini, der Führer („Duce"), gab sich nun als nationaler Retter vor einer kommunistischen Revolution aus. So gelang es ihm, die Gegner der Arbeiterbewegung auf die Seite der Faschisten zu ziehen.

„Marsch auf Rom": Faschistische Machtübernahme

Die parlamentarischen Verhältnisse in Italien waren unstabil; rasch wechselnde Regierungen konnten die politischen und sozialen Probleme nicht lösen. Während einer Regierungskrise im Oktober 1922 drohte Mussolini Rom von seinen Stoßtrupps erobern zu lassen, falls er nicht zum Regierungschef ernannt werde. Die verantwortlichen Politiker reagierten unentschlossen. Auf Anraten von Bankiers, Industriellen und Großgrundbesitzern beauftragte König Victor Emmanuel III. den „Duce" mit der Regierungsbildung. Erst tags darauf zogen Mussolinis Truppen in Rom ein. Die faschistische Propaganda aber behauptete, ein triumphaler „Marsch auf Rom" habe Mussolini an die Macht gebracht.

Autoritäres Regime und gesellschaftliche Übereinkunft

Um seine Herrschaft zu sichern, behielt Mussolini anfangs das parlamentarische System bei und nahm sogar bürgerliche Politiker in die Regierung auf. Seit 1924 setzte er jedoch schrittweise die autoritäre Alleinherrschaft der Faschistischen Partei durch: Regierungsgegner wurden an abgelegene Orte verbannt; nichtfaschistische Beamte mussten ihren Dienst quittieren; Jugendliche sollten nach Mussolinis Grundsatz „glauben, gehorchen, kämpfen" erzogen werden.
Dabei bemühte sich die Regierung auch um die Zustimmung unterschiedlicher Bevölkerungsgruppen und der Kirche – beispielsweise durch Gesetze zur Sicherung der Lebensverhältnisse der Arbeiter oder durch eine Landreform. Durch öffentliche Arbeiten wurden viele Arbeitslose beschäftigt und die Infrastruktur des Landes ausgebaut. Alte Konflikte des Staates mit dem Vatikan wurden beigelegt. Die faschistische Diktatur wurde auch durch die Errichtung pompöser Bauten, durch propagandistische Machtdemonstrationen sowie die Kontrolle und gezielte Verwendung der modernen Massenmedien (Radio, Kino) gestützt.

3 **Faschismus und Krieg.** *Höhepunkte der faschistischen Vorherrschaft in Europa im Herbst 1942*

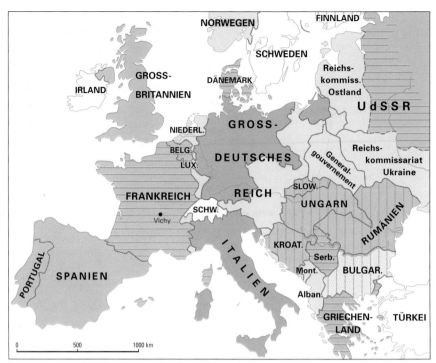

- faschistische Staaten Deutsches Reich und Italien mit angegliederten Gebieten (einschließlich Generalgouvernement)
- besetzte Gebiete unter deutscher Verwaltung
- weitere vom Deutschen Reich und Italien besetzte Gebiete
- Verbündete des Deutschen Reiches und Italiens
- Staaten nach faschistischem Vorbild
- Bulgarien, einschl. angegliederter Gebiete
- Alliierte bzw. im Krieg gegen Deutschland und Italien befindliche Staaten
- neutrale Staaten (formal auch Portugal und Spanien)

4 **Etappen des italienischen Fachismus**

1924	Wahlgesetz zu Gunsten der Faschisten; Verbot oppositioneller Parteien
1925	Einschränkung der Grundrechte, Verfolgung der Opposition
1926	Abschaffung des Streikrechts
1929	Ausgleich mit dem Vatikan
1936	Annäherung an das Deutsche Reich
1936–39	Eroberung Abessiniens
1936–39	Unterstützung Francos im Spanischen Bürgerkrieg
1939	Annexion Albaniens
1940	Eintritt in den Zweiten Weltkrieg
1943	Absetzung Mussolinis durch führende Faschisten
1945	Erschießung Mussolinis durch italienische antifaschistische Partisanen

5 **Die Epoche des Faschismus in Europa**

Faschistische Staaten

Italien	1922–43
Deutschland	1933–45

Staaten nach faschistischem Vorbild

Portugal	1932–74
Österreich	1934–38
Spanien	1936–75

Faschistische Regimes unter deutschem Einfluss

Slowakei	1939–45
Kroatien	1940–44
Rumänien	1940–41
Vichy-Frankreich	1940–44
Norwegen	1942–45
Ungarn	1944–45

Starke faschistische Bewegungen in Polen, Belgien, den Niederlanden, Griechenland, Serbien

---

Faschismus: 1. Extremistische Bewegung und autoritäres Regime unter der Führung Mussolinis in Italien.

2. Sammelbegriff für je nach Land unterschiedliche politische Bewegungen mit gemeinsamen Merkmalen: Die Ideologie propagiert Nationalismus, Antiparlamentarismus, autoritäre Staatsgewalt und Hass auf Minderheiten. Sie bekämpft Demokratie, Liberalismus, Sozialismus und Kommunismus. Wo die Faschisten die Herrschaft übernehmen, verbieten sie jede Opposition und versuchen, das Führerprinzip durchzusetzen. Oft werden sie von Führungsgruppen in Wirtschaft, Militär und Verwaltung, manchmal auch in der Kirche, unterstützt. Faschisten setzen Propaganda und Terror ein, um Gegner auszuschalten und Gehorsam zu sichern.

3. Kampfbegriff, mit dem häufig gegnerische Positionen beschimpft und verächtlich gemacht werden sollen.

6 *„Der Duce"* (Führer) 1935 bei einer Versammlung der faschistischen „Schwarzhemden". – Kannst du in der fotografierten Szene (Fotoausschnitt) erkennen, wie Mussolini seine Herrschaft verstanden wissen will?

7 **Gewalt der faschistischen Bewegung**
Der führende Sozialist Giacomo Matteotti schilderte 1921 in einer Rede vor dem Parlament in Rom das Muster faschistischer Terroraktionen (1924 wurde Matteotti – wahrscheinlich sogar auf Anordnung Mussolinis – von Faschisten ermordet):

Mitten in der Nacht, während die Bevölkerung schläft, kommen die Lastwagen mit Faschisten in den kleinen Dörfern an, natürlich von den Häuptern der lokalen Agrarier (Grundbesitzer) beglei-
5 tet, immer von ihnen geführt, denn sonst wäre es nicht möglich, in der Dunkelheit, inmitten der weiten Landschaft, das Häuschen des Ligenführers oder das kleine erbärmliche Arbeitsvermittlungsbüro auszumachen. Man nimmt vor einem
10 Häuschen Aufstellung und es ertönt der Befehl: „Das Haus umzingeln!" Es sind zwanzig oder auch hundert Personen, mit Gewehren und Revolvern bewaffnet. Man ruft nach dem Ligenführer und befiehlt ihm herauszukommen. Wenn er
15 keine Folge leistet, sagt man ihm: „Wenn du nicht herunter kommst, verbrennen wir das Haus, deine Frau und deine Kinder." Der Ligenführer kommt herunter, wenn er die Tür öffnet, packt man ihn, bindet ihn, schleppt ihn auf den Last-
20 wagen, man lässt ihn die unaussprechlichsten Martern erleiden, indem man so tut, als wolle man ihn totschlagen oder ertränken, dann lässt man ihn irgendwo im Felde liegen, nackt, an einen Baum gebunden. Wenn der Ligenführer …
25 die Tür nicht öffnet und Waffen zu seiner Verteidigung gebraucht, dann wird er sofort ermordet, im Kampf von hundert gegen einen.

Zit.nach: E. Nolte, Der Faschismus. Von Mussolini zu Hitler. München 1968, S. 43 f.

8 *„Ein Imperium der Menschlichkeit"?*
Rede Mussolinis zur Eroberung Abessiniens am 9. Mai 1936:

Italien hat endlich sein Imperium. Ein faschistisches Imperium, weil es die unzerstörbaren Zeichen für den Willen und die Macht des römischen Liktorenbündels trägt und weil es das Ziel
5 darstellt, auf das die ebenso gewaltigen wie gebändigten Energien der jungen, kühnen italienischen Generation seit vierzehn Jahren hindrängten. Ein Imperium des Friedens; denn Italien will den Frieden für sich und für alle und entschließt
10 sich nur dann zum Kriege, wenn es von feindlichen Mächten zum Krieg gezwungen wird. Ein Imperium der Kultur und der Menschlichkeit für alle Stämme Abessiniens. Es ist die Tradition Roms, die Völker, die es besiegt hat, an seinem
15 Schicksal teilnehmen zu lassen."

Zit nach: W.Kampmann, Der Faschismus in Italien. Stuttgart 1976, S. 40 f.

a) Beschreibe die Methoden der Faschisten, die Macht zu erwerben und zu behalten (VT, M4, M7).
b) Vergleiche die dargestellten Szenen in M1, kläre die Attribute und die Rollen der Symbolfiguren. Diskutiere die Grundaussagen und die Parteinahme der Zeichner.
c) Verbinde die Aussageabsicht des Bildes M2 mit Mussolinis Prinzipien von 1932 (Text neben M2) und der Praxis des faschistischen Regimes. Vergleiche die Aussagen zum Krieg in M2 mit denen in M8.

4. Fortschritt durch das „Amerikanische System"?

USA: „modern times"

In unseren „modernen Zeiten" können wir uns ein Leben ohne so alltägliche Gebrauchsgegenstände wie Auto, Telefon, Radio, Kühlschrank, Staubsauger oder Spülmaschine kaum noch vorstellen. Die „modernen Zeiten" begannen in den USA. Die USA wurden vor allem in den zwanziger Jahren Ausgangspunkt einer wirtschaftlichen, gesellschaftlichen und geistigen Entwicklung, die man schon damals „Amerikanisches System", vor allem aber „american way of life" nannte und die die Welt bis heute stark beeinflusst. Was war das für eine Entwicklung und warum konnte sie gerade in den USA entstehen?

Kapitalismus in den USA

In den USA gab es seit dem 19. Jahrhundert einen politisch ungezügelten Kapitalismus. Die Amerikaner dachten über die Rolle des Staates und die Rechte des Einzelnen anders als die meisten Europäer. Sie billigten dem Staat und der Zentralregierung in Washington nur wenig Macht zu. Die wirtschaftlichen Verhältnisse sollten sich ihrer Meinung nach ohne staatliche Eingriffe entwickeln und jeder einzelne Mann – an Frauen dachte man dabei weniger – sollte alle Chancen haben, sich möglichst frei und ohne staatliche Bevormundung zu entfalten. Tatsächlich griff der Staat selten in die Wirtschaft ein. Er überließ die wirtschaftliche Entwicklung vielmehr lange Zeit dem „freien Wettbewerb". Mächtige Unternehmen („big business") und ihre „Bosse" versuchten außerdem, staatliche Einflüsse auf die wirtschaftliche Entwicklung zu verhindern.

„Big business"

So war seit Ende des 19. Jahrhunderts eine Fülle von Großunternehmen entstanden, die innen- und außenpolitisch einflussreich waren. Diese „Konzerne" oder „Trusts" waren Zusammenschlüsse von Unternehmen mit dem Ziel, das gesamte Warenangebot eines Wirtschaftszweiges in die Hand zu bekommen, um den Wettbewerb auszuschalten und ein „Monopol" zu errichten. Monopole konnten die Preise frei von Konkurrenz festsetzen. Demselben Zweck dienten „Kartelle" zwischen weitgehend selbständig bleibenden Unternehmen des gleichen Wirtschaftszweiges. Staatliche Versuche, die Macht des „big business" zu beschränken (Anti-Trust-Gesetzgebung), waren nicht sehr erfolgreich.

1 *„The Octopus" (1904) Der Cartoon stellt das Großunternehmen Standard Oil Company (später: Esso) des Industriellen und angeblich reichsten Mannes der Welt, John D. Rockefeller, als eine Krake dar. – Worauf wollte der Zeichner aufmerksam machen? Welche Gründe hätte er für seine Deutung der Lage in den USA anführen können?*

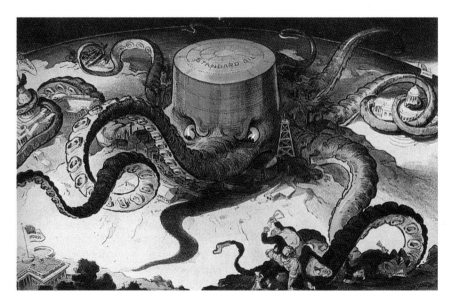

Massenproduktion und Massenkonsum

Nach dem Ersten Weltkrieg nahm die amerikanische Wirtschaft einen unvergleichlichen Aufschwung („boom"). Viele amerikanische Unternehmen und Banken waren im Krieg durch die Geschäfte mit Waffen und sonstigem Kriegsmaterial noch kapitalkräftiger geworden. Sie waren an großen Investitionen interessiert, um moderne Erfindungen industriell auswerten zu können. Mit der Einführung neuer Fertigungsverfahren schufen sie das völlig neue System der Massenproduktion. Die Rationalisierung der Arbeit und die Fließbandproduktion ermöglichten die massenhafte Herstellung von Gütern des täglichen Bedarfs, die gerade erst erfunden worden waren.

Die Massenproduktion machte die Waren billiger. Amerikanerinnen und Amerikaner konnten sich jetzt viele Dinge kaufen, die preiswert hergestellt wurden – vor allem Autos, elektrische Haushaltsgeräte, Radios oder Telefone. Wer nicht bar bezahlen konnte, kaufte mit Hilfe der Banken auf Raten. Immer mehr Frauen übernahmen neben ihrer Hausarbeit „jobs", um sich und ihren Familien zusätzliche Einkünfte zu verschaffen.

American way of life – freie Entfaltung für alle?

Die Art, wie viele Amerikanerinnen und Amerikaner mit den Massengütern lebten, ihre Gewohnheiten änderten und ihre Freizeit verbrachten, nannte man bald „the american way of life". Die moderne „Konsumgesellschaft" zeichnete sich ab. Durch das Auto wurden viele Menschen in Beruf und Freizeit mobiler als je zuvor und ein regelrechter „Autokult" machte sich breit. Es entstand eine völlig neuartige „Vergnügungs-Industrie", die mit Film, Radio, Revuetheatern, „Tanz-Palästen" und großen „shows" für die Zerstreuung von Millionen Menschen sorgte. Der unvergleichlich hohe Lebensstandard eines Teils der Bevölkerung ließ die USA als das „Land der unbegrenzten Möglichkeiten" erscheinen. Nur wenige nachdenkliche Amerikaner fragten bereits seit dem Ende des 19. Jahrhunderts nach den Gefahren, Risiken und Nachteilen des „Amerikanischen Systems" und des „Fortschritts". Sie sahen vor allem auch die ungelösten Probleme der amerikanischen Klassengesellschaft: Nicht jeder konnte „vom Tellerwäscher zum Millionär" aufsteigen. Trotz des statistisch sehr hohen Lebensstandards waren und blieben große Teile der Bevölkerung arm. Die von der Landwirtschaft lebende Bevölkerung war wegen ständiger Überproduktion und sinkender Agrarpreise in großer Not. Die Arbeiterschaft war bei Arbeitskämpfen fast rechtlos. Gewerkschaften als Organisationen weißer Facharbeiter wurden von den Unternehmen bekämpft. Streiks galten als Verschwörungen und wurden juristisch verfolgt. Eine politische Arbeiterbewegung wie in europäischen Ländern existierte in den USA – im Land des Individualismus – nicht. Eine staatliche Vorsorge für das Alter und für wirtschaftliche Notfälle (Sozialgesetzgebung) gab es kaum, im Gegenteil: Sozialreformerische Bestrebungen wurden als „sozialistisch" verrufen und erschwert; die farbigen Amerikanerinnen

2 Plakat zum Frauenwahlrecht, USA 1920

American way of life: Mit diesem Begriff wird eine in den USA entstandene Lebensauffassung und Lebensart bezeichnet, die vor allem die Rechte und Freiheiten des Individuums betont, sich möglichst uneingeschränkt zu entfalten und sich in der Gesellschaft zu behaupten oder durchzusetzen. Die meisten Amerikanerinnen und Amerikaner betrachten diesen „rugged (rau) individualism" als bestes und weltweit übertragbares Prinzip des privaten, gesellschaftlichen, wirtschaftlichen, politischen und kulturellen Lebens. Sie halten es für Amerikas „manifest destiny" (offenbare Bestimmung), die Welt durch den american way of life zu beglücken. Der american way of life schafft und verschärft nach Ansicht der Kritiker viele Probleme: soziale Ungleichheit, Chancenungleichheit, Bedürfnismanipulation, Konsumorientierung, Ausbeutung der Dritten Welt und einen spezifischen Imperialismus, den so genannten „Dollarimperialismus".

und Amerikaner befanden sich in einer elenden Lage und wurden rassistisch unterdrückt; es gab Vorurteile und Gewalttätigkeiten gegen irische, polnische, jüdische, italienische und andere Minderheiten; das Gangsterunwesen in den großen Städten war berüchtigt und blühte gerade in der Zeit der „Prohibition" – des staatlichen Alkoholverbotes von 1920 bis 1933. Schließlich gab es auch Fälle parteiischer Rechtsprechung. Weltweit auf Proteste stieß das Todesurteil gegen die politisch links stehenden italo-amerikanischen Arbeiter Sacco und Vanzetti.

Die Stellung der Frauen

Dass die amerikanischen Frauen benachteiligt blieben, unterschied sie nicht von den Frauen in anderen Gesellschaften der Zeit. Immerhin: Der lange Kampf der amerikanischen Suffragetten (Kämpferinnen für das Frauenwahlrecht) hatte dazu geführt, dass ab 1920 endlich alle US-Amerikanerinnen bundesweit wählen konnten. Vor allem in den 20er Jahren forderten amerikanische Frauen weitere Gleichstellungen und neue Lebensmöglichkeiten für sich. Die Widerstände, Vorurteile und Ängste der meisten Männer verhinderten rasche Fortschritte. Aber auch viele Frauen hingen an alten Denkgewohnheiten und Rollen. Die Beteiligung der Frauen an Wahlen war gering; ihr Wahlverhalten war nicht wesentlich anders als das der Männer. Zwischen den Frauen und unter den Frauen gab es – je nach Schicht, Herkunft oder Rasse – sehr unterschiedliche Einstellungen zur „Frauenfrage". Frauen sind bis heute im politischen Leben der USA unterrepräsentiert – und in Deutschland ist es kaum anders.

3   *„City Activities"*, Gemälde von Thomas H. Benton, 1931. In den Werken Bentons zeigt sich der Anspruch, eine eigene amerikanische Kultur und Lebenswelt auszubilden. Benton – und nicht nur er – blickte gelegentlich fast geringschätzig auf Kulturleistungen der europäischen Geschichte herab. Seine Bilder sollten – wie er selber sagte – „unmissverständlich amerikanisch" und möglichst unbeeinflusst von europäischen Kunstrichtungen und Traditionen sein.

4   Stimmen zum Amerikanischen System

a) *Der republikanische Präsidentschaftskandidat Herbert Hoover in einer Wahlrede 1928:*

Im Laufe von 150 Jahren haben wir eine Form der Selbstregierung und ein gesellschaftliches System aufgebaut, das ganz und gar unser Eigentum ist. Es unterscheidet sich wesentlich von
5 allen anderen in der Welt. Es ist das Amerikanische System … Es ist auf eine besondere Form der Selbstregierung gegründet, deren eigentliche Basis dezentralisierte lokale Verantwortlichkeit ist. Darüber hinaus ist es auf die Vorstellung ge-
10 gründet, dass allein durch geordnete Freiheit Freisein und durch gleiche Chancen für den Einzelnen seine Initiative und sein Unternehmungsgeist auf dem Marsch des Fortschritts angespornt werden. Und in unserem Bestehen auf Gleichheit
15 der Chance ist unser System weiter als die ganze Welt fortgeschritten … Was sind die Ergebnisse unseres Amerikanischen Systems gewesen? Unser Land ist nicht nur wegen seines natürlichen und industriellen Reichtums zum Land der
20 großen Möglichkeiten für diejenigen geworden, die ohne Erbschaft geboren wurden, sondern auch gerade wegen dieser Freiheit der Initiative und des Unternehmertums.

R.Hofstadter, Great Issues in American History, Bd.2, New York 1961, S.341f.

b) *Der Industrielle Andrew Carnegie (1889):*

Das Gesetz des Wettbewerbs … mag zwar für den Einzelnen gelegentlich hart sein, für die Menschheit ist es jedoch zum Besten, weil es auf jedem Gebiet das Überleben der Tüchtigsten
5 sicherstellt. Daher akzeptieren und begrüßen wir große Ungleichheit der Lebensbedingungen, die Konzentration von Industrie und Handel in den Händen von wenigen und das Gesetz des freien Wettbewerbs zwischen ihnen … da sie für den
10 künftigen Fortschritt der Menschheit nicht nur günstig, sondern notwendig sind … Der Sozialist oder Anarchist, der die gegenwärtigen Verhältnisse umstürzen will, greift in Wirklichkeit die Grundlage der Zivilisation überhaupt an …

A. Carnegie, Wealth, in: North American Review 148, S. 665f.

c) *Der Publizist Henry D. Lloyd (1894):*

Wirtschaftliche Tätigkeit, die von der Selbstsucht des Einzelnen bestimmt wird, führt überall zum Monopol, wo sie das soziale Leben berührt – zum Landmonopol, Transportmonopol, Han-
5 delsmonopol, zum politischen Monopol in allen seinen Formen … bis zur Bestechung im Amt … Wir müssen [einen] Feldzug planen gegen die Grundsätze und gegen die Menschen, die sie vertreten und bis ins Extrem steigern – die die Re-
10 gierungsbefugnisse, die von allen für alle verliehen wurden, als Privilegien für ihre persönliche Machterweiterung benutzen, die ganz auf derselben Linie, die gemeinsame Arbeit aller und die allen gehörenden Geschenke der Natur, das
15 Land, die Energiequellen, die Bergwerke, die Ortschaften statt dem allgemeinen Nutzen nur dem eigenen Interesse dienstbar machen, so dass einige wenige im Überfluss und die vielen in Armut leben …

Aus: D.Düsterloh und J.Rohlfes, Die Vereinigten Staaten von Amerika, Stuttgart 1980, S.48.

5   *„Jazz age". „Big business" mag die Musik, die ein Präsident (hier: Präsident Coolidge) spielt, der sich aus der Wirtschaft heraushält.*

a) Unterscheide „Amerikanisches System" und „American way of life".
b) Stelle die Argumente der Befürworter und der Gegner des „Amerikanischen Systems" gegenüber (M1, M4). Welche Argumente sind dir wichtig?
c) Betrachte das „Amerikanische System" auch unter heutigen ökologischen Gesichtspunkten.
d) Beschreibe, ausgehend von M2, die Stellung der amerikanischen Frauen.

5. Die Weimarer Republik – Deutschland als parlamentarische Demokratie

5.1 Wie soll die neue Ordnung aussehen?

Die folgenden drei Lieder kennzeichnen unterschiedliche Einstellungen zur politischen Ordnung in Deutschland zwischen 1914 und 1921.

Im Sommer 1914 zogen die deutschen Soldaten mit dem Gesang der Kaiserhymne in den Krieg:
Heil Dir im Siegerkranz,
Herrscher des Vaterlands,
Heil, Kaiser Dir!

Ende 1918 war in Berlin folgende Moritat populär:
Wem ham'se die Krone jeklaut?
Dem Wilhelm, dem Doofen, dem Oberganoven,
dem ham'se die Krone jeklaut.
Wer hat ihm die Krone jeklaut?
Der Ebert, der Helle, der Sattlergeselle,
der hat ihm die Krone jeklaut …

1921 wurde bei militärischen Freiwilligenverbänden, in Studentenverbindungen und an bürgerlichen Stammtischen begeistert gesungen:
Wenn einst der Kaiser kommen wird,
schlagen wir zum Krüppel den Wirth[1],
knallen die Gewehre, tack, tack, tack,
aufs schwarze und auf das rote Pack[2].
Haut immer feste auf den Wirth!
Haut seinen Schädel, dass es klirrt!
Knallt ab den Walther Rathenau[3],
die gottverfluchte Judensau.

1 Joseph Wirth, führender Zentrumspolitiker
2 katholische und sozialistische Parteien
3 Walther Rathenau, führender Politiker der DDP

Eine Revolution wie in Russland?

Der politische Umsturz begann am 28. Oktober 1918 mit einer Meuterei in der deutschen Hochseeflotte. Matrosen in Wilhelmshaven widersetzten sich dem Befehl, gegen die englische Flotte auszulaufen, weil sie nicht sinnlos geopfert werden wollten. Die Meuterer wurden gefangen genommen und in Kiel inhaftiert. Doch Matrosen und streikende Werftarbeiter befreiten am 4. November die Gefangenen. Nach dem Vorbild der russischen Revolution vom Vorjahr wurde ein „Arbeiter- und Soldatenrat" gewählt, der das militärische Kommando und die Leitung der Zivilverwaltung in Kiel übernahm. Die aufständische Bewegung breitete sich in den folgenden Tagen von den Hafenstädten an der Küste über ganz Deutschland aus. Vertreter der SPD und der USPD (Unabhängige Sozialdemokratische Partei Deutschlands, die sich während des Krieges von der SPD abgespalten hatte) bildeten in fast allen Städten Arbeiter- und Soldatenräte. Der locker mit der USPD verbundene Spartakusbund um Rosa Luxemburg und Karl Liebknecht befürwortete ein Rätesystem, wie es in Russland bestand (vgl. Grundbegriff „Sowjets" im Kap. „Revolution in Russland …"). Die Gruppe hatte allerdings nur wenige Mitglieder und war in kaum einem Rat vertreten.

Sturz der Monarchie, aber keine radikale Revolution

Die Arbeiter- und Soldatenräte übernahmen die Leitung der alten Stadtverwaltungen und Regierungsbehörden und übten so vorübergehend die oberste Gewalt aus. Bereits am 7. November setzte der Münchener Arbeiter- und Soldatenrat den bayerischen König ab und in den folgenden Wochen wurden in allen Ländern des Reiches die regierenden Fürsten zur Abdankung gezwungen. Entscheidend waren die Vorgänge am 9. November in Berlin. Kaiser Wilhelm II. befand sich zu dieser Zeit in der belgischen Stadt Spa. Am Morgen demonstrierten viele Menschen in den Straßen Berlins. Sie forderten – ebenso wie SPD und USPD – die Abdankung des Kaisers. Als Wilhelm II. in Spa immer noch

1   Aufbruchstimmung (oben)
Aufnahme vom 10. November 1918 in Berlin

2   „Strandgut" (links)
Titelseite der satirischen Zeitschrift „Simplizissimus", 3. Dezember 1918

zögerte, gab Reichskanzler Max von Baden in Berlin eigenmächtig die Abdankung des Kaisers bekannt und trat selbst zurück. Auf Verlangen der SPD über-
trug er das Reichskanzleramt an deren Parteivorsitzenden Friedrich Ebert.

Wie sollte es weitergehen? Die Führung der SPD befürchtete eine Umwälzung
nach dem bolschewistischen Modell. Um einem revolutionären Umsturz zuvor-
zukommen, proklamierte der Sozialdemokrat Philipp Scheidemann gegen den
Rat Eberts, der eigentlich eine parlamentarische Monarchie befürwortete, am
9. November 1918 gegen 14 Uhr die „Deutsche Republik". Zwei Stunden später
rief Karl Liebknecht dagegen die „Freie Sozialistische Republik" aus. Am
10. November bildeten je drei Vertreter von SPD und USPD einen „Rat der
Volksbeauftragten". Den Vorsitz übernahm Ebert. Die Politiker aller nichtsozia-
listischen Parteien waren wie gelähmt und verhielten sich anfangs abwartend.

**Umstellung auf
Friedensverhältnisse**

In den zwei Monaten ihrer Tätigkeit hatten die Volksbeauftragten gewaltige Fol-
gelasten des Krieges zu bewältigen. Sie sollten die Demobilisierung, d. h. die
Rückführung der Soldaten aus den noch besetzten Gebieten nach Deutschland,
deren Entlassung aus der Armee und die Wiedereingliederung ins Berufsleben,
organisieren. Außerdem mussten sie die Wirtschaft auf Friedensproduktion
umstellen und die Versorgung der Not leidenden Bevölkerung mit Nahrung und
Heizmaterial sicherstellen. Die Kriegsopfer mussten angemessen entschädigt
werden. Trotz dieser Leistungen wurden die Repräsentanten der neuen Ordnung als „Novemberverbrecher" verunglimpft, weil sie am 11. November auch
das unumgängliche Waffenstillstandsabkommen unterzeichnet hatten.

**Welche Art Republik,
welche Art Demokratie?**

In Deutschland war die Entscheidung gegen das monarchische System gefallen,
keine Hand hatte sich für die Erhaltung der alten Ordnung gerührt. Aber unter
den Anhängern einer neuen Ordnung gab es heftigen Streit darüber, wie diese
in Zukunft konkret aussehen sollte.

Der Spartakusbund, der sich im Dezember 1918 als Kommunistische Partei
Deutschlands (KPD) organisierte, wollte es nicht bei dem Austausch an der
Staatsspitze belassen. Er versuchte die Revolution zu einer grundlegenden

3 **Der Rat der Volksbeauftragten,** *zeitgenössische Postkarte. Links: Mitglieder aus den Reihen der USPD. Rechts: Mitglieder aus den Reihen der SPD. In der Mitte: Ausrufung der Republik durch Philipp Scheidemann vom Reichstagsgebäude aus. Die Szene ist 1927 nachgestellt, da es von diesem Moment kein authentisches Foto gibt.*

Die Gründung der deutschen Republik.

Umwälzung aller politischen und sozialen Verhältnisse weiter zu treiben. Die meisten Historikerinnen und Historiker gehen inzwischen davon aus, dass die Möglichkeit oder Gefahr eines erfolgreichen linksradikalen Umsturzes nicht wirklich bestanden habe. Damals aber war die Angst vor der kommunistischen Revolution in weiten Bevölkerungskreisen und in der Propaganda der politischen Gegner vorherrschend. Bürgerliche Politiker wollten über die Einführung der parlamentarischen Regierungsform hinaus keine Neuerungen. Angesichts der aktuellen Lage in Deutschland befürwortete die Führung der SPD eine parlamentarische Demokratie in republikanischer Staatsform. Wie die Mehrheit der Bevölkerung wünschte sie die baldige Wahl einer verfassunggebenden Nationalversammlung (Konstituante). Auch die USPD war dafür, wollte aber zuerst durch die Räte umfassende Reformen in Wirtschaft, Verwaltung und Militär durchführen lassen. Rätedelegierte aus ganz Deutschland diskutierten im Dezember 1918 in Berlin die Alternative: „Rätedemokratie" oder „parlamentarische Demokratie". Sie stimmten mit großer Mehrheit für die repräsentative parlamentarische Demokratie. Die Mehrzahl der Arbeiter- und Soldatenräte selbst sah das Rätesystem also nur als Übergangslösung an.

Bündnisse mit den traditionellen Führungsgruppen

Ebert und der Führung der SPD ging es um die Funktionsfähigkeit des Staates. Deshalb beließen sie die bisherigen kaiserlichen Offiziere, Richter und Beamten in ihren Ämtern, obwohl diese meist den neuen Staat verachteten, bald auch verhöhnten oder gar bekämpften. Die OHL (Oberste Heeresleitung), die Führung des alten Heeres, befürchtete grundsätzliche politische und soziale Veränderungen. Sie bot der neuen Regierung ihre Hilfe an und traf am 10. November mit Ebert eine geheime Absprache zur Bekämpfung des „Radikalismus und Bolschewismus". Auch Gewerkschaften und Unternehmer, vertreten durch Carl Legien und Hugo Stinnes, schlossen am 15. November ein Bündnis: Die Gewerkschaften erreichten ihre Anerkennung als zuständige Vertretung der Arbeiterschaft, die grundsätzliche Gleichstellung von Frauen und Männern bei Tarifvereinbarungen sowie die Einführung des Achtstundentages. Dafür sollten die Eigentumsverhältnisse nicht angetastet werden. Für die Unternehmer bedeutete dieses Abkommen die Bewahrung vor der befürchteten Vergesellschaftung (Sozialisierung) oder Verstaatlichung ihrer Betriebe.

Niederschlagung des Spartakusaufstandes und der Räterepubliken in Deutschland

Im Januar 1919 unternahm die KPD – gegen den Rat Rosa Luxemburgs und Karl Liebknechts – einen Aufstand in Berlin. Die Regierung setzte dagegen reguläre Truppen und „Freiwilligenverbände" aus Schülern, Studenten und ehemaligen Soldaten ein, die späteren „Freikorps". Diese standen unter dem Kommando demokratiefeindlicher Offiziere des alten Heeres. Sie schlugen den Aufstand blutig nieder. Rosa Luxemburg und Karl Liebknecht wurden am 15. Januar von Offizieren ermordet. Im Frühjahr wurden in Bremen, Baden, Braunschweig, Bayern und Sachsen Räterepubliken ausgerufen, die von Heeresverbänden und Freikorps zerschlagen wurden. In den Führungsgremien der sozialdemokratischen Parteien, in den Arbeiter- und Soldatenräten sowie in der Stimmung der Mehrheit der Bevölkerung war eine vorläufige Entscheidung für die parlamentarische Demokratie gefallen, in der alle Staatsbürgerinnen und Staatsbürger ungeachtet von Standesunterschieden und Reichtumsgrenzen gleichberechtigt an den politischen Entscheidungen beteiligt sein sollten.

Arbeiter, Bürger!
Das Vaterland ist dem Untergang nahe.
Rettet es!
Es wird nicht bedroht von außen, sondern von innen:
Von der Spartakusgruppe.
Schlagt ihre Führer tot!
Tötet Liebknecht!
Dann werdet ihr Frieden, Arbeit und Brot haben!
Die Frontsoldaten

Plakat, Dezember 1918

Nationalversammlung und Weimarer Reichsverfassung

Nach einer Anordnung des Rates der Volksbeauftragten sollte die Wahl zur Nationalversammlung am 19. Januar 1919 gleich, geheim, direkt und allgemein sein. Erstmals in der deutschen Geschichte und früher als in allen anderen Staaten erhielten alle über 20 Jahre alten Frauen das aktive und passive Wahlrecht. Weil man weitere Unruhen in Berlin befürchtete, trat die Nationalversammlung am 6. Februar in Weimar zusammen – darum: „Weimarer Republik". Bei der Wahl erhielt keine Partei die absolute Mehrheit. So waren von Anfang an Kompromisse notwendig, denn arbeitsfähige Regierungen konnten nur von Koalitionen gebildet werden. Drei Parteien – SPD, DDP und Zentrum – errangen zusammen mehr als 75 Prozent der Mandate. Am 11. Februar 1919 wählten diese Parteien Friedrich Ebert zum ersten Reichspräsidenten. Sie bildeten die Regierung der so genannten „Weimarer Koalition" und stimmten am 31. Juli 1919 mehrheitlich für die Annahme der „Weimarer Verfassung".

[handschriftlich:] Nationalversamml. am 6. Febr. 1919 in Weimar → Weimarer Republik

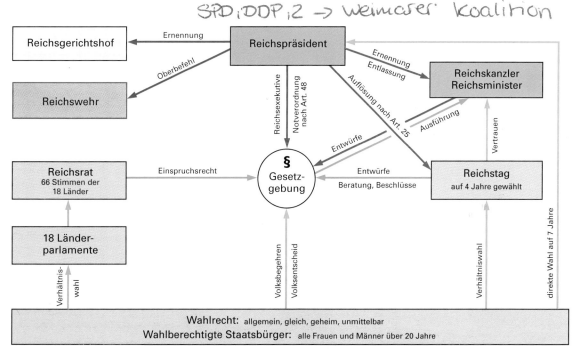

[handschriftlich:] SPD, DDP, Z → Weimarer Koalition

4 **Die Weimarer Verfassung.** *Sitze im Reichsrat nach Ländergröße: Preußen 26; Bayern 11; Sachsen 7; Württemberg 4; Baden 3; Hessen, Thüringen, Hamburg je 2; Anhalt, Braunschweig, Bremen, Lippe-Detmold, Lübeck, Mecklenburg-Schwerin, Mecklenburg-Strelitz, Oldenburg, Schaumburg-Lippe je 1.*

***Grundrechte und
Sicherung der
demokratischen
Staatsverfassung***

Die Verfassung orientierte sich erstmals in der deutschen Geschichte am Prinzip der Volkssouveränität. Sie regelte das Verhältnis der verschiedenen Gewalten im Staat und erkannte den Anspruch aller Deutschen auf unveräußerliche Grundrechte an. Die Verfassung sollte gewährleisten, dass von nun an das ganze Volk in einem gewählten Parlament, dem Reichstag, repräsentiert wurde. Im Reichstag sollte jede Partei entsprechend ihrem Stimmenanteil vertreten sein (Verhältniswahlrecht), um dieses zentrale Staatsorgan zu einem getreuen Abbild des Wählerwillens zu machen. Diese Regelung begünstigte Splitterparteien und erforderte Kompromissbereitschaft bei der Bildung von Regierungskoalitionen.

***Plakat zur Wahl der
Nationalversammlung***

Wechselseitige Abhängigkeiten zwischen Reichspräsident, Reichsregierung bzw. Reichskanzler und Reichstag sollten eine stabile Demokratie gewährleisten. Der Reichspräsident erhielt eine besonders starke Stellung. Er konnte nach Art. 25 den Reichstag auflösen. Für Krisenzeiten, in denen die öffentliche Sicherheit und Ordnung gefährdet waren, räumte Art. 48 ihm diktatorische Vollmachten ein. Dann konnte er die Reichswehr einsetzen (Reichsexekutive), Notverordnungen mit Gesetzeskraft erlassen und Grundrechte außer Kraft setzen.

Zu den Grundrechten gehörten: Gleichheit vor dem Gesetz, Rede- und Pressefreiheit, Glaubens- und Gewissensfreiheit, Versammlungsfreiheit, Briefgeheimnis, Recht auf politische Betätigung und Parteigründung. Die Verfassung beseitigte alle Standesprivilegien und Ungleichheiten beim Wahlrecht. Neben dem Frauenwahlrecht verkündete die Verfassung die grundsätzliche staatsbürgerliche Gleichberechtigung von Frauen und Männern. In der Wirklichkeit des politischen Lebens, des Arbeits- und des Familienrechts sowie des Berufslebens blieben die Frauen jedoch weiterhin benachteiligt.

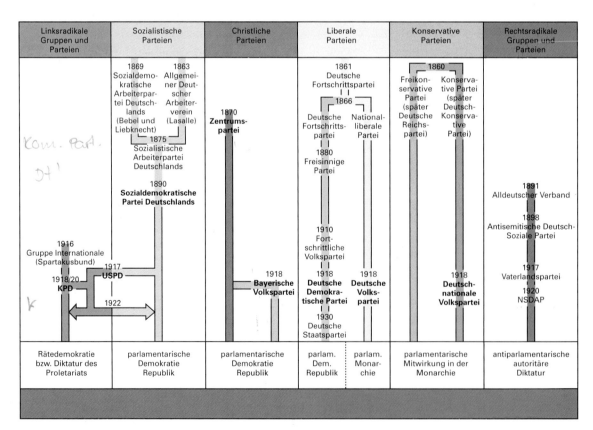

5 **Herkunft und politische Grundeinstellung** *der wichtigsten Parteien der Weimarer Republik.*

6 **Jeder bleibe auf seinem Posten**

Aus einem Aufruf des Reichskanzlers Friedrich Ebert vom 9. November 1918:

Die neue Regierung hat die Führung der Geschäfte übernommen, um das deutsche Volk vor Bürgerkrieg und Hungersnot zu bewahren und seine berechtigten Forderungen auf Selbst-
5 bestimmung durchzusetzen. Diese Aufgabe kann sie nur erfüllen, wenn alle Behörden und Beamten in Stadt und Land ihre hilfreiche Hand bieten. Ich weiß, dass es vielen schwer werden wird, mit den neuen Männern zu arbeiten, die das
10 Reich zu leiten unternommen haben, aber ich appelliere an ihre Liebe zu unserem Volke. Ein Versagen der Organisation in dieser schweren Stunde würde Deutschland der Anarchie und dem schrecklichsten Elend ausliefern.

Zit. nach: Deutscher Reichsanzeiger und Königlicher Preußischer Staatsanzeiger Nr. 268 vom 12. 11. 1918.

7 **Alle Macht den Räten!**

Aus einem Artikel von Rosa Luxemburg vom 15. Dezember 1918:

Vier dringendste Maßnahmen sind es, mit deren Erfüllung der Zentralrat (gemeint ist der Reichsrätekongress in Berlin) das Versäumte nachholen und sich den Platz sichern kann, der ihm ge-
5 bührt:

1. Er muss das Nest der Gegenrevolution, er muss die Stelle, an der alle Fäden der gegenrevolutionären Verschwörung zusammenlaufen, er muss das Kabinett Ebert-Scheidemann-Haase
10 beseitigen.

2. Er muss die Entwaffnung aller Fronttruppen fordern, die nicht die höchste Gewalt der Arbeiter- und Soldatenräte bedingungslos anerkennen …

15 3. Er muss … die Rote Garde schaffen.

4. Er muss die Nationalversammlung als ein Attentat auf die Revolution und die Arbeiter- und Soldatenräte ablehnen.

Noch können sich die Arbeiter- und Soldaten-
20 räte, indem sie diese vier Maßnahmen unmittelbar zur Tat werden lassen, an die Spitze der Revolution setzen: das Proletariat ist willig, sich von ihnen führen zu lassen, wenn sie ein starker Führer sein wollen gegen den Kapitalismus, das Pro-
25 letariat ist bereit, ihnen alles zu geben und sie zur höchsten Höhe zu heben mit dem Rufe: „Alle Macht den Arbeiter- und Soldatenräten!"

R. Luxemburg, Ausgewählte Reden und Schriften, Bd. 2, Berlin 1951, S. 639.

8 **Warum sind Kompromisse nötig?**

Aus einem Brief Hugo Haases (USPD) vom 26. November 1918 an seinen Sohn:

Die harten Waffenstillstandsbedingungen, die Notwendigkeit der überstürzten Demobilisierung, das Detail der Ernährungspolitik erheisch-
ten mehr als sonst die Aufrechterhaltung des ein-
5 gearbeiteten Verwaltungsapparats. Die alten Beamten, die sich mit der Revolution abgefunden haben, … sind im Innern radikalen Neuerungen auf wirtschaftlichem und sozialem Gebiet nicht geneigt, als bloße Techniker sind sie dennoch
10 nicht zu entbehren. Die Scheidemänner haben aber Bürgerliche auch in wichtigen politischen Stellungen gelassen … Ich würde allein mit meinen Freunden die Regierung ergriffen haben, wenn nicht die Soldaten fast einmütig darauf
15 bestanden, dass wir mit Ebert die Gewalt teilen sollten, und wenn nicht ohne Ebert ein erheblicher Teil der bürgerlichen Fachmänner Sabotage treiben würde.

Zit. nach: E. Haase (Hg.), Hugo Haase. Sein Leben und Wirken, Berlin 1929, S. 173.

a) Beschreibe Hoffnungen und Befürchtungen, die sich mit dem Regierungsumsturz vom 9. November 1918 verbanden (VT, M1–2, M6–8).

b) Charakterisiere Zielvorstellungen und Methoden der politischen Gruppierungen 1918/19 und ihr Verhältnis zueinander (VT, M5–8).

c) Kennzeichne die unterschiedlichen Vorstellungen von Demokratie, um die 1918/19 gestritten wurde.

d) Erörtere die Problematik der Zusammenarbeit von SPD und Gewerkschaften mit den „alten Kräften" bzw. traditionellen Führungsgruppen.

e) Charakterisiere die Grundzüge der Weimarer Reichsverfassung als Entwurf einer demokratischen Grundordnung (M4).

f) Vergleiche die Entwicklung der Revolution in Deutschland 1918/19 und in Russland 1917 (Kap. 1) in Form einer Tabelle (Ausgangssituation; Beteiligte und ihre Absichten; Ereignisse/Entscheidungen; Ergebnis).

5.2 Ringen um Demokratie – die Gründung der Länder Sachsen und Thüringen

1 ***Die Geraer Arbeiter am 15. März 1920***
Auch in Sachsen und Thüringen kam es nach der Gründung der Republik zu Aufruhr und Generalstreiks. Damit setzte sich Bernhard Heisig in diesem Gemälde auseinander. Das Bild des DDR-Malers entstand im Auftrag der SED-Gebietsleitung der SDAG (Sowjetisch-Deutsche-Aktiengesellschaft) Wismut.

Jugend ohne Ideale

Es gab zwar im März 1919 in Deutschland wieder ein Parlament, eine Regierung und über eine Verfassung wurde beraten, aber von normalen Zuständen konnte man noch lange nicht sprechen. Der Krieg und die Novemberereignisse hatten viele Menschen entwurzelt. Das betraf vor allem die Jugend: Viele junge Männer waren von der Schulbank aus in den Krieg gezogen und hatten nichts anderes als das Kriegshandwerk gelernt. Ihre Ideale waren im Kugelhagel und angesichts der an ihrer Seite gefallenen Kameraden wie eine Seifenblase zerplatzt. Jetzt kehrten sie in die Heimat zurück und wussten oft nichts mit dem neuen Leben anzufangen. In Romanen von Erich Maria Remarque, Stefan Zweig u.a. kannst du mehr darüber erfahren.

Katastrophale Lebensverhältnisse

Ein weiteres Problem im Nachkriegsdeutschland war für viele Menschen die katastrophale wirtschaftliche Lage. Einige wenige hatten am Krieg verdient, die meisten Deutschen hatten die negativen Folgen zu tragen. Es fehlte ihnen oft am Lebensnotwendigen, an Arbeit, Bekleidung, Brennmaterial und Lebensmitteln. Die Umstellung der Wirtschaft von der Kriegs- auf die Friedensproduktion ging schleppend voran. In den politischen und militärischen Verbänden linker und rechter radikaler Kräfte, die menschenverachtende, antidemokratische Anschauungen in Wort und Tat umsetzten, glaubten manche ein neues Zuhause gefunden zu haben. Vor allem der Zulauf zu den bewaffneten Freikorps, die überall im Land von ehemaligen Offizieren gebildet wurden, war groß.

Generalstreiks und Räteregierungen

Auch nach der Gründung der Republik hielten die bürgerkriegsähnlichen Zustände im Land an. Die Rätebewegung erlangte im März 1919 einen Aufschwung. Arbeiter- und Soldatenräte, oft unterstützt von Kommunisten, versuchten eigenmächtig Sozialisierungsmaßnahmen mit Hilfe großer Streiks durchzusetzen. Da die Regierung reguläre Truppen und Freikorps gegen die Streikenden einsetzte, kam es zu Kämpfen. Allein in Berlin wurden dabei 1200 Menschen getötet.

2 *Eröffnungssitzung der Sächsischen Volkskammer am 25. Februar 1919 in der Landeshauptstadt Dresden*
Die 96 Mandate der Volksvertreter waren wie folgt verteilt: 42 SPD, 15 USPD, 22 Deutsche Demokratische Partei (DDP), 13 Deutschnationale Volkspartei (DNVP), 4 Demokratische Volkspartei (DVP) – Welche Haltung der sächsischen Bevölkerung wird in dem Wahlergebnis deutlich?
Vergleiche dazu die Parteienübersicht im vorigen Kapitel.

Nachdem bereits in Bremen eine Räterepublik ausgerufen worden war, geschah dies auch am 7. April 1919 in Bayern. In den ersten Maitagen zerschlugen Reichswehrtruppen und Freikorps die Rätemacht. Dabei gingen sie äußerst brutal gegen die Anhänger der Räterepublik vor. Es kam zu massenweisen Erschießungen.

Länderparlamente konstituieren sich

Dennoch gelang es demokratischen Kräften in dieser schwierigen Zeit, in Sachsen und Thüringen – wie auch in den anderen deutschen Ländern und Freien Hansestädten – Länderparlamente zu konstituieren. Grundlage für dieses Vorgehen war die Verfassung der Weimarer Republik, die das Prinzip der Bundesstaatlichkeit festlegte. In Artikel 17 hieß es, dass alle Länder eine freistaatliche Verfassung haben müssen mit in demokratischer Weise gewählten Volksvertretern und von deren Vertrauen abhängigen Landesregierungen.

Sachsens Weg zum Freistaat

In Sachsen war König Friedrich August III. am 13. November 1918 zurückgetreten. Bei seiner Abdankung soll er gesagt haben: „Machd' doch eiren Drägg alleene". Eine Regierung der Volksbeauftragten hatte sich aus Vertretern der Arbeiter- und Soldatenräte gebildet. Als am 10. Januar 1919 die Regierung eine von der KPD organisierte Demonstration in Dresden blutig niederschlagen ließ, legten die drei USPD-Minister ihr Amt nieder. Die Wahlen zum Landesparlament, der Sächsischen Volkskammer, am 2. Februar 1919 ergaben eine Mehrheit von 42 SPD- und 15 USPD-Mandaten gegen 39 der bürgerlichen Parteien. Da keine Koalitionsregierung zustande kam, regierten die Sozialdemokraten mit einem Minderheitskabinett. Nachdem am 28. Februar 1920 die Volkskammer das „Vorläufige Grundgesetz für den Freistaat Sachsen" angenommen hatte, verabschiedete sie ein halbes Jahr später, am 26. Oktober, einstimmig die freistaatliche Verfassung. Die Wahlen zum ersten sächsischen Landtag am 14. November 1920 sicherten zwar der SPD die Mehrheit, aber dennoch erreichten die bürgerlichen Parteien einen erheblichen Stimmenzuwachs.

Wappen des Freistaates Sachsen

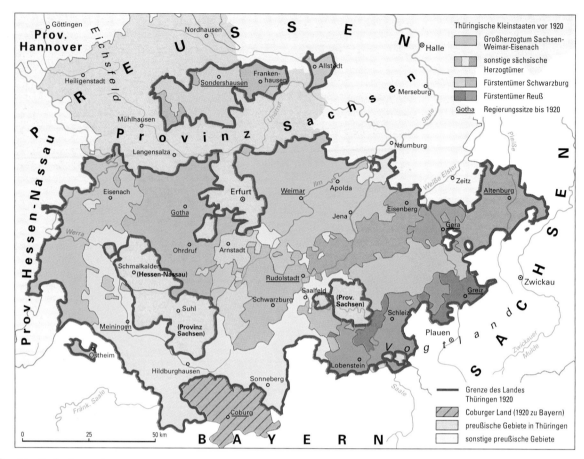

3 Die Gründung des Landes Thüringen im Jahre 1920

**Das „kleinstaatliche"
Thüringen wird
Republik**

Wappen des Landes
Thüringen

Die Abdankung der Herzöge bzw. Fürsten der thüringischen Kleinstaaten vollzog sich zwischen dem 9. und 25. November 1918 ohne Blutvergießen und Ausschreitungen. In Gotha, einer Hochburg der USPD, wurde der Herzog durch den Arbeiter- und Soldatenrat abgesetzt. In Weimar stellten die Sozialdemokraten, in den anderen ehemaligen Kleinstaaten sozialdemokratisch-bürgerliche Koalitionen die neuen Regierungen. Zwischen Januar und März 1919 fanden Wahlen zu den Landesversammlungen statt, wobei in fast allen Ländern die Sozialdemokraten die Mehrheit erreichten. In den folgenden Monaten gaben sich die thüringischen Staaten republikanische Verfassungen und die einzelnen Ländervertretungen beschlossen ein einheitliches Land Thüringen zu bilden.

Eine zentrale Rolle bei der Gründung des Landes Thüringen spielte die Frage nach dem Territorium. Befürworter einer „kleinthüringischen" (Zusammenschluss der thüringischen Staaten) und einer „großthüringischen" (Zusammenschluss dieser Staaten mit dem preußischen Thüringen) standen sich gegenüber. Am Ende setzte sich die „kleinthüringische" Lösung durch (vgl Karte). In den Wahlen zum ersten thüringischen Landtag am 26. Juni 1920 verloren SPD und DDP über die Hälfte ihrer Anhänger. Die rechtsbürgerlichen Parteien erzielten deutliche Gewinne. Nach langen Verhandlungen bildete die DDP mit der SPD eine Koalitionsregierung. Die thüringische Landesverfassung trat am 11. März 1921 in Kraft. Weimar wurde Hauptstadt Thüringens.

4 Jugend ohne Ideale

Der Schriftsteller Stefan Zweig berichtet über die Stimmung der Deutschen nach dem Krieg:

Etwas war mit den Armeen zerschlagen worden: der Glaube an die Unfehlbarkeit der Autoritäten, zu dem man unsere Jugend so überdemütig erzogen. Aber hätten die Deutschen ihren Kaiser wei-
5 ter bewundern sollen, der geschworen hatte, zu kämpfen bis zum letzten Hauch von Mann und Ross, und bei Nacht und Nebel über die Grenze geflüchtet war, oder ihre Heerführer, ihre Politi-ker oder die Dichter, die unablässig Krieg auf
10 Sieg und Not auf Tod gereimt? … Soweit sie wache Augen hatte, sah die Welt, dass sie betrogen war. Betrogen die Mütter, die ihre Kinder geop-fert, betrogen die Soldaten, die als Bettler heim-kehrten, betrogen all jene, die patriotisch Kriegs-
15 anleihe gezeichnet, betrogen jeder, der einem Versprechen des Staates Glauben geschenkt, be-trogen wir alle, die geträumt von einer neuen und besser geordneten Welt … Eine ganz neue Ju-gend glaubte nicht mehr den Eltern, den Politi-
20 kern, den Lehrern.

Stefan Zweig, Die Welt von gestern. Berlin 1990, S. 279.

5 Aus der Verfassung des Freistaates Sachsen vom 26. Oktober 1920:

Art. 1: Sachsen ist ein Freistaat im Deutschen Reiche. Die Landesfarben sind weiß-grün.

Art. 2: Die Staatsgewalt geht vom Volke aus. Sie wird nach dieser Verfassung und nach der Verfas-
5 sung des Deutschen Reiches ausgeübt durch das Volk, den Landtag und die Behörden.

Art. 3: Das Volk äußert seinen Willen durch Wahlen, Volksbegehren und Volksentscheid.

Art. 4: Die Abgeordneten sind Vertreter des
10 Volkes. Sie sind an Aufträge nicht gebunden.

Art. 5: Der Landtag beschließt die Gesetze, wählt den Ministerpräsidenten und überwacht die Politik und Verwaltung des Staates.

6 Plakat der KPD zur Reichstagswahl 1920.

Die linksradikale Partei bekämpfte die Repub-lik, weil ihr die politischen, wirtschaftlichen und sozialen Veränderungen nicht revolutionär genug waren.– Was sagt das Plakat über den Weg und die Mittel aus, mit denen die Partei ihre Ziele verwirklichen wollte?

Art. 9: Der Landtag kann sich selbst auflösen …
15 Der Landtag kann auf Volksbegehren oder auf Antrag des Gesamtministeriums durch Volksent-scheid aufgelöst werden.

Art. 25: Die Regierung wird vom Gesamtminis-terium, der obersten Staatsbehörde, geführt. Den
20 Vorsitz hat der Ministerpräsident.

Art. 26: Der Ministerpräsident wird vom Land-tag gewählt. Der ernennt und entlässt die übrigen Mitglieder des Gesamtministeriums.

Art. 34: Gesetzentwürfe werden vom Gesamt-
25 ministerium bei dem Landtage eingebracht oder vom Landtage dem Gesamtministerium über-wiesen.

Art. 41: Beschlüsse des Landtages, die eine Ver-fassungsänderung in sich schließen, kommen nur
30 zustande, wenn zwei Drittel der gesetzlichen Zahl der Abgeordneten anwesend sind und zwei Drittel der Anwesenden zustimmen.

Verfassung des Freistaates Sachsen. Leipzig 1921, S. 74 ff.

a) Beschreibe die Lebensumstände vieler Deutscher, insbesondere der Jugend, nach dem verlorenen Krieg (VT, M 4).

b) Worin siehst du die Ursachen für den regen Zulauf, den links- und rechts-radikale Gruppen in dieser Zeit hatten?

c) Beschreibe wesentliche Stationen von den Novemberereignissen bis zur Gründung der Länder Sachsen und Thüringen. Siehst du Gemeinsamkei-ten und Unterschiede?

d) Charakterisiere die erste Verfassung des Freistaates Sachsen. Vergleiche sie mit den Grundzügen der Weimarer Verfassung (M 5).

e) Wie schätzt du die Anfangsphase der Entwicklung Sachsens und Thürin-gens auf dem Weg zu einem demokratischen Staatswesen ein?

5.3 Demokratie unter Druck

Der Friedensvertrag von Versailles und der Kriegsschuldartikel

In der Weimarer Republik gab es nur wenige Überzeugungen, die alle teilten. Einig waren sich die Deutschen in der Empörung über die Bestimmungen des Friedensvertrages von Versailles (Vgl. „Friedenshoffnungen und Friedensdiktate"). Die meisten Deutschen sahen sich in ihrer nationalen Ehre gekränkt. Insbesondere über den Artikel 231 des Vertrages, „dass durch den Angriff Deutschlands und seiner Verbündeten" der Krieg verursacht worden sei, schlugen die Wogen der Erregung, so auch in der Nationalversammlung, hoch. Bedeutete dies doch letztlich das Eingeständnis der Alleinschuld Deutschlands am Krieg. Nach erbitterten Debatten stimmte die Mehrheit der Nationalversammlung der Unterzeichnung des Vertrages zu.

Der Versailler Vertrag spaltet die Nation

Die widerwillige Annahme des Versailler Vertrages durch die Regierung des Reichskanzlers Müller (SPD) spaltete die deutsche Nation. Radikale rechte und linke Kräfte warfen den Unterzeichnern des Vertrages Verrat am deutschen Volk vor und verstärkten ihren Hass gegenüber der Republik und deren Repräsentanten. Dazu kam, dass im Versailler Vertrag die Höhe der Reparationszahlungen an die Alliierten offen blieb. Die damit entstehenden Belastungen und Unsicherheiten verschärften den Unmut der Deutschen über den „Schandvertrag" und trieben nicht wenige in die Arme der republik- und demokratiefeindlichen Kräfte.

1 *Der Friedensvertrag von Versailles*

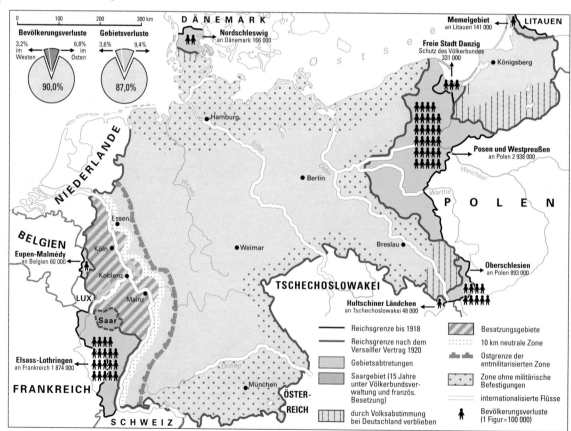

Der Versailler Vertrag wurde auf diese Weise zu einer Dauerbelastung der jungen Republik. Dennoch bemühten sich alle Reichsregierungen den Reparationsforderungen nachzukommen. Damit sollten der gute Wille Deutschlands und gleichzeitig die Unerfüllbarkeit der Anforderungen demonstriert werden. Man erhoffte sich hierdurch eine schrittweise Rücknahme der Bedingungen des Versailler Vertrages. Bis 1932 konnte die deutsche Seite auf mehr als 20 Konferenzen schließlich auch erreichen, dass die Zahlungsverpflichtungen, entsprechend den wirtschaftlichen Möglichkeiten Deutschlands, stark vermindert wurden.

Gefahr von rechts: der Kapp-Putsch

Seit 1920 rührten sich die Anhänger des alten Systems wieder. Im März versuchten Freikorpsführer, kaisertreue Offiziere und Politiker unter Führung des hohen Verwaltungsbeamten Kapp die neue Ordnung mit Waffengewalt zu stürzen. Die Reichswehrführung verweigerte der Regierung militärischen Schutz, woraufhin die linken Parteien und die Gewerkschaften zum ersten politischen Generalstreik in Deutschland aufriefen: Die Arbeiter legten Betriebe und Verkehr still, die Beamten befolgten keine Anweisungen der Putschisten, die Reichsbank verweigerte Zahlungen an sie. Als auch die Reichswehr die Aufständischen nicht aktiv unterstützte, brach der Putsch zusammen. In Sachsen und Thüringen war die Erregung unter den Arbeitern mit der Niederlage der Kapp-Putschisten aber noch nicht beendet. Zu groß war die Empörung über das aus ihrer Sicht inkonsequente Verhalten von Reichswehr und Reichsregierung. Die Folge waren bürgerkriegsähnliche Zustände. Bewaffnete Selbstschutzverbände der Arbeiter führten gegen Reichswehr und Freikorps erbitterte Gefechte. In Sachsen-Gotha, einer Hochburg der linksradikalen USPD, verhängte der Reichspräsident am 10. April 1920 den

2 Die „Dolchstoßlegende"

Wahlplakat der DNVP zur Reichstagswahl am 7.12.1924.
General Hindenburg sagte vor einem parlamentarischen Untersuchungsausschuss im November 1919:

Die Sorge, ob die Heimat fest genug bliebe, bis der Krieg gewonnen sei, hat uns nie verlassen … In dieser Zeit setzte eine heimliche planmäßige Zersetzung von Flotte und Heer ein. Die braven
5 Truppen, die sich von der revolutionären Zermürbung freihielten, hatten unter dem pflichtwidrigen Verhalten der revolutionären Kameraden schwer zu leiden, sie mussten die ganze Last des Krieges tragen. So musste unsere Operation miss-
10 lingen … Ein englischer General sagte mit Recht: ‚Die Armee ist von hinten erdolcht worden'. Den guten Kern des Heeres trifft keine Schuld.

– *Vergleiche die Aussagen Hindenburgs und des Wahlaufrufs mit deinen Kenntnissen über die Ursachen der Niederlage des deutschen Heeres im 1. Weltkrieg.*
– *Erläutere mögliche Wirkungen des Wahlaufrufes auf die Bevölkerung. Gehe dabei besonders auf die Gestaltung von Text und Bild ein.*

Wer hat im **Weltkrieg** dem deutschen Heere den Dolchstoß versetzt? Wer ist schuld daran, daß unser Volk und Vaterland so tief ins Unglück sinken mußte? Der Parteisekretär der Sozialdemokraten **Bater** sagt es nach der Revolution 1918 in Magdeburg:

„Wir haben unsere Leute, die an die Front gingen, zur Fahnenflucht veranlaßt. Die Fahnenflüchtigen haben wir organisiert, mit falschen Papieren ausgestattet, mit Geld und unterschriftslosen Flugblättern versehen. Wir haben diese Leute nach allen Himmelsrichtungen, hauptsächlich wieder an die Front geschickt, damit sie die Frontsoldaten bearbeiten und die Front zermürben sollten. Diese haben die Soldaten bestimmt, überzulaufen, und so hat sich der Verfall allmählich, aber sicher vollzogen.

Wer hat die Sozialdemokratie hierbei unterstützt? Die Demokraten und die Leute um Erzberger. Jetzt, am 7. Dezember, soll das Deutsche Volk den

zweiten Dolchstoß 12

erhalten. Sozialdemokraten in Gemeinschaft mit den Demokraten wollen uns

zu Sklaven der Entente machen,

wollen uns für immer zugrunde richten.

Wollt ihr das nicht,
dann

Wählt deutschnational!

Ausnahmezustand über das Gebiet und setzte einen Reichskommissar ein. Neuwahlen erbrachten hier eine knappe Mehrheit der bürgerlichen Parteien. Die linksradikalen Kräfte erlagen schließlich der Übermacht von Reichswehr und Freikorps in beiden Ländern.

Demokratiefeindlich-keit der Reichswehr

Der Kapp-Putsch hatte gezeigt, dass Verfassungstreue und Zuverlässigkeit der Reichswehr für die Republik unsicher waren. Die Offiziere fühlten sich noch immer dem kaiserlichen Heer verbunden und lehnten die Republik innerlich ab. Obwohl General von Seeckt für die „abwartende" Haltung des Militärs während des Putsches verantwortlich war (Seeckt: „Reichswehr schießt nicht auf Reichswehr!"), ernannte Ebert ihn 1920 zum Chef der Heeresleitung. Die Reichswehr wurde keine Stütze der Republik, sondern ein eigener „Staat im Staate".

Antidemokratisches Denken und innerer Unfriede

Die meisten Angehörigen aus Adel, Militär, Industrie und Verwaltung wandten sich gegen Republik und Demokratie. Konservative, nationalistische und rechtsgerichtete Parteien und Verbände hetzten gegen die Unterzeichner des „Schanddiktats" von Versailles, kämpften gegen das „Weimarer System", gegen Marxisten und „Sozis" und beschimpften die Vertreter der Republik als „Volksverräter", „Novemberverbrecher" und „Erfüllungspolitiker". Sie fanden Gehör bei terroristischen Geheimbünden ehemaliger Front- und Freikorpsoffiziere, die politische Morde begingen. Bei der Verfolgung der Mörder nahmen die Gerichte durchweg Partei für rechte Positionen.

Mit der Suche nach einem Sündenbock für die Niederlage Deutschlands und deren Folgen breitete sich auch der Antisemitismus aus. Die Antisemiten behaupteten, die Juden seien an allem schuld. Alle politischen und wirtschaftlichen Probleme ließen sich lösen, wenn nur der jüdische Einfluss beseitigt würde.

3 *„Sie tragen die Buchstaben der Firma – wer aber trägt den Geist?"* Karikatur von Th. Heine 1927. Die Figuren symbolisieren offensichtlich unterschiedliche Parteien/Organisationen. Versuche Aussehen und Kleidung bestimmten politischen Richtungen der Weimarer Republik zuzuordnen.

4 *Politische Morde 1921/22. Zeichnung und Gedicht aus einer sozialdemokratischen satirischen Zeitschrift vom 14. Juli 1922. Informiere dich im Lexikon über politische Tätigkeit und Tod folgender Personen: Walther Rathenau, Matthias Erzberger, Hugo Haase, Kurt Eisner, Karl Liebknecht, Rosa Luxemburg.*

5 **Im Regierungsauftrag** erstelltes Plakat vom Dezember 1918 für die Wahl zur Nationalversammlung im Januar 1919. Achte auf die Symbolfiguren und ihre Attribute.

6 **Plakat der DNVP** zur Reichstagswahl 1920.

Plakate als Mittel der politischen Werbung

Politische Auseinandersetzungen finden ihren Niederschlag auch in Wahlplakaten. In kaum einer anderen Epoche hatten Plakate eine so große Bedeutung als Mittel der politischen Propaganda wie in der Weimarer Republik. Um die jeweiligen Absichten der Plakate zu erkennen, ist es notwendig, ihre Wort- und Bildsprache zu untersuchen: einerseits auf positive Symbole zur Rechtfertigung der eigenen Position hin, andererseits auf Zeichen der Feindschaft, des Hasses und der Gewalt zur Diffamierung der Gegenseite.

1921 beschrieb der Grafiker Lüthy, welche inhaltlichen und künstlerischen Aspekte bei der Produktion eines politischen Plakates von Bedeutung sind. Diese Gesichtspunkte können wir auch als Anleitung zur Analyse politischer Plakate verwenden und so überprüfen, ob und in welcher Weise die Gesichtspunkte Lüthys in den Wahlplakaten dieses Kapitels berücksichtigt werden:

„Das künstlerische politische Plakat soll und kann ...

– jeden ... mit telepathischem Griff fesseln,

– sein Gehirn durch ein kurz orientierendes Schlagwort in die gewollte politische Richtung drängen,

– sein Herz durch die Schönheit und Anmut des Bildes gewinnen,

– sein Interesse durch den Witz satirischer Verstellung erhaschen,

– den Abscheu vor der „anderen" Richtung erregen oder

– durch dekorative und symbolische Glorifizierung besonderer politischer Ideen die Sympathie für die eigene Sache gewinnen und bestärken."

Reparationen: Durch den Versailler Vertrag eingeführte Bezeichnung für den Schadensersatz, den der Besiegte für Kriegsaufwendungen und Kriegsschäden an den oder die Sieger zahlen muss. Es handelt sich um die vorher als Kriegsentschädigung bezeichneten Zahlungen. Reparationen sind als Geldzahlungen oder als Warenlieferungen zu leisten oder werden durch Beschlagnahmung von Auslandsvermögen und Patenten oder durch Demontagen gesichert.

---

7   **Vertragsunterzeichnung unter Vorbehalt**

Reichskanzler Otto Bauer (SPD) am 22. Juni 1919 vor der Nationalversammlung über den Entwurf des Friedensvertrages:

Unsere Widerstandskraft ist gebrochen; ein Mittel der Abwendung gibt es nicht. Wohl aber bietet der Vertrag selbst eine Handhabe, die wir uns nicht entreißen lassen können. Ich denke hier an

5 die feierliche Zusage der Entente (Bündnis der Kriegsgegner Deutschlands) …, wonach eine Revision des heute vorliegenden Vertrages von Zeit zu Zeit eintreten und diesen neuen Ereignissen und neu eintretenden Verhältnissen angepasst

10 werden kann. Das ist eines der wenigen Worte in diesem Friedensvertrag, das wirklich Friedensgeist atmet. Im Namen der Reichsregierung … habe ich daher zu erklären, dass sie … sich entschlossen hat den uns vorgelegten Friedensver-

15 trag unterzeichnen zu lassen! … Wenn sie dennoch unter Vorbehalt unterzeichnet, so betont sie, dass sie der Gewalt weicht, in dem Entschluss, dem unsagbar leidenden deutschen Volk einen neuen Krieg, die Zerreißung seiner nationalen

20 Einheit durch weitere Besetzung deutschen Gebietes, entsetzliche Hungersnot für Frauen und Kinder und unbarmherzige längere Zurückhaltung der Kriegsgefangenen zu ersparen … Die Regierung der deutschen Republik verpflich-

25 tet sich, die Deutschland auferlegten Friedensbedingungen zu erfüllen … Die auferlegten Bedingungen übersteigen das Maß dessen, was Deutschland tatsächlich leisten kann.

<small>Verhandlungen der verfassunggebenden Deutschen Nationalversammlung: Stenographische Berichte, Bd. 327, S. 1114 f.</small>

8   **Ein Sündenbock wird gesucht**

Aus den Grundsätzen der Deutschnationalen Volkspartei 1920:

Nur ein starkes deutsches Volkstum, das Art und Wesen bewusst wahrt und sich von fremdem Einfluss freihält, kann die zuverlässige Grundlage eines starken deutschen Staates sein. Deshalb

5 kämpfen wir gegen jeden zersetzenden, undeutschen Geist, mag er von jüdischen oder anderen Kreisen ausgehen. Wir wenden uns nachdrücklich gegen die seit der Revolution immer verhängnisvoller hervortretende Vorherr-

10 schaft des Judentums in Regierung und Öffentlichkeit. Der Zustrom Fremdstämmiger über unsere Grenzen ist zu unterbinden.

<small>Zit. nach: K. Dederke, Reich und Republik. Deutschland 1917–1933. Stuttgart 1984, S. 114.</small>

9   **Gerechte Richter?**

Zweierlei Maß in der Rechtsprechung vor deutschen Gerichten 1918–1922:

Politische Morde begangen von:	Links- stehenden	Rechts- stehenden
Anzahl der Morde	22	354
ungeahndete Morde	4	326
5 geahndete Morde	17	1
verurteilte Mörder	38	24
Hinrichtungen	10	–
Freisprüche	–	23
Freiheitsstrafe je Mord 10 (in Jahren)	15	0,33

<small>Nach: E. J. Gumbel, Vier Jahre Mord, Berlin 1923, S. 81.</small>

a) Charakterisiere Politikverständnis und politisches Klima in der Weimarer Republik (VT, M1, M8, M9 des Kapitels 5.1).

b) Warum unterzeichnete die Regierung des Reichskanzlers Bauer (SPD) den Versailler Vertrag (M7, VT)?

c) Welche Kräfte bekämpften die Weimarer Verfassung und die Weimarer Republik? Vergleiche deren Gemeinsamkeiten und Unterschiede in der Zielstellung und in den Methoden (M2, M3, M4, M5, M6).

d) Charakterisiere Unterschiede in der Rechtsprechung bei politischen Strafsachen (M9, VT).

5.4 Millionäre hungern – die Inflation 1923

1 Inflationsgeld
Die Geschwindigkeit der Geldentwertung erreichte im Herbst 1923 in Deutschland immer neue Rekorde. Sogar die Noten-presse konnte da nicht Schritt halten. Aus Tausend- wurden Mil-lionen- und schließlich Milliarden-Mark-Scheine. Die Bankno-ten wurden einfach überdruckt.

Ursachen der Inflation: Kriegsfinanzierung ...

Obwohl das Jahr 1923 reich an Ereignissen war, die den Bestand der jungen Republik gefährdeten, blieben die Erfahrungen der Inflation für Generationen in besonders leidvoller Erinnerung. Die Ursachen für die Inflation (Geldentwertung) waren vielfältig. Das Kaiserreich hatte den größten Teil des Geldes für den Krieg durch Anleihen bei Betrieben, Banken und Privatpersonen aufgebracht. Die Regierung hoffte nach einem siegreichen Krieg aus Eroberungen und Kriegsbeute die Anleihen zurückzahlen zu können. Es kam aber anders: Nach der Niederlage war der Großteil der deutschen Wirtschaftsgüter verbraucht, die Mark hatte die Hälfte ihres Vorkriegswertes verloren.

... und Kriegsfolgen, Versailler Vertrag, Streiks, Unruhen

Auch nach dem Krieg wurde viel Geld gedruckt, denn der Staat hatte große Ausgaben. Obwohl die Wirtschaft nur sehr schwer in Tritt kam, musste ein großer Teil der Güter als Reparationen abgeliefert werden. Die ständigen Unru-hen und Streiks sowie der Vertrauensschwund für die junge Demokratie lähm-ten das Wirtschaftsleben, sodass die Steuereinnahmen des Staates gering waren. Mit diesen Geldern mussten aber auch die gewaltigen Kriegsfolgen beglichen werden: Fürsorgen und Renten für Kriegswaisen, Kriegswitwen und Kriegsinva-liden. Dazu kamen Ausgaben für Erwerbslose und Altersrentner. Da den Zah-lungen keine produktiven Leistungen entsprachen, verlor die Mark als interna-tionale Währung immer mehr an Wert.

Ruhrkonflikt 1923 – „galoppierende" Inflation

Am 11. Januar 1923 waren französische und belgische Truppen in das Ruhrge-biet einmarschiert. Als Grund wurden Rückstände in den Reparationsleistungen angegeben. Die Reichsregierung rief zum passiven Widerstand auf, woraufhin in vielen Betrieben die Arbeiter streikten. Die Reparationszahlungen wurden gänzlich eingestellt. Daraufhin übernahmen die Besatzer die wichtigsten Betriebe und zogen Zölle und Steuern selbst ein. Damit fielen für das Reich sämtliche Einnahmen aus dem größten deutschen Industriegebiet aus. Der Wert des Geldes sank infolgedessen auf Bruchteile, die Preise stiegen immer schneller. Es kam zur „galoppierenden Inflation".

2 Ladenszene aus den Inflationstagen 1923: *Rückkehr zur Tauschwirtschaft?*

Inflationsalltag

Inflationsbriefmarke

Viele Menschen, so auch in Sachsen und Thüringen, erlebten im Herbst 1923 bewegte Tage. Die Frauen erwarteten am Nachmittag ihre von der Arbeit heimkehrenden Männer, um schnell den Lohn in Lebensmitteln umzusetzen. Am nächsten Tag konnte ein Brot, das heute 500 Millionen kostete, bereits nur noch für 2 Milliarden zu haben sein. Die Lebenshaltungskosten verteuerten sich von Tag zu Tag, manchmal um das Mehrfache. Viele Betriebe mussten zur Kurzarbeit übergehen. Tausende Arbeiter wurden entlassen, weil immer mehr Unternehmen in Konkurs gingen. Auf „Hamsterfahrten" durch das Land versuchten die Stadtbewohner bei den Bauern Nahrungsmittel zu bekommen. Wertsachen, wie Schmuck u.a. wurden für Butter, Milch oder Kartoffeln eingetauscht. Aus Thüringen wird berichtet, dass ein „Feldschutz" in den Dörfern eingerichtet wurde, weil das illegale Abernten der Felder überhand nahm. Da in einzelnen Städten die Lebensmittelgeschäfte geplündert wurden, musste die Polizei eingreifen.

Inflationsgewinner

Besonders hart traf die Geldentwertung den Mittelstand. Andere verdienten sogar daran (vgl. Begriff Inflation). Wer Grundstücke, Gebäude, Fabriken und Maschinen besaß, hatte Vorteile. Unternehmer konnten z.B. ihre Darlehen zum Kauf von Fabriken, Maschinen und Rohstoffen mit wertlosem Geld leicht zurückzahlen. Das Deutsche Reich entledigte sich so seiner Finanzschulden. Mit einer Währungsreform im November 1923 wurde wieder eine stabile Währung geschaffen. Es begann eine Phase der wirtschaftlichen Erholung.

Inflation (lat.: Aufblähung): Bezeichnung für eine Geldentwertung durch Vermehrung der umlaufenden Geldmenge in Volkswirtschaften mit Papiergeld. Der Staat lässt Geld drucken, die Warenmenge wird aber nicht vermehrt. Die Störung des Verhältnisses zwischen Geldmenge und Warenwert führt zu steigenden Preisen und damit auch zu Kaufkraftschwund. Da auch die Sparguthaben an Wert verlieren, kommt es zu Hamsterkäufen und Warenhortung, zur „Flucht in die Sachwerte". Durch Inflation werden Bezieher fester Einkünfte, Sparer und Gläubiger geschädigt, nicht aber Schuldner und Besitzer von Sachwerten. Die soziale Ungleichheit zwischen Sachwertbesitzern und Lohnempfängern nimmt zu.

3 „Man zahlte in der Straßenbahn mit Millionen ...“

Der Schriftsteller Stefan Zweig berichtet:

Mit einem Ruck stürzte die Mark und es gab kein Halten mehr, ehe nicht die phantastischen Irrsinnszahlen von Billionen erreicht waren ... Ich habe Tage erlebt, wo ich morgens fünfzigtausend
5 Mark für eine Zeitung zahlen musste und abends hunderttausend ... Man zahlte in der Straßenbahn mit Millionen, Lastwagen karrten das Papiergeld von der Reichsbank zu den Banken und 14 Tage später fand man Hunderttausendmarkscheine
10 in der Gosse: ein Bettler hatte sie verächtlich weggeworfen. Ein Schnürsenkel kostete mehr als vordem ein Schuh, nein, mehr als ein Luxusgeschäft mit zweitausend Paar Schuhen, ein zerbrochenes Fenster zu reparieren mehr als
15 früher das ganze Haus, ein Buch mehr als vordem die Druckerei mit ihren Hunderten Maschinen. Für hundert Dollar konnte man reihenweise sechsstöckige Häuser am Kurfürstendamm kaufen, Fabriken kosteten umgerechnet nicht mehr
20 als früher ein Schubkarren ... Die Arbeitslosen standen zu Tausenden herum und ballten die Fäuste gegen die Schieber und Ausländer in den Luxusmobilen, die einen ganzen Straßenzug aufkauften wie eine Zündholzschachtel.

Stefan Zweig, Die Welt von Gestern. Erinnerungen eines Europäers, Stockholm 1955, S. 285 f.

4 „Die Ernährung erreicht eine Verteuerung auf das 1 131 000fache.“

Die Altenburger Zeitung für Stadt und Land berichtet über die Inflation in Thüringen:

a) *Plünderung von Geschäften in Lauterberg (19. September 1923):*

Aus Nordhausen musste ein Kommando der Schutzpolizei gerufen werden, weil große Kundgebungen gegen die Lebensmittelverteuerung stattfanden. Die Menge belagerte das Rathaus
5 und stürmte und plünderte zahlreiche Geschäfte aller Art. Von der Schutzpolizei wurden Verhaftungen vorgenommen.

b) *Monatsbilanz August 1923 in Thüringen (9. September 1923):*

Vom letzten Stichtag des Juli (30.7.) bis zum letzten Stichtag des August (27.8.1923), also in 4 Wochen, sind die Kosten der Lebenshaltung auf das 13fache gestiegen. Der von der 5-köpfigen Nor-
5 malfamilie der Teuerungsstatistik für den 4 Wochenbedarf in Ernährung, Heizung, Beleuchtung, Wohnung und Bekleidung aufzuwertende Betrag, berechnet am 30.7. auf 7 408 117 MK. stellte sich am 27. August auf 97 143 313 MK. ... Auf fast
10 das 30fache sind die Kosten von Heizung und Beleuchtung gestiegen. Die Ernährungsausgaben haben sich stark verzwölffacht, die Bekleidungskosten verelffacht. Die Wohnungskosten sind noch nicht ganz auf das Doppelte gestiegen ...
15 Unter den Nahrungsmitteln ist Gemüse, Milch und Fleisch auf das 19 – 20fache gestiegen. Eier kosteten am 27. August fast das 12fache gegenüber dem 30. Juli und Nährmittel durchschnittlich fast das 11fache. Die Kosten für Kartoffeln
20 und Fette haben sich verneunfacht. Der höchste Stand gegenüber 1913/14 findet sich in der Bedarfsgruppe „Heizung und Beleuchtung“ mit dem 1 690 000fachen ... Die Ernährung erreicht eine Verteuerung auf das 1 131 000fache ... Die
25 Wohnungsausgaben betragen dagegen nur rund das 680fache.

c) *Verdorbenes Getreide (13. Oktober 1923)*

Eine Anzeige wegen Zurückhaltung wichtiger menschlicher Lebensmittel, die zum Teil durch die Zurückhaltung für den menschlichen Genuss unbrauchbar geworden sind, musste gegen den
5 Rittergutsbesitzer Krug auf Rittergut Lohma bei Nöbdenitz (Kreis Gera) erstattet werden. Auf einem Boden wurden allein rund 50 Zentner Weizen festgestellt, die durch unsachgemäße Lagerung verstockt, vermodert oder teilweise durch
10 Milben zersetzt, also für den menschlichen Genuss gänzlich ungeeignet geworden waren ... Eine Untersuchung des Falles ist im Gange.

Thüringisches Staatsarchiv Altenburg, Akte K 346.

a) Kennzeichne die Ursachen der Inflation (VT).

b) Beschreibe die Auswirkungen der Geldentwertung auf große Teile der Bevölkerung. Setze dich dabei vor allem auch mit den Folgen in Sachsen und Thüringen auseinander (VT, M1 – M4).

c) Wer waren in Deutschland die Gewinner der Inflation? Begründe deine Aussagen (VT).

d) Welche Auswirkungen hatte nach deiner Meinung die Inflation auf das Lebensgefühl vieler Deutscher?

5.5 Das Krisenjahr 1923

Politische Belastungen

Am 26. September 1923, in einer durch die Belastungen der Inflation äußerst angespannten Situation, teilte Reichskanzler Stresemann (DNVP) dem Reichstag den Beschluss der Reichsregierung mit, den passiven Widerstand gegen die Besatzer im Ruhrgebiet zu beenden. Die Emotionen schlugen hoch und die extremen Rechten warfen der Regierung „Kapitulation und Verrat am deutschen Volk" vor.

Der Hitler-Ludendorff-Putsch

Besondere Gefahr drohte der Republik aus Bayern. Aus Opposition zu dieser und anderen Entscheidungen in Berlin plante die bayerische Regierung Bayern vom Reich zu lösen und die Reichsregierung durch eine Militärdiktatur zu ersetzen. In dieser Konfliktsituation sah Adolf Hitler, der bis dahin kaum bekannte „Führer" der rechtsradikalen „Nationalsozialistischen Deutschen Arbeiterpartei" (NSDAP), die Chance, mit Hilfe Ludendorffs in München durch einen Putsch die Macht zu ergreifen und anschließend die Reichsregierung zu stürzen. Die bayerische Regierung gab jedoch ihre Umsturzpläne auf und schlug am 9. November 1923 den Hitler-Ludendorff-Putsch nieder. Hitler kam im anschließenden Hochverratsprozess mit einer milden Haftstrafe davon, war aber nun einer der prominentesten Feinde der Demokratie.

1 *Krisenjahr 1923 – Gewalt auf allen Seiten*

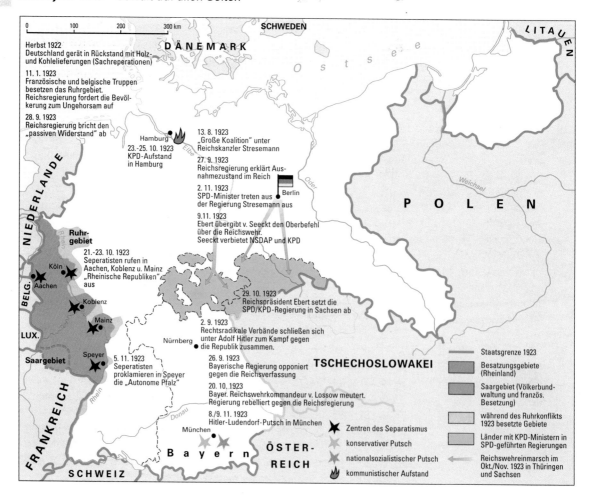

2 *Einmarsch der Reichswehr im sächsischen Freiberg im Oktober 1923.* Soldaten kontrollieren die Straßen und durchsuchen die Passanten. Sowohl in Sachsen als auch in Thüringen zeigte sich die Bevölkerung vom Einmarsch der Reichswehr überrascht, zum Teil auch empört.

Sachsen und Thüringen – „ein deutscher Oktober"

Die extremen Linken, die Kommunisten, meinten, die Zeit sei günstig für einen Aufstand im aus ihrer Sicht ‚revolutionsreifen' Deutschland. Dabei nahmen Sachsen und Thüringen einen zentralen Platz in ihrer Strategie ein, da sie hier günstige Bedingungen vorfanden, den „deutschen Oktober" (in Anlehnung an die Oktoberrevolution in Russland) zu verwirklichen. In beiden Ländern hatten sich auf Initiative der KPD so genannte proletarische Hundertschaften gebildet. Diese verfügten über Handfeuerwaffen und stellten unter Führung der Kommunisten eine schlagkräftige militärische Formation im Kampf gegen die Republik dar.

Zum anderen besaßen in Sachsen und Thüringen SPD und KPD die Landtagsmehrheit. Im Oktober 1923 bildeten sich SPD-KPD-Kabinette unter Leitung der sozialdemokratischen Ministerpräsidenten Zeigner in Dresden und Frölich in Weimar. Die Reichsregierung betrachtete die Hundertschaften und die kommunistischen Minister in den Regierungen beider Länder als eine akute Gefahr für den Bestand der verfassungsmäßigen Ordnung.

Einmarsch der Reichswehr und Auflösung der SPD-KPD-Regierungen

Die Lage spitzte sich dramatisch zu, als die zuständigen Militärbefehlshaber den Befehl zur Auflösung der militärischen Hundertschaften gaben, der aber nicht befolgt wurde. Den Kommunisten gelang es in dieser angespannten Situation aber nicht, einen Generalstreik im Reich auszurufen und damit das Signal für den bewaffneten Aufstand zu geben. Am 21./22. Oktober marschierte die Reichswehr in Sachsen ein. Am 30. Oktober wurde die Regierung Zeigner abgesetzt. Zwischen dem 5. und 8. November besetzte die Reichswehr auch die meisten thüringischen Städte. Die kommunistischen Minister schieden aus der Regierung aus. Mit der Zerschlagung der Hundertschaften durch die Reichswehr und der Auflösung der SPD-KPD-Regierungen waren die Pläne der extremen Linken endgültig gescheitert. Die Republik hatte sich gegen ihre Feinde von links und rechts behauptet. Gestärkt war die junge Demokratie aus den Ereignissen des Jahres 1923 aber nicht hervorgegangen. Das Gegenteil war eher der Fall. Das Vorgehen der Reichsregierung stieß bei vielen Deutschen auf Kritik und die Repräsentanten der jungen Demokratie verloren im Volk weiter an Ansehen. Die oft unangemessene Härte der Reichswehr im Kampf gegen die Linken, dagegen ihre Nachsichtigkeit im Kampf gegen die Rechten verstärkten die Zweifel vieler Deutscher an der Verfassungstreue des Militärs.

3 **Ministerpräsident Zeigner und Generalleutnant Müller, Militärbefehlshaber für Sachsen.**
Die Karikatur mit dem nachfolgenden Text stammt aus der damals viel gelesenen satirischen Wochenzeitschrift „Kladderadatsch":
Der vom russischen Sowjet-Wodka total bezechte sächsische Ministerpräsident Dr. Zeigner, der einen wüsten „Kosazki" zum Schrecken der Berliner Regierung tanzte, wurde von General Müller energisch zur Ordnung gerufen. –
Welchen Einfluss auf die öffentliche Meinung konnte diese Karikatur damals haben?

4 **„... als ob es sich um Schwerverbrecher handle".**
Amtlicher Bericht über den Einmarsch der Reichswehr im sächsischen Borna:

Die Reichswehr sandte ... Patrouillen aus und stellte vor dem Rathaus, dem Polizeigebäude und sonstigen Standquartieren Posten auf ... Es wurden 72 Verhaftungen vorgenommen. Die Be-
5 handlung der verhafteten Personen war eine äußerst harte und musste für den Uneingeweihten den Eindruck erwecken, als ob es sich um Schwerverbrecher handle ... Die Leute mussten dort (im Hof des Polizeigebäudes und in dem
10 Hausflur des Rathauses) mit etwa zwei Schritt Abstand, die Hände auf dem Rücken, das Ge-

sicht nach der Wand ganz dicht an der Mauer stehen, während Reichswehrposten mit scharf geladenen Gewehren dieselben bewachten ...
15 Auf meine Frage, was die Leute eigentlich verbrochen hätten, erklärte ein Rittmeister, bei denselben seien kommunistische Flugblätter oder Hundertschaftsausweise gefunden worden ...

Sächsisches Staatsarchiv Leipzig, Akte Nr. 133.

5 **„Nieder mit der Regierung Stresemann"**
Flugblatt des 1. Kongresses der proletarischen Abwehrorganisation, 1923

> # An den General Müller!
> ## An die werktätige Bevölkerung Sachsens!
>
> ### Herr General!
>
> Sie verbieten den Kongreß der proletarischen Abwehrorganisationen! Zur gleichen Zeit bewaffnen Sie die Stoßtrupps der Faschisten gegen die Arbeiterschaft!
> Mit diesen Maßnahmen sagen Sie dem Proletariat den offenen Kampf an.
> Das sächsische Proletariat ist bereit, sein Leben und seine Grundrechte zu verteidigen.
>
> ### Herr General! Wir spotten Ihrer Verbote!
>
> Der Kongreß der proletarischen Abwehrorganisationen hat stattgefunden. Sozialdemokratische und kommunistische Vertreter der PAO aus allen Teilen Sachsens haben die Kampfentschlossenheit des Proletariats bekundet.
>
> ### Arbeiter! Angestellte! Beamte!
> ### Mittelständler! Kleinbauern!
>
> Beweist dem General Müller, dem Beauftragten der Reaktion, daß Ihr entschlossen seid, in breitester Einheitsfront um Eure Existenz zu kämpfen!
> Es geht um Sein und Nichtsein! Tretet ein in die proletarischen Abwehrorganisationen! Haltet Euch jede Stunde zum Kampf bereit!
>
> Nieder mit dem Faschismus!
> Nieder mit der Militärdiktatur!
> Nieder mit der Regierung Stresemann!
> Es lebe die Einheitsfront aller Ausgebeuteten!
> Es lebe der rote Block Sachsen-Thüringen!
> Es lebe die Regierung der Werktätigen in Stadt und Land!
>
> ## Auf zum Kampf! Auf zum Sieg!
>
> Der 1. Kongreß
> proletarischen Abwehrorganisationen.

a) *Welche Folgen hatte der Abbruch des Ruhrkampfes durch die Reichsregierung für das innenpolitische Klima im Reich?*
b) *Erarbeite mit Hilfe von M1, welche Gebiete des Reiches von Unruhen, Aufständen und separatistischen Bewegungen 1923 erfasst wurden.*
c) *Kennzeichne Ursachen, Verlauf und Ergebnis der Oktoberereignisse in Sachsen und Thüringen (VT, M3–5).*
d) *Setze dich mit den Zielen der extremen Linken auseinander (VT, M5).*
e) *Bewerte die Rolle der Reichswehr im Kampf gegen die extremen Rechten und Linken (VT, M4).*

5.6 Außenpolitische Erfolge – innenpolitische Stabilisierung

1922 _____	*Deutschland und Sowjetrussland unterzeichnen den Rapallo-Vertrag.*
1924 _____	*Der Dawesplan wird im deutschen Reichstag angenommen.*
1925 _____	*Die Alliierten beginnen das besetzte Ruhrgebiet zu räumen. Deutschland, Frankreich und Belgien sowie die Garantiemächte Großbritannien und Italien unterzeichnen den Locarno-Vertrag.*
1926 _____	*Deutschland und die Sowjetunion schließen den Berliner Vertrag ab. Deutschland wird in den Völkerbund aufgenommen.*
1930 _____	*Der Young-Plan wird im deutschen Reichstag angenommen.*

Revision des Versailler Vertrages

In der Außenpolitik war es das wichtigste Ziel aller Regierungen der Weimarer Republik, die Bestimmungen des Versailler Vertrages zu revidieren. Die Schwerpunkte waren: Senkung der Reparationszahlungen, Räumung der besetzten deutschen Gebiete und Zurückgewinnung der verlorenen Gebiete im Osten. Die Siegermächte, vor allem die französische Regierung, waren aber nicht bereit über diese Forderungen mit den Deutschen zu sprechen. Deutschland war für sie kein Verhandlungspartner. Im Reich selber gab es von Anfang an sehr unterschiedliche Auffassungen über die Wege und Mittel, die außenpolitischen Zielstellungen durchzusetzen. Zwei Lager standen sich gegenüber: Die einen – bestehend aus demokratischen Politikern verschiedener Kabinette der Weimarer Republik – setzten auf Verständigung mit den ehemaligen Kriegsgegnern. Dadurch sollten die Belastungen des Versailler Vertrages für die Menschen auf ein erträgliches Maß reduziert und die außenpolitische Isolation überwunden werden. Die anderen – vor allem rechte, aber auch linke Gruppierungen – bezeichneten diese Haltung verächtlich als „Erfüllungspolitik" und „Verrat am deutschen Volk" und riefen zum Kampf gegen den „Schandvertrag" und deren Unterzeichner auf.

Rapallo-Vertrag

Die Vorbehalte der Alliierten gegenüber der deutschen Politik verstärkten sich, als im April 1922 die deutsche Regierung unter Leitung von Reichskanzler Wirth und Außenminister Rathenau mit Sowjetrussland in Rapallo, unweit von

1 Die Außenminister Frankreichs und Deutschlands, Aristide Briand und Gustav Stresemann. *1926 erhielten beide für ihre Bemühungen um die Erhaltung des Friedens den Friedensnobelpreis. Leidenschaftlich kämpften beide für die Aussöhnung zwischen Frankreich und Deutschland.*

Genua, einen Vertrag abschloss. Beide Länder verzichteten wechselseitig auf eine Erstattung der Kriegskosten und Kriegsschäden. Sie nahmen diplomatische Beziehungen auf und verstärkten die wirtschaftlichen Kontakte.

Stresemann und die Locarno-Verträge

In den folgenden Jahren gelang es den Regierungen der Republik, Deutschland wieder internationales Ansehen zu verschaffen. Immer mehr wurde aus dem besiegten Feind ein geachteter ebenbürtiger und gleichberechtigter Partner. Das war vor allem das Verdienst Gustav Stresemanns, der von 1923 bis zu seinem Tod 1929 deutscher Außenminister war. Mit dem Vertragswerk von Locarno 1925 gelang eine Verständigung mit den Westmächten. Die Garantie der Grenze Frankreichs durch Deutschland war ein hoffnungsvoller Anfang der Aussöhnung mit dem französischen Volk. Der 1926 zwischen Deutschland und der Sowjetunion unterzeichnete Berliner Vertrag festigte die politischen, wirtschaftlichen und militärischen Beziehungen beider Staaten.

Wirtschaftlicher Aufschwung und sozialpolitsche Sicherung

Die Währungsreform Ende 1923, die Übernahme neuer Produktionsweisen und hohe amerikanische Kredite verbunden mit Reduzierungen der Reparationszahlungen (Dawes- und später Young-Plan) führten ab 1924 zu einem wirtschaftlichen Aufschwung. Neue Fabriken entstanden, das Verkehrswesen wurde modernisiert, Krankenhäuser und Schulen wurden gebaut. Einzelne Industriezweige, wie z.B. die chemische Industrie und der Fahrzeugbau, erreichten schnell Weltniveau. Die wachsende Produktivität bewirkte auch eine Hebung des Lebensstandards für weite Bevölkerungskreise. Die Sozialpolitik der Weimarer Regierungen förderte die Emanzipation der Frau in der Gesellschaft. Eine für die damalige Zeit weitreichende Sozialgesetzgebung verbesserte die Lage der Arbeitnehmer und der sozial schwächeren Bevölkerungsgruppen. Allerdings wurden einzelne soziale Bestimmungen eingeschränkt, als die wirtschaftliche Lage sich wieder verschlechterte.

2 **Wahlergebnisse zur Nationalversammlung und zum Reichstag 1919–1933**
(in absoluten Zahlen). Die Gesamtzahl der Reichstagssitze hing jeweils von der Wahlbeteiligung ab. Auf ca. 60 000 Stimmen kam ein Mandat. Die Mandatsverteilung entsprach direkt dem prozentualen Stimmenanteil der Parteien. In der Weimarer Republik wurde sehr oft gewählt, weil sich die Regierungen häufig nicht auf ausreichende Mehrheiten stützen konnten.

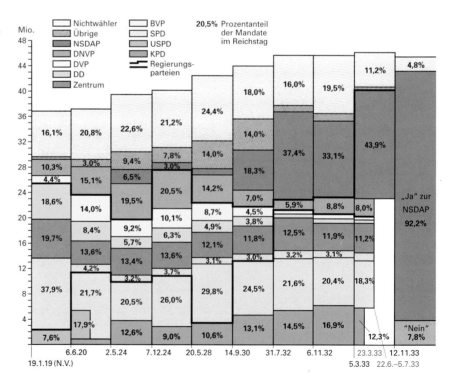

3 **„Deutschland und Russland – ein Anfang".**
Karikatur aus dem „Simplicissimus", 1922.
Reichskanzler Wirth vor dem Reichstag:
„In diesem Friedensvertrag gibt es weder Sieger noch Besiegte". –
Wie sieht der Karikaturist den Rapallo-Vertrag?
Setze dich mit dem Ausspruch des Reichskanzlers auseinander.

4 **„Er schaut nach rechts, er schaut nach links – er wird uns retten".** Karikatur aus dem „Simplicissimus" vom 14.5.1925.
Außenminister Stresemann, der Schutzengel für den „deutschen Michel".
Welche Verbindung siehst du zwischen der Karikatur und der Außenpolitik des deutschen Außenministers Stresemann?

5 **Die Verträge von Locarno (Auszüge)**
Im Oktober 1925 trafen die Außenminister Deutschlands, Frankreichs und anderer europäischer Staaten folgende Vereinbarungen:
Art. 1: Die Hohen Vertragsschließenden Teile garantieren, jeder für sich und insgesamt, … die Aufrechterhaltung des sich aus den Grenzen zwischen Deutschland und Belgien und zwi-
5 schen Deutschland und Frankreich ergebenden territorialen Status quo, die Unverletzlichkeit dieser Grenzen, wie sie durch den in Versailles am 28. Juni 1919 unterzeichneten Friedensvertrag oder in dessen Ausführung festgesetzt sind,
10 sowie die Beobachtung der Bestimmungen der Artikel 42 und 43 des bezeichneten Vertrages über die demilitarisierte Zone.
Art. 2: Deutschland und Belgien und ebenso Deutschland und Frankreich verpflichten sich
15 gegenseitig, in keinem Falle zu einem Angriff oder zu einem Einfall oder zum Krieg gegeneinander zu schreiten …
Art. 3: Alle Fragen, bei denen die Parteien über ihre beiderseitigen Rechte im Streite sind, sollen

20 Richtern unterbreitet werden, deren Entscheidung zu befolgen die Parteien sich verpflichten …
Art. 4: … Ist einer der Hohen Vertragsschließenden Teile der Ansicht, dass eine Verletzung des
25 Artikels 2 des gegenwärtigen Vertrages oder ein Verstoß gegen die Artikel 42 oder 43 des Vertrages von Versailles begangen worden ist oder begangen wird, so wird er die Frage sofort vor den Völkerbundsrat bringen … Sobald der Völker-
30 bundsrat festgestellt hat, dass eine solche Verletzung oder ein solcher Verstoß begangen worden ist, zeigt er dies unverzüglich den Signatarmächten des gegenwärtigen Vertrages an…
Art. 7: Der gegenwärtige Vertrag, der der Siche-
35 rung des Friedens dienen soll und der Völkerbundssatzung entspricht, kann nicht so ausgelegt werden, als beschränke er die Aufgabe des Völkerbundes, die zur wirksamen Wahrung des Weltfriedens geeigneten Maßnahmen zu ergrei-
40 fen.

Zit. nach: J. Hohlfeld (Hg.), Dokumente der Deutschen Politik und Geschichte von 1848 bis zur Gegenwart, Bd. 3. Berlin o.J., S. 148 ff.

6 *„So hat die Republik die Stellung der Frau verbessert."*
Abbildung aus der Illustrierten Reichsbanner 1930. –
Was hat sich in der gesellschaftlichen Stellung der Frau nach dem Krieg verändert? Wie sieht es heute mit der Emanzipation der Frau in unserer Gesellschaft aus?

7 *Sozialpolitische Neuerungen*

1918 Allgemeines Wahlrecht für Frauen über 20 Jahre
Gewährung von Fürsorge für Arbeitslose
Recht der Frauen, Hochschullehrerinnen zu werden

1919 Tarifautonomie der Gewerkschaften und der Arbeitgeberverbände
Grundrechte der Jugend auf Erziehung, Bildung, Schutz, Fürsorge und Pflege (12 der insgesamt 56 Grundrechtsartikel der Reichsverfassung)

1919 Allgemeine Grundschulpflicht

1920 Betriebsrätegesetz garantiert Arbeitnehmern in Betrieben mit mehr als 20 Beschäftigten ein Mitspracherecht
Grundschulgesetz führt für alle Schüler die verbindliche Grundschule ein

1922 Jugendwohlfahrtsgesetz

Recht der Frauen, Richterinnen zu werden
Mietpreisbindung durch das Reichsmietengesetz

1923 Einrichtung von Jugendgerichten
Gesetz über die Beschäftigung von Schwerbeschädigten
Schutz der Mieter vor willkürlichen Kündigungen durch das Reichsmieterschutzgesetz

1924 Ablösung der kommunalen Armenpflege durch staatliche Fürsorge
Einrichtung der Angestelltenversicherung

1926 Einrichtung von Arbeitsgerichten

1927 Arbeits- und Kündigungsschutzgesetz für werdende und stillende Mütter
Einrichtung von Arbeitsämtern
Einführung der Arbeitslosenversicherung

a) *Kennzeichne die Außenpolitik der Weimarer Republik. Welche Rolle spielt dabei der deutsche Außenminister Gustav Stresemann (VT, M1)?*

b) *Welche Bedeutung hatten die Verträge von Rapallo und Locarno für die außen- und innenpolitische Entwicklung des Reiches (VT, M3, M4, M5)?*

c) *Warum war die Aussöhnung zwischen Frankreich und Deutschland nach dem Krieg so schwierig? Wie siehst du heute das Verhältnis zueinander?*

d *Vergleiche das parlamentarische Gewicht der einzelnen Parteien in unterschiedlichen Wahlperioden (M2).*

e) *Denke dir berufliche oder familiäre Situationen aus, in denen die sozialpolitischen Regelungen der Weimarer Republik wichtig sind (M6, M7).*

f) *Welche Ursachen siehst du für den wirtschaftlichen Aufschwung ab 1924?*

5.7 Veränderungen in Deutschland

Konzernbildungen und neue Produktionsmethoden

Seit 1925 schlossen sich auch in Deutschland Unternehmen zu kapitalkräftigen Konzernen zusammen, um den Markt zu beherrschen (z.B. IG Farben, Vereinigte Stahlwerke, Siemens, AEG, der Presse- und Filmkonzern des deutschnationalen Politikers Hugenberg). Amerikanische Konzerne investierten in Deutschland und bauten riesige Produktionsanlagen (Ford, General Motors unter dem Namen Opel). Amerikanische Großbanken gaben hohe Kredite an deutsche Städte und Gemeinden, an Wirtschaftsunternehmen und Banken.

Wie in den USA waren auch in Deutschland die Konzerne bald die größten Arbeitgeber. Sie verfügten mit der wirtschaftlichen Macht zugleich über großen, demokratisch nicht kontrollierten politischen Einfluss. Viele Großunternehmen änderten ihre Produktionsmethoden und sparten trotz Steigerung der Produktion noch Arbeitskräfte ein. Die Rationalisierung der Arbeit und die neue Arbeitsweise am Fließband bedeuteten neue Arbeitsbedingungen für Millionen von Menschen. Im Produktionsbereich mussten Arbeiterinnen und Arbeiter sich auf das „laufende Band" umstellen.

Die Angestellten

Mit der Vergrößerung und Rationalisierung der Betriebe wuchs der so genannte „Dienstleistungsbereich" und damit auch die neue Schicht der Angestellten (1930: 3,5 Millionen, davon 1,2 Millionen Frauen, z.B. als Sekretärinnen, Stenotypistinnen). Die Angestellten – in den USA „white collar workers" genannt – unterschieden sich in Gehabe und Vorstellungen bewusst von den Arbeiterinnen und Arbeitern. Viele männliche Angestellte hatten das Gefühl, sich nicht wie die „Proleten" „die Hände schmutzig machen" zu müssen und damit „etwas Besseres" zu sein; viele weibliche Angestellte wollten so sein wie die von der Modeindustrie und den damals neuen „Illustrierten" dargestellte „neue Frau" – wirtschaftlich unabhängig, berufstätig, selbstbewusst.

Die deutschen Verhältnisse unterschieden sich jedoch deutlich von den Arbeits- und Lebensbedingungen in den USA. Im Arbeitsleben gab es ein System der Sozialversicherung, das bei Arbeitslosigkeit und in Notfällen griff. Und in Deutschland gab es das Streikrecht für Arbeitnehmerinnen und Arbeitnehmer, eine starke Gewerkschaftsbewegung und zwei Arbeiterparteien, die sich für die wirtschaftlichen, politischen und kulturellen Belange der Arbeiterschaft einsetzten und weitgehende Forderungen anmeldeten. Im kulturellen Bereich und im Freizeitleben behielten Traditionen einer klassischen bürgerlichen Kultur und die vielfältigen Formen einer Arbeiterkultur, die in Arbeitervereinen gepflegt wurde, ihre große Bedeutung. Die ländlichen Gegenden der „Provinz" merkten noch nicht viel von der allmählichen „Amerikanisierung" des Alltags.

1 **„Berliner Tageblatt"** *(Pastell, 1927/28). 1927/28 malte Richard Ziegler etwa 20 Bilder, immer mit dem gleichen Motiv: Frauen in der Großstadt. Den Typ der „neuen Frau" empfanden viele seiner Zeitgenossen als skandalös.*

2 Arbeit am laufenden Band

Ein Arbeiter der deutschen Ford-Fabrik schildert 1926 Fließbandarbeit:

Für die Arbeiter ist die Hauptsache das Mitkommen. Das Arbeitsstück fließt weiter, schneckengleich langsam zwar – aber es fließt! Die Verzögerung des einen bringt den ganzen Betrieb in
5 Unordnung, lenkt sofort die Aufmerksamkeit aller Kollegen und Vorgesetzten auf den „Bummler". Kommt ein Arbeiter an einer Stelle nicht recht mit, wird er stillschweigend an eine andere versetzt. Versagt er dort auch, fliegt er ohne jede
10 Förmlichkeit. Das weiß auch jeder und setzt daher den letzten Handschlag daran, dem Tempo des nach der gegipfelten Einzelleistung laufenden Bandes zu folgen. Da gibts keinen Raum für nebensächliche Gedanken, keine Zeit etwa eine
15 Zigarette anzuzünden, ein Wort mit dem Nachbarn zu reden oder gar auszutreten …
Anfänger erhalten ohne Rücksicht darauf, ob sie was gelernt haben, pro Tag 13 Mark. Nach der „Anlernung" oder richtiger gesagt Abrichtung,
20 die ungefähr 8 Wochen dauert, gibt es 15 Mark.
… Der Höchstlohn beträgt 20 Mark pro Tag! Dies ist die Summe, die zahlreiche Akkordarbeiter der Berliner Metallindustrie für die ganze Woche erhalten.

Zit. nach: Fähnders/Karrenbrock/Rector, Sammlung proletarisch-revolutionärer Erzählungen, Darmstadt und Neuwied 1977, S. 101.

3 „Bandarbeit – Hetzarbeit" wurde das Bild vom Zeichner genannt, der es 1926/27 bei einem Arbeiterzeichenwettbewerb einreichte.

4 „Frondienst fürs Kapital"

Eine Textilarbeiterin, 25 Jahre alt, schrieb 1930 über ihre Arbeit:

Acht Stunden lang … stehe ich immerzu fast auf demselben Fleck, vornübergebeugt den Oberkörper, beinahe regungslos, nur die Hände machen wie mechanisch immer dieselben Bewe-
5 gungen, drücken der Ware den Stempel auf und das Hirn zählt von eins bis zwölf, wieder, immer wieder … Acht Stunden lang Strümpfe stempeln, von eins bis zwölf zählen, stempeln, unzählige Male, unterbrochen nur von einer einstündigen
10 Mittagspause, während der mir gerade genug Zeit bleibt, um das Mittagessen zu verzehren, und dann die vom stundenlangen Stehen fast steif gewordenen Glieder auf harter Bank ein wenig lang zu strecken … Kaum auszuhalten wäre
15 wohl manchmal das ewige Einerlei des Alltags, wenn nicht ab und zu doch einige Stunden frei blieben zu geistiger und körperlicher Erholung; und wenn, ja wenn nicht die Aussicht bestände auf ein Wochenende. Denn einmal, da bin ich für
20 anderthalb Tage erlöst vom Frondienst fürs Kapital. Der Sonnabendmittag ist ja noch häuslicher Arbeit gewidmet, da gibt es allerlei zu säubern und zu putzen. Aber dann kommt der Sonntag, und der gehört mir, mir ganz allein.

Zit. nach: Mein Arbeitstag – mein Wochenende. Arbeiterinnen berichten von ihrem Alltag. 1928, neu herausgegeben von Alf Lüdtke, Hamburg 1991, S. 13 f.

5 „Muttertag", Plakat von Julius Gipkens, um 1925: „Zum Muttertag am 2. Sonntag im Mai schenkt Blumen!". Auch der Muttertag war ein Import aus den USA. Die Amerikanerin Anne M. Jarvis hatte ihn 1907 „erfunden".

6 „Angestellte"

Der Journalist und Schriftsteller Kurt Tucholsky (1890–1935) wandte sich Mitte der zwanziger Jahre an die Angestellten, die nicht so organisiert waren wie die Arbeiterschaft in den Gewerkschaften:

Auf jeden Drehsitz im Büro
da warten hundert Leute;
man nimmt, was kommt – nur irgendwo
und heute, heute, heute.
5   Drin schuften sie
        wies liebe Vieh,
sie hörn vom Chef die Schritte.
Und murren sie, so höhnt er sie:
    „Wenns Ihnen nicht passt – bitte!"

10 Mensch, duck dich. Muck dich nicht zu laut!
Sie zahln dich nicht zum Spaße!
Halts Maul – sonst wirst du abgebaut,
dann liegst du auf der Straße.
    Acht Stunden nur?
15   Was ist die Uhr?
Das ist bei uns so Sitte:
Mach bis um zehne Inventur…
    „Wenns Ihnen nicht passt – bitte!"

Durch eure Schuld.
20   Ihr habt euch nie
    geeint und nie vereinigt.
Durch Jammern wird die Industrie
und Börse nicht gereinigt.
    Doch tut ihr was,
25   dann wirds auch was.
    Und ist's soweit,
    dann kommt die Zeit,
wo ihr mit heftigem Tritte
und ungeahnter Schnelligkeit
30 herauswerft eure Obrigkeit:
    „Wenns Ihnen nicht passt – bitte!"

Kurt Tucholsky, Gesammelte Werke, Band 4 [1925–1926], Reinbek 1975, S. 327.

7 Demokratie auch in der Wirtschaft?

a) *Als Gegengewicht gegen die wirtschaftliche Konzentration und den Wandel der Produktionsverfahren forderten die Gewerkschaften:*
Die Demokratisierung der Wirtschaft bedeutet die schrittweise Beseitigung der Herrschaft, die sich auf dem Kapitalbesitz aufbaut, und die Umwandlung der leitenden Organe der Wirtschaft
5 aus Organen der kapitalistischen Interessen in solche der Allgemeinheit. Die Demokratisierung der Wirtschaft erfolgt mit der immer deutlicher sichtbaren Strukturwandlung des Kapitalismus. Deutlich führt die Entwicklung vom kapitalis-
10 tischen Einzelbetrieb zum organisierten Monopolkapitalismus. Damit wurden auch die Gegenkräfte der organisierten Arbeiterschaft und der politisch-demokratisch organisierten Gesellschaft geweckt …
15 *Die Gewerkschaften forderten u. a.:*
die Erweiterung des Mitbestimmungsrechts der Arbeitnehmer, die paritätische Vertretung der Arbeiterschaft in allen wirtschaftspolitischen Körperschaften, die Kontrolle der Monopole und
20 Kartelle unter voller Mitwirkung der Gewerkschaften …

Resolution des 13. Kongresses der Gewerkschaften Deutschlands in Hamburg 1928, in: E. Pankoke, Die industrielle Arbeitswelt in der Rationalisierungs- und Automatisierungsphase, 2. Auflage, Stuttgart 1975, S. 84 f.

b) *Die deutschen Unternehmer antworten auf solche Forderungen:*
Die Wirtschaftsdemokratie, wie sie von sozialistischer Seite angestrebt wird, lähmt die Initiative und tötet die Verantwortungsfreudigkeit, ohne die kein Fortschritt möglich ist … Die deutsche
5 Wirtschaft muss frei gemacht werden. Sie muss verschont bleiben von Experimenten und politischen Einflüssen, die von außen her in den Wirtschaftsprozess hineingetragen werden …

Aus der Denkschrift „Aufstieg oder Niedergang", veröffentlicht vom Präsidium des Reichsverbandes der deutschen Industrie am 2. Dezember 1929.

a) Was unterscheidet die deutsche Entwicklung von der Entwicklung in den USA? Was wird aus den USA übernommen, was nicht (M2–M5, VT)?
b) Diskutiert die Forderungen der Gewerkschaften aus der Sicht von Arbeitnehmern und Unternehmern (M7a und b).
c) Was wirft Tucholsky den Angestellten vor? Was rät er ihnen (M6)?
d) Welche Probleme von Frauenarbeit werden in M4 angesprochen? Sind es heute noch Probleme?
e) Was empfanden manche als skandalös am Typ der „neuen Frau" (M1 und M5)? Beziehe dabei auch M8 (R. Korherr) im Kapitel „Die ‚Goldenen Zwanziger'" mit ein. Welche „Frauenbilder" lassen sich unterscheiden?

Die Große Krise

„Wetterleuchten über der Vorstadt",
Gemälde des Dresdener Malers und
Grafikers Hans Grundig (1901–1958) von
1933.
Oben links: Mädchen der bündischen
Jugend „auf Fahrt" (Mitte der zwan-
ziger Jahre).
Unten links: Berlin, Linkstraße 1928.
Unten rechts: Arbeitslose im Deutschen
Reich (in Millionen) und Wahlergebnisse
der NSDAP.

Zahl der
Abgeordneten

Arbeitslose

1924 1925 1926 1927 1928 1929 1930 1931 1932 1933

1. Zu viele Veränderungen in zu kurzer Zeit?

„Untergang des Abendlandes"?

1918 veröffentlichte der Kulturphilosoph Oswald Spengler ein Aufsehen erregendes Werk: „Der Untergang des Abendlandes". Spengler glaubte vorhersagen zu können, dass dieser Untergang unausweichlich sei. Damit traf er eine Grundstimmung seiner Zeit: Viele Zeitgenossen betrachteten den grundlegenden Modernisierungsprozess, der innerhalb kürzester Zeit alle Lebensbereiche erfasst hatte, mit Angst und Vorbehalten.

Veränderungen oder Verschlechterungen?

Auch in Deutschland gab es Neuerungen, die das Leben vieler Menschen grundlegend veränderten: Demokratie und Republik statt Kaiserreich; neue Lebensbedingungen in einer Welt immer noch wachsender Großstädte; die beherrschende Stellung Berlins; Frauenwahlrecht und fortdauernder Kampf von Frauen um Gleichberechtigung; ungewöhnliche, immer neue Ausdrucksformen in der Kunst und freiere Lebensweisen im Alltag. Die ersten kulturellen Importe aus den USA – Filme aus der Traumfabrik Hollywood, Jazzmusik, amerikanische Tänze wie der Charleston und Revuetanzgruppen – stießen bei vielen Deutschen auf radikale Ablehnung. Die modernen Massenkommunikationsmittel – Radio, Schallplatten, Kino, Tonfilm, Illustrierte und Photoreportagen, Boulevardzeitungen mit mehreren Ausgaben an einem Tag – setzten sich durch. Sie erreichten und beeinflussten in kürzester Zeit Millionen von Menschen.

Plakat mit Rennfahrerin

MERCEDES-BENZ

Die Weltstadt Berlin verkörperte diese moderne Welt. Viele Menschen, insbesondere Künstler, Schriftsteller und Wissenschaftler, schätzten die Atmosphäre von Urbanität, Liberalität und Toleranz, die die Großstädte ausstrahlten.

Viele andere Deutsche aber empfanden die rasche Modernisierung als Krise. Sie reagierten verwirrt und unsicher, oft auch radikal ablehnend oder abwehrend. Wie würden die ratlosen und verunsicherten Frauen und Männer sich verhalten, wenn sich weitere tief greifende Veränderungen und weitere Schwierigkeiten einstellten? Drohte dann eine wirkliche Krise, eine „Große Krise"?

1 *„Feldarbeit", Ölgemälde von Werner Peiner, 1931. 1933, in dem Jahr, in dem die Nationalsozialisten den Reichskanzler stellten, malte Peiner ein sehr ähnliches Bild mit einem pflügenden Bauern. Er nannte das Bild nun „Deutsche Erde". – Beschreibt das Bild und diskutiert seine Zeitbezogenheit.*

2 „Untergang des Abendlandes"?

Der Philosoph Oswald Spengler, der mit seinen Schriften großen Einfluss auf des Denken seiner Zeit ausübte, schrieb 1918:

Weltstadt und Provinz – mit diesen Grundbegriffen aller Zivilisation tritt ein neues Formproblem der Geschichte hervor, das wir Heutigen gerade durchleben ohne es in seiner ganzen Tragweite
5 auch nur entfernt begriffen zu haben. Statt einer Welt eine Stadt, ein Punkt, in dem sich das ganze Leben weiter Länder sammelt, während der Rest verdorrt; statt eines formvollen, mit der Erde verwachsenen Volkes ein neuer Nomade, ein Parasit,
10 der Großstadtbewohner, der reine, traditionslose, in formlos fluktuierender Masse auftretende Tatsachenmensch, irreligiös, intelligent, unfruchtbar, mit einer tiefen Abneigung gegen das Bauerntum (und dessen höchste Form, den
15 Landadel), also ein ungeheurer Schritt zum Anorganischen, zum Ende.

Oswald Spengler. Der Untergang des Abendlandes – Umrisse einer Morphologie der Weltgeschichte, Band 1: Gestalt und Wirklichkeit, 15.–22. unveränderte Auflage, München 1920, S. 45.

3 „… das Ende aller Dinge"?

Der Pädagoge und Geistliche Günter Dehn 1929 über die Jugendlichen seiner Zeit:

Wollte man sie nach dem Sinn des Lebens fragen, so könnten sie nur antworten: „Was es eigentlich soll, das wissen wir nicht und es interessiert uns auch nicht, es zu erfahren. Da wir
5 aber nun einmal leben, so wollen wir auch vom Leben so viel haben wie nur irgend möglich." Verdienen und Vergnügen, das sind die beiden Angelpunkte des Daseins, wobei unter Vergnügen beides, das Edle und das Unedle, von primi-
10 tiver Sexualität und Jazzmusik bis zu neuproletarischer, künstlerischer einwandfreier Wohnkultur und rational durchgeführter Körperpflege, zu verstehen ist. Eins steht jedenfalls fest: diese Jugend hat durchaus die Absicht, ‚mit festen, mar-
15 kigen Knochen auf der wohlgegründeten dauernden Erde zu stehen'. Aus dieser Welt und aus ihr allein sucht man für sich herauszuholen, was man nur herausholen kann. Dieses Volk ist wirklich amerikanisiert bis in die Wurzeln seines Den-
20 kens, bewusst und selbstverständlich oberflächenhaft. Immer wieder muss man, wenn man mit ihm in Berührung kommt, denken: nicht etwa der Sozialismus, sondern der Amerikanismus wird das Ende aller Dinge sein.

Zit. nach: Detlev J. K. Peukert, Die Weimarer Republik – Krisenjahre der klassischen Moderne, Frankfurt a. M 1987, S. 178 f.

4 „Die Stadt". *Holzschnitt des belgischen Malers und Grafikers Frans Masereel (1889-1972), zu einem Verkehrsunfall in der Großstadt, 1925.*

5 Ein Führer *aus der völkischen Jugendbewegung forderte 1925:*

Kaiser Wilhelms II. Verfehlung liegt in dem Wort: ‚Unsere Zukunft liegt auf dem Wasser'. Nein, und tausendmal nein, sie liegt auf dem Land. Durch unsere Jugend geht ein Ahnen, dass die Industrie,
5 der Moloch Großstadt, Geschlechter in zwei–drei Generationen ruiniert und rassisch und völkisch unfehlbar entwurzelt … Deutsche Jugend ist bereit, die schwere Landarbeit aus Pflichtbewusstsein gegen das Volk und Vaterland auf sich
10 zu nehmen … sich vorzubereiten auf den Zeitpunkt, wo die Provinz Deutschland für die Morgan- und Wallstreetbanken nicht mehr die notwendigen Dividenden abwirft … Dann wird die Not der Stunde verlangen, dass das deutsche
15 Volk sich nach Osten ausdehnt, ein Bauernvolk wird. In dieser Arbeit auf weite Sicht, ein Heer des Spatens und des Schwertes zugleich aus gesunder deutscher Jugend zu schaffen, verlangen wir die tatkräftige Mithilfe des deutschen
20 Grundbesitzes.

Friedrich Schmidt, Ein Wort an die Gutsbesitzer, in: Deutsche Bauernhochschule, Jg. V (1925), S. 50

6 *„Kabarett-Café"* (1928) von Adolf Uzarski.

7 *„Hoffnung Berlin"? Der Schriftsteller Heinrich Mann schrieb in den zwanziger Jahren:*
Die Zukunft Deutschlands wird heute andeutungsweise vorausgelebt in Berlin. Wer Hoffnung fassen will, blicke dorthin … Die Vereinheitlichung Deutschlands wird, sicherer als durch Ge-
5 setze, durch die werbende Kraft des Zivilisationsherdes geschehen, der das … heranwachsende Berlin ist. Ja, Berlin wird, so wenig es sich dies träumen ließ, die geliebte Hauptstadt sein.

Zit. nach: Christian Graf von Krockow, Die Deutschen in ihrem Jahrhundert 1890–1990, Reinbek bei Hamburg 1990, S. 151.

8 **Ein anonymer Schreiber** *(vermutlich der Nationalsozialist Alfred Rosenberg), 1929:*
Heute ist aus den Tiefen der uns alle versuchenden Weltstädte der Untermensch heraufgestiegen. Millionen unselig Entwurzelter sind auf den Asphalt geworfen, arm an Raum, entnationali-
5 siert, richtungslos preisgegeben jeglichen schillernden Volksverführern, die heute in der sog. Weltpresse Mulatten- und Negerkultur als die höchsten Errungenschaften der Jetztzeit aufzutischen wagen. Sie sind in gleicher Weise die Vor-
10 bereiter des Verfalls wie einst die internationalen Hellenisten im verkommenen Griechenland und wie die syrisch-afrikanischen Salons im untergehenden Rom.

„Anonym", Geisteswende, in: Mitteilungen des Kampfbundes für deutsche Kultur, Jg. I (1929), H. 1, S. 2.

9 *„Hausvogteiplatz", Aquarell von Rudolf Schlichter, um 1926. Stilrichtung: „Neue Sachlichkeit". Es enthält merkwürdig drohende Zeichen und merkwürdige Reaktionen darauf.*

a) *Vergleiche die Einstellungen der Menschen zum Problem der Modernisierung damals und heute.*
b) *Diskutiert die Auffassungen über die Großstädte in M3, M4, M8 und M9.*
c) *Versucht, die raschen und tief greifenden Veränderungen mit den Augen älterer Leute zu sehen, die im Kaiserreich aufgewachsen sind.*
d) *Diskutiert die Veränderungen aus der Sicht damals junger Menschen – Frauen und Männer, aus Stadt und Land.*

2. Die „Goldenen Zwanziger" – Künstler suchen nach Antworten auf die Fragen der Zeit

1 Großstadt, linker und mittlerer Teil eines Triptychons von Otto Dix, 1927/28: *Der 1891 bei Gera gebo-rene Maler (gest. 1969) hatte den Ersten Weltkrieg als Freiwilliger erlebt. Nach dem Krieg wurde er Meisterschüler an der Dresdener Kunstakademie, an der er bis zu seiner Entlassung durch die Natio-nalsozialisten 1933 lehrte.*

Kunst zwischen Unterhaltung ...

Die Weimarer Republik erholte sich nach 1923 scheinbar rasch. Die „Goldenen Zwanziger" brachen an. Lebensstil und Unterhaltung aus den USA galten als Vorbild. In den Metropolen wie Berlin vergnügte sich die bürgerliche Gesell-schaft zu neuen amerikanischen Rhythmen wie Charleston und Jazz. „Girls" der Tanzrevuen und die nur mit einem Bananenröckchen bekleidete farbige Tänze-rin Josephine Baker unterhielten das Publikum. Der erste Tonfilm entstand in Hollywood und Walt Disney erfand die Mickymaus.

... und Weltkriegserfahrung

Viele Menschen taten sich jedoch schwer mit den „Golden Twenties": Der Krieg war vorbei, doch die erlittenen Schrecken hatten tiefe Wunden hinterlassen und die Zukunft schien ungewiss: Würde die neue Republik in dieser politisch unru-higen Zeit überhaupt bestehen können? Würde die neue Zeit alle Erwartungen und persönlichen Hoffnungen erfüllen? Schriftsteller und bildende Künstler setz-ten sich mit diesen Fragen auseinander. Dabei schienen ihnen die altherge-brachten künstlerischen Ausdrucksformen oft nicht mehr geeignet zu sein, besonders junge Künstler experimentierten daher viel.

Surrealismus und „Neue Sachlichkeit"

Schon während des Krieges lösten sich die Dadaisten in Zürich, Paris und Ber-lin vom Gegenständlichen und Ideal des „Guten, Wahren, Schönen". Mit satiri-schen und schockierenden Montagen von Bild- und Textfetzen schufen z.B. John Heartfield und George Grosz „Antikunst" gegen die Normen der bürgerlichen

Gesellschaft. Sie wurden Vorbild für neue Kunstrichtungen wie die Surrealisten, die mit ähnlichen Stilmitteln die unterbewusste Traumwelt zum Ausdruck brachten. Viele Künstler blieben aber auch bei der realistischen Darstellung der Wirklichkeit. Diese „Neue Sachlichkeit" zeigte in Großstadtszenen und der Darstellung anonymer Straßenschluchten Angst und Leere der Menschen. Ihr sachlicher Stil beeinflusste auch Wohnungsbau, Wohnkultur und Mode der Zeit.

Experimentierfreudige Kunst in Dresden

An den Hochschulen spalteten sich experimentierfreudige Künstler, wie schon zur Jahrhundertwende, vom traditionellen Kunstbetrieb ab (= Sezession). In Dresden gründeten solche Künstler, unter ihnen Otto Dix, Conrad Felixmüller und Peter A. Boeckstiegel, die „Dresdner Sezession-Gruppe 1919". Mit ihren Grundsätzen „Wahrheit - Brüderlichkeit - Kunst" suchten sie unter Wahrung persönlicher künstlerischer Freiheit nach neuen Ausdrucksformen. Auch der Ortsverband Dresden der nach dem Vorbild sowjetischer Künstlervereinigungen gegründeten „Association Revolutionärer Bildender Künstler Deutschlands (Asso)" mischte sich gegen Ende der Zwanziger in die Kunstszene der sächsischen Metropole ein. Der Ausdruckstanz von Mary Wigman und Gret Palucca machte beide Dresdener Tänzerinnen und ihre Tanzschulen berühmt.

Literatur und Theater

ERICH MARIA REMARQUE

Jm Westen nichts Neues

Remarques Buch ist das Denkmal unseres unbekannten Soldaten Von allen Toten geschrieben

Auch Schriftsteller, Dichter und Dramatiker diskutierten heftig über Wesen und Aufgabe von Literatur und suchten nach neuen Ausdrucksformen. Viele Autoren, z.B. Stefan Zweig und Erich Maria Remarque, warnten mit Romanen über den Weltkrieg und seine Folgen: Nie wieder Krieg! Andere, wie Thomas und Heinrich Mann oder Alfred Döblin, erlangten mit Werken Weltruhm, in denen sie sich mit alten überlebten Gesellschaftsnormen und Missständen der Gegenwart auseinandersetzten. Junge Schriftsteller wie Bertolt Brecht verbanden ihre literarische Arbeit zunehmend mit politischem Engagement in Gruppierungen links der SPD. Theaterregisseure wie Max Reinhardt oder Erwin Piscator provozierten das bürgerliche Publikum, indem sie nicht „die Welt von gestern und vorgestern, … sondern unsere Welt in ihrer ganzen Unerbittlichkeit, Härte, Grausamkeit, so wie sie tatsächlich ist" (Piscator 1927), auf die Bühne holten.

2 „Triadisches Ballett"
Der Maler Oskar Schlemmer wirkte auch als Choreograf. In seinem „Triadischen Ballett" stand der durch die Tanzbewegung sich selbst und den Raum erfahrende Mensch im Zentrum. Bühne sowie Masken und Kostüme gestalteten Bauhäusler, wobei Licht und Farbe neuartige Wirkungen hervorriefen.

Das Bauhaus in Weimar und Dessau

Teeservice von Marianne Brandt, 1924

Stahlrohrstuhl von Marcel Breuer

Kulturkritik an der Moderne

Die Suche nach Neuem griff auch auf die Architektur über. 1919 gründete der Architekt Walter Gropius aus der Sächsischen Kunstgewerbeschule und der Hochschule für Bildende Künste das „Staatliche Bauhaus in Weimar". Es gelang ihm, moderne Plastiker und Maler wie Lyonel Feininger, Paul Klee und Wassily Kandinsky für eine Lehrtätigkeit zu verpflichten. Als das Bauhaus 1926 nach Dessau umziehen musste, plante Gropius einen Neubau aus Beton, Glas und Eisen, dessen schlichte Funktionalität der kaiserzeitlichen Backsteinarchitektur entgegenstand. 1933 wurde es auf Druck der Nationalsozialisten aufgelöst, weshalb viele Bauhausmeister ins Ausland emigrieren mussten. Heute ist es wieder wissenschaftlich-kulturelles Zentrum am Rande der Industrieregion Halle-Bitterfeld.

Gropius und die Bauhäusler hatten sich der Idee verschrieben, die menschliche Umwelt durch ihr handwerklich-künstlerisches Schaffen würdiger zu gestalten. Veränderungen im Städte- und Wohnungsbau waren ihnen daher besonders wichtig. Sie planten prototypische Häuser mit funktioneller Inneneinrichtung, die die Wohnungsnot lindern und durch ihre industrielle Herstellung für den Normalbürger bezahlbar sein sollten. Beim Einbruch der Massenerwerbslosigkeit erwiesen sich die Komfortwohnungen aber als zu kostspielig, da Zentralheizung und Vollelektrisierung der Küche Einsparungen im Haushalt unmöglich machten.

Die Kunst sollte im alltäglichen Leben des Industriezeitalters ihren Platz finden, indem man Modelle für die preiswerte industrielle Serienproduktion herstellte. Die Werkstätten für Keramik, Weberei, Möbel, Metall, Graphik und Wandmalerei arbeiteten eng mit den Architekten zusammen. Alle Studenten erlernten im Vorkurs grundlegende Werkkunde. Die Wohnumwelt betrachteten die Bauhäusler als Gesamtkunstwerk, das neben dem Bau auch die Innenausstattung u.a. Geschirr, Kunst und soziale Gemeinschaftseinrichtungen wie z.B. Kindergärten umfasste. Im Bauhaus selbst förderten Feste (mit Jazzband und Theater) die Gemeinschaft von Meistern und Studenten, die als große Familie gesehen wurde.

Das Bauhaus musste schließen, weil es den Nazis zu „sozialistisch" schien. Manch einer verunglimpfte die Moderne wegen ihrer Zeitkritik oder ihrer politischen Einstellung aggressiv als „Verrottung der Kunst" oder als „Kulturbolschewismus". Freilich gab es auch Liebhaber Alter Meister oder der Impressionisten, denen die neuen Ansätze der Kunst- und Lebensgestaltung einfach fremd blieben und die sie deshalb ablehnten.

3 **Laubenganghäuser in Dessau-Törten,** *1928/1930 errichtet. Über „Laubengänge" erreichte man die Wohnungen. Zweckmäßigkeit war ein wichtiges Gestaltungsprinzip. Die Küchen wurden z.B. nach den Bedürfnissen der Bewohner geplant.*

4   *Berlin in den Goldenen Zwanzigern:*
Richard Korherr schrieb über Berlin 1929/30:
Der Zug der Zersetzung geht durch … alles, was
dieser Berliner Geist erzeugt. Das sind Zeichen
einer seelischen und geistigen Sterilität, wie sie
schauerlicher nicht gedacht werden kann. Diese

5 erbärmliche Literatur, diese fratzenhafte Kunst,
die Verniggerung, der Kampf gegen Religion und
Volk und alles Heilige in unserer Kultur, die Ver-
höhnung des Ideals: das ist ein Ausdruck geistiger Entartung, mit einem Wort: Nihilismus …

10 der Bolschewismus des Geistes ist bei der geistigen Hefe Berlins zur Mode geworden.

R: Korherr. Die neue Weltstadt, in : Süddeutsche Monatshefte, Jg. XXVII.

5   *Der heitere Teil des Berlin-Bildes*
Der Schriftsteller Bernd Ruland schrieb über
Berlin zwischen den beiden Weltkriegen:
Die lauten Straßen und pulsierenden Plätze dieser Weltstadt, ihre stillen Alleen in den Vororten,
ihre repräsentativen Bauten, ihre endlosen Häu-
serreihen … Der vom Verkehr spiegelnde As-

5 phalt … Die bunten Plakate der vierhundert Ki-
nos … die Lichtkaskaden der Reklame … Die
verführerischen Schaufenster, die animierenden
Bars … die lockenden Tanzpaläste … die vielen
Versuchungen des Nachtlebens von einem bisher

10 in Deutschland unbekannten Raffinement. …
Das aufmunternde Schreien … auf den Pferde-
rennbahnen … das alles und noch viel, viel mehr
fügt sich zum heiteren Teil des Berlin-Bildes von
damals zusammen, dem eine unnachahmliche

15 Mischung aus hauptstädtischem Selbstbewusstsein, Kessheit und Tempo den „letzten Pfiff" ver-
lieh.

Bernd Ruland. Das war Berlin. Erinnerungen an die Reichshauptstadt, He-
stia Verlag Bayreuth 1972, S. 35.

6   *Feininger-Haus in Dessau. Eines der von Wal-*
ter Gropius 1926 entworfenen Meisterhäuser,
originalgetreu restauriert.

7   *Auszug aus dem Gründungsmanifest des*
Bauhauses 1919:
Das Endziel aller bildnerischen Tätigkeit ist der
Bau! … Architekten, Maler und Bildhauer müssen
die vielgliedrige Gestalt des Baues in seiner Ge-
samtheit und in seinen Teilen wieder kennen und

5 begreifen lernen, dann werden sie von selbst ihre
Werke wieder mit architektonischem Geiste fül-
len, den sie in der Salonkunst verloren.
Die alten Kunstschulen vermochten diese Einheit
nicht zu erzeugen… Architekten, Bildhauer, Ma-

10 ler, wir alle müssen zum Handwerk zurück! Denn
es gibt keine „Kunst von Beruf". Es gibt keinen
Wesensunterschied zwischen dem Künstler und
dem Handwerker. Der Künstler ist eine Steigerung
des Handwerkers. …

15 Bilden wir … eine neue Zunft der Handwerker
ohne die klassentrennende Anmaßung, die eine
hochmütige Mauer zwischen Handwerkern und
Künstlern errichten wollte! Wollen, erdenken, er-
schaffen wir gemeinsam den neuen Bau der Zu-

20 kunft, der alles in einer Gestalt sein wird: Architektur und Plastik und Malerei.

Hans Maria Wingler, Das Bauhaus, Bramsche 1975, S. 26.

8   *Der Bauhaus-Architekt Hannes Meyer erin-*
nerte sich an den Bauhaus-Unterricht:
(Es ging nicht um) das individuell hergestellte
Möbel für irgendeinen „modernen" begeisterten
Snob. Sondern (um) das Typenmöbel für den
Volksgebrauch, Produkt moderner Serienherstel-

5 lung, Produkt des Studiums von Volksgewohn-
heiten, sozialer Standardisierung, physiologischer
und psychologischer Funktionen, der Typisie-
rung des Produktionsvorgangs und sorgfältigster
wirtschaftlicher Kalkulation. … Hatte die Metall-

10 werkstatt sich früher mit Silberschmuck und for-
malistischen Lampen beschäftigt, so entsandte sie
jetzt vertragsmäßig monatlich oder wochenweise
einen Mitarbeiter zu Körting & Mathiesen, der
größten deutschen Lampenfabrik in Leipzig, wo

15 er die gesamte Produktion dieser Exportfirma
werkmäßig kontrollierte und Serien-Lampenmo-
delle seiner Werkstatt zur Vollendung überwies.
Von erfinderischen Studenten wurden die starren
Formen des Metallstuhles zum Klappen, Drehen,

20 Federn gebracht und ein höherer biologischer
Nutzeffekt angestrebt. So entstanden etwa für die
Serienproduktion geeignete Arbeitshocker für die
Küche, Arbeitsstühle für Arbeiter, Klappstühle für
Volkssäle.

Zit. nach: Lena Meyer-Bergner (Hrsg.), Hannes Meyer. Bauen und Gesellschaft - Schriften, Briefe, Projekte, Dresden 1980, S. 81ff.

9 **Stützen der Gesellschaft, Gemälde von George Grosz, 1926:** *1893 geboren, studierte er ebenfalls an der Dresdener Kunstakademie, bevor er kurzzeitig als Freiwilliger den Weltkrieg erlebte. Noch während des Krieges war er Mitbegründer der Berliner Dada-Gruppe und trat 1918 der KPD bei. Als Mitarbeiter kommunistischer Satirezeitschriften verurteilte man ihn wegen angeblich unmoralischer Christusdarstellungen als „Gotteslästerer". 1938 durch die Nationalsozialisten ausgebürgert, emigrierte er in die USA und starb 1959 kurz nach der Rückkehr in seine Heimatstadt Berlin.*

10 **Eine Szene aus der revuehaften Szenenfolge „Hoppla, wir leben!" des Dramatikers Ernst Toller (1893–1939) von 1927:** *Karl Thomas kehrt nach Krieg, Revolution, Irrenhaus- und Gefängnisaufenthalt 1927 wieder ins Alltagsleben zurück.*

Karl Thomas: Gib mal deine Hand, Fritz … Was wird mit dieser Hand, wenn eine Kugel sie durchlöchert?

Fritz: Dankschön. Futsch.

5 Karl Thomas: Was wird mit deinem Gesicht, wenn es ein Quentchen Giftgas umnebelt? Hast du es in der Schule gelernt?

Grete: Und ob! Zerfressen wird's. Ratzekahl. Und dann stirbt man.

10 K.T.: Möchtest du sterben?

Grete: Sie fragen komisch. Natürlich nicht.

K.T.: Und nun will ich euch eine Geschichte erzählen. Kein Märchen. Eine Geschichte, die passiert ist, bei der ich dabei war. Während des Krie-

15 ges lag ich irgendwo in Frankreich im Schützengraben. Plötzlich, nachts, hörten wir Schreie, so, als wenn ein Mensch furchtbare Schmerzen leidet. Dann war's still. Wird wohl einer zu Tode getroffen sein, dachten wir. Nach einer Stunde ver-

20 nahmen wir wieder Schreie und nun hörte es nicht mehr auf. Die ganze Nacht schrie ein Mensch. Den ganzen Tag schrie ein Mensch. Immer klagender, immer hilfloser. Als es dunkel wurde, stiegen zwei Soldaten aus dem Graben

25 und wollten den Menschen, der verwundet zwischen den Gräben lag; hereinholen: Kugeln knallten und beide Soldaten wurden erschossen. Nochmal versuchten's zwei. Sie kehrten nicht wieder. Da kam der Befehl, es dürfe keiner mehr

30 aus dem Graben. Wir mussten gehorchen. Aber der Mensch schrie weiter. Wir wussten nicht, war er Franzose, war er Deutscher, war er Engländer. Er schrie, wie ein Säugling schreit, nackt, ohne Worte. Vier Tage und vier Nächte schrie er. Für

35 uns waren es vier Jahre. Wir stopften uns Papier in die Ohren. Es half nichts. Dann wurde es still. Ach, Kinder, vermöchte ich Phantasie in euer Herz zu pflanzen wie Korn in durchgepflegte Erde! Könnt ihr euch vorstellen, was da geschah?

40 Fritz: Doch.

Grete: Der arme Mensch.

K.T.: Ja, Mädchen, der arme Mensch! Nicht: der Feind. Der Mensch. Der Mensch schrie. In Frankreich und in Deutschland und in Russland

45 und in Japan und in Amerika und in England. In solchen Stunden, in denen man, wie soll ich's sagen, hinabsteigt bis zum Grundwasser, fragt man sich: Warum das alles? Wofür das alles? Würdet ihr auch so fragen?

50 Fritz, Grete: Ja.

Aus: Ernst Toller, Hoppla, wir leben!, in: Günther Rühle, Zeit und Theater. Von der Republik zur Diktatur, Bd. 2 1925-1933, Propyläen Verlag Berlin 1972, S.155-236, S. 190 f.

11 Kurt Tucholsky „Mutterns Hände":

Hast uns Stulln jeschnitten un Kaffe jekocht
un de Töppe rübajeschohm, hast jewischt und
    jenäht
un jemacht und jedreht … alles mit deine Hände

5 Hast de Milch zujedeckt, uns Bobons zujesteckt
un Zeitungen ausjetragen hast die Hemden
    jezählt
un Kartoffeln jeschält … alles mit deine Hände.

Hast uns manches Mal bei jroßen Schkandal
10 auch'n Katzenkopp jejeben. Hast uns hoch
    jebracht.
Wir wahn Sticker acht, sechse sind noch am
    Leben …
alles mit deine Hände.

15 Heiß warn se un kalt. Nu sind se alt.
Nu bist du bald am Ende. Da stehn wa nu hier,
und denn komm wir bei dir und streicheln deine
    Hände.

Kurt Tucholsky, Deutschland, Deutschland ueber alles. Reinbek 1973, S. 171.

12 Eine ganz und gar neue Welt

Lotte Goslar, eine Schülerin Paluccas, berichtet über ihre erste Begegnung mit ihr:
Und dann eines Tages in der Schule, der große Schock! Zwei Schülerinnen tanzen bei einer Feier eine gymnastische Etüde. Irgendwer sagt, dass sie bei Palucca Stunden nehmen. Mit einem gewalti-
5 gen Riss öffnet sich plötzlich das bisher so geliebte Elfenpanorama. Eine ganz und gar neue Welt steht da, die mir den Atem verschlägt: karg, ein-fach, unverziert. Keine Schleier, keine Rüschen, keine Glöckchen. Statt dessen etwas wie Badetri-
10 kots: einer blau, einer leuchtend gelb. Starke Far-ben, ganz einfache Formen. Der Körper selbst spricht. Die Bewegungen erzählen keine Ge-schichten: Sie sind Bewegungen „an sich". Das

Einzige, was diese neue Welt mit meiner alten ver-
15 bindet, ist dieselbe Freude, die „Lust am Tanzen", die mich – es schien vor tausend Jahren – durch den elterlichen Korridor jagen ließ. Es gab nur ei-nes. Ich musste „zur Palucca". Danach gab es kein Halten mehr. Irgendwer schenkte mir einen kur-
20 zen Laienkurs bei Mary Wigman. Unterste Klasse der grünsten Anfänger. Ich aß, schlief, träumte, lief, radelte modernen Tanz. Die Muskeln brannten, die Phantasie raste. … Ich wollte tanzen, wie man atmet. Da traf ich die Palucca. … Erst später
25 wusste ich, was für eine geniale Pädagogin sie schon damals war. Nicht so wie sie zu sein, aber so echt wie sie auf eigene Art, war das große Ziel.

Zit. nach: Gerhard Schumann, Palucca. Porträt einer Künstlerin, Henschel-verlag Kunst und Gesellschaft, Berlin (Ost) 1972, S. 72 ff.

13 Ausdruckstanz der Gret Palucca.
Der Ausdruckstanz der Palucca war von raum-greifenden Sprüngen, Improvisation und Kör-perbeherrschung geprägt. 1902 in München geboren, studierte sie Tanz bei Mary Wigman und wurde eine gefeierte Solotänzerin. 1925 gründete sie in Dresden ihre eigene Tanz-schule, an der heute noch Tänzerinnen und Tänzer ausgebildet werden.

a) *Interpretiere die Bilder von Otto Dix und George Grosz. Mit welchen künst-lerischen Mitteln stellten sie ihre Zeitkritik dar?*
b) *Versucht die Szene aus Tollers „Hoppla, wir leben!" oder andere Nach-kriegsstücke in der Klasse nachzugestalten.*
c) *Vergleiche die Frauenbilder aus Dix' „Großstadt" und Tucholskys Gedicht.*
d) *Erläutere anhand der Fotos und Dokumente die künstlerische „Weltan-schauung" des Bauhauses.*
e) *Magdeburg beispielsweise erlebte in den Zwanziger Jahren einen Woh-nungsbauboom. Siehst du Zusammenhänge mit der Bauhauslehre?*
f) *Was war an Gret Paluccas Tanz für die damalige Zeit neu?*

3. Weltwirtschaftskrise – Grenzen des Wachstums

24. Oktober 1929 _____ *Am „Schwarzen Freitag" beginnt die Weltwirtschaftskrise.*
Frühjahr 1931 _____ *Die Weltwirtschaftskrise greift auf Deutschland über.*

„Verbannung von Armut und Furcht"?

Der republikanische Präsidentschaftskandidat Herbert Hoover hatte 1928 auf dem Höhepunkt des wirtschaftlichen Aufschwungs erklärt, die USA seien „dem Ideal der Verbannung von Armut und Furcht aus dem Leben von Männern und Frauen nähergekommen als jemals zuvor in irgendeinem anderen Land". Im Jahr darauf brach die bis dahin und bis heute schwerste Krise der Weltwirtschaft aus – ausgehend von den USA, dem neuen Zentrum der Weltwirtschaft.

Ursachen der Krise

Amerikanische Konzerne hatten schon vor dem Krieg auch im Ausland investiert; amerikanische Banken als Kreditgeber gewannen mit den Konzernen großen wirtschaftlichen und politischen Einfluss und entwickelten eine besondere Form des Imperialismus, den „Dollarimperialismus". Die Kredite waren vorwiegend zur Modernisierung der Industrie und Landwirtschaft eingesetzt worden. Um an den wirtschaftlichen Erfolgen teilhaben zu können, hatten immer mehr Amerikanerinnen und Amerikaner Aktien gekauft und mit ihrem Geld weitere Investitionen ermöglicht. Durch die Gewinne (Dividenden) und die ständige Nachfrage hatten die Aktien zunächst an Wert gewonnen. Die Produktion langlebiger Verbrauchsgüter und landwirtschaftlicher Erzeugnisse stieg aber stärker als die Nachfrage. Die Überproduktion in der Landwirtschaft ließ die Getreidepreise fallen. Viele Farmerfamilien mussten ihre Farmen aufgeben. In der Industrie geriet der Absatz langlebiger Verbrauchsgüter ins Stocken; die Produktion wurde eingeschränkt; Entlassungen folgten. Dadurch sank die Kaufkraft und die Nachfrage wurde noch geringer. Die Unternehmen drosselten weiter die Produktion und entließen viele Arbeitskräfte in die Arbeitslosigkeit.

1 **„Employment Agency"**
Der amerikanische Künstler Isaac Soyer malte 1937 Arbeitslose in einem Büro für Arbeitsvermittlung. –
(1) Beschreibe das Bild und die einzelnen Personen.
(2) Wie deutest du die Haltung der Personen?
(3) Was drückt das Bild für dich aus?
(4) Wie steht der Maler zu den Personen?

2 **Börsenkrach an der Wall Street**
Zeitgenössische Darstellung.

3 **Schlange von Arbeitslosen** *auf dem Broadway in New York, 1932.*

**Der „schwarze Freitag"
und die Folgen**

Als die Schwierigkeiten der Industrie bekannt wurden, bekamen viele Aktienbesitzer Angst, dass ihre Aktien rasch an Wert verlieren würden. Keiner wollte Aktien kaufen; aber viele wollten ihre Wertpapiere so schnell wie möglich verkaufen. Die Kurse der Aktien fielen von einem Tag auf den anderen. Aktienbesitzer, gestern noch wohlhabende oder reiche Leute, verloren über Nacht ihr Vermögen und wurden von heute auf morgen zu Habenichtsen.

Die Krise erschütterte die amerikanische Wirtschaft und Gesellschaft. „Prosperity for ever" hatten die meisten Amerikaner erwartet. Das schockartige Ende des Booms stellte das ganze „Amerikanische System" in Frage.

Amerikanische Banken forderten in der Krise ihre kurzfristigen Kredite aus dem Ausland, auch aus Deutschland, zurück. Als Kreditgeber und damit Gläubiger fast aller Staaten der Welt und aufgrund der weltweiten wirtschaftlichen Verflechtungen der amerikanischen multinationalen Konzerne exportierten die USA zwangsläufig die eigene Krise und lösten die Weltwirtschaftskrise aus. Im Frühjahr 1931 griff die Krise voll auf Deutschland und die übrigen europäischen Länder über. In allen Industrienationen und in allen Staaten, die durch Monokulturen vom Weltmarkt abhängig waren (wie etwa Brasilien mit Kaffee), wurden arbeitswillige Frauen und Männer bald arbeitslos, gerieten Millionen von Menschen in Not und Armut.

„Krise", Holzschnitt von Gert Arntz, 1931

Weltwirtschaftskrise verweist als historischer Begriff auf die wirtschaftlichen Krisenjahre nach 1929 und ihre politischen Folgen. Der Begriff zeigt darüber hinaus allgemeine Bedingungen und Gefährdungen der Weltwirtschaft: Die nationalen Volkswirtschaften sind durch Handel, Kredite und Kapital international verflochten und voneinander abhängig; die USA sind die stärkste Wirtschaftsmacht der Welt – weltwirtschaftliche Konjunkturen oder Depressionen in den USA schlagen auf die Weltwirtschaft durch; das Zentrum der Weltwirtschaft ist bis heute das Banken- und Börsenviertel New Yorks, die Wall Street, geblieben.

4 Daten zur Weltwirtschaftskrise

a) *Arbeitslosigkeit in den USA*
(Jahresdurchschnitt)

1929	1 550 000	3,2 Prozent
1930	4 340 000	8,7 Prozent
1931	8 020 000	15,9 Prozent
1932	12 060 000	23,6 Prozent

b) *Arbeitslosigkeit in Deutschland*
(Jahresdurchschnitt)

1929	1 899 000	8,5 Prozent
1930	3 076 000	14,0 Prozent
1931	4 520 000	21,9 Prozent
1932	5 603 000	29,9 Prozent

Zit. nach Ploetz, Das Dritte Reich, Freiburg 1983, S. 99.

5 Arbeitslosigkeit: „Kleiner Mann – was nun?"

Deutschland 1932: Der arbeitslose Angestellte Pinneberg – früher Verkäufer in einem Bekleidungsgeschäft, verheiratet, ein Kind – geht verzweifelt durch die Straßen Berlins; er weiß nicht, wie er seine Familie ernähren soll:

Da ist eine große Delikatessenhandlung, strahlend erleuchtet. Pinneberg drückt sich die Nase platt an der Scheibe … Eine Stimme sagt halblaut neben ihm: „Gehen Sie weiter!" Pinneberg
5 fährt zusammen, er hat richtig einen Schreck bekommen, er sieht sich um. Ein Schupo steht neben ihm. Hat er ihn gemeint?
„Sie sollen weitergehen, Sie, hören Sie!", sagt der Schupo laut. Es stehen noch mehr Leute am
10 Schaufenster, gut gekleidete Herrschaften, aber denen gilt die Anrede des Polizisten nicht, es ist kein Zweifel, er meint allein von allen Pinneberg. Der ist völlig verwirrt. „Wie? Wie? Aber warum –? Darf ich denn nicht –?"
15 Er stammelt, er kapiert es einfach nicht …
Alle Leute starren auf Pinneberg. Es sind schon mehr stehen geblieben, es ist ein richtiger beginnender Auflauf. Die Leute sehen abwartend aus, sie nehmen weder für noch wider Partei, gestern
20 sind in der Friedrich und in der Leipziger Schaufenster eingeworfen.
Der Schupo hat dunkle Augenbrauen, blanke, gerade Augen, eine feste Nase, rote Bäckchen, ein schwarzes Schnurrbärtchen unter der Nase …
25 „Wirds was?", sagt der Schupo ruhig. Pinneberg

Zeitgenössische Literatur befragen

Hans Fallada hat Johannes Pinneberg für seinen Roman „Kleiner Mann, was nun?" erfunden, der im Jahr 1932 spielt und im gleichen Jahr geschrieben wurde. Kann man zeitgenössische Erzählungen als historische Quellen ansehen? Kann man aus ihnen erfahren, wie Menschen in ihrer Zeit gelebt haben? Literarische Texte sind, wie Werke der bildenden Kunst, „nur" Fiktionen, Erfindungen. Sie können dennoch ein hohes Maß an „Authentizität", an Wirklichkeitsnähe haben. Oft wirken fiktive Personen auf uns „wirklicher" als manche Person, über die uns Historikerinnen und Historiker berichten, weil wir an ihrem Sprechen und Denken, Handeln und Leiden, an ihren Gefühlen und Überlegungen, Träumen und Enttäuschungen teilhaben.

Wie aber kann man wissen, ob Erzählungen oder Bilder von Zeitgenossen Wirklichkeit oder Fast-Wirklichkeit wiedergeben? Finde selber Antworten auf die Frage – mit folgenden kleinen Hilfestellungen:

– Wer ist der Künstler? War er Zeitgenosse? Welche Informationen über ihn, über seine gesellschaftliche Stellung, seine politische Einstellung und über das Buch lassen sich aus Lexika oder durch Nachfragen bei Fachleuten zusammentragen?

– Wirkt die Erzählung wie ein Abbild der Wirklichkeit? Oder sind Elemente von Übertreibung, Verzerrung, Kitsch oder Unwirklichkeit auszumachen?

– Kann man trotz Übertreibung oder z. B. satirischer Überzeichnung einen „realistischen" Kern herauslösen?

– Vergleiche die Erzählung mit erreichbaren Informationen über die Zeit (aus Schulbüchern oder Geschichtswerken beispielsweise) und erörtere die Wirklichkeitsnähe der Erzählung.

6 *„Kleiner Mann – was nun?"*, Umschlagbild.

7 *„Hunger-Graphik"*, George Grosz, ohne Jahr.

möchte sprechen. Pinneberg sieht den Schupo an, seine Lippen zittern. Pinneberg sieht die Leute an. Bis an das Schaufenster stehen die Leute, gut gekleidete Leute, ordentliche Leute,
30 verdienende Leute.

Aber in der spiegelnden Scheibe des Fensters steht noch einer, ein blasser Schemen, ohne Kragen, mit schäbigem Ulster (Mantel), mit teerbeschmierter Hose.
35 Und plötzlich begreift Pinneberg alles, angesichts dieses Schupo, dieser ordentlichen Leute, dieser blanken Scheibe begreift er, dass er draußen ist, dass er hier nicht mehr hingehört, dass man ihn

zu Recht wegjagt: ausgerutscht, versunken, erle-
40 digt. Ordnung und Sauberkeit: es war einmal. Arbeit und sicheres Brot: es war einmal. Vorwärtskommen und Hoffen: es war einmal. Armut ist nicht nur Elend, Armut ist auch strafwürdig, Armut ist Makel, Armut heißt Verdacht.
45 „Soll ich dir Beine machen?", sagt der Schupo …
Und Pinneberg setzt sich in Bewegung, er trabt an der Kante des Bürgersteiges auf dem Fahrdamm entlang, er denkt an furchtbar viel, an Anzünden, an Bomben, an Totschießen …

Hans Fallada, Kleiner Mann was nun? Reinbek 1950, S. 238 f.

a) Stelle die Zusammenhänge dar, die zur Weltwirtschaftskrise führten (VT).
b) Nur die Sowjetunion blieb von der Weltwirtschaftskrise verschont. Kannst du erklären, warum?
c) Schreibe anhand der Materialien ein Tagebuch über einen Tag im Leben einer oder eines Arbeitslosen (M1–3, M5, M7).
d) Was kann man für heute aus der Weltwirtschaftskrise lernen?
e) Vergleiche statistische Angaben (M4) und den Romanauszug (M5): Was kann die Statistik, was kann sie nicht? Was leistet der literarische Text mehr oder besser?

4. In den USA: durch Reformen aus der Krise?

Januar 1933 _____ Franklin D. Roosevelt tritt sein Amt als Präsident der USA an.
1935/36 _____ Die Politik des „New Deal" zeigt sich in einschneidenden Reformen.
1936 _____ Roosevelt wird mit überwältigender Mehrheit wieder gewählt.

„New Deal"

Die Weltwirtschaftskrise wirkte wie ein Schock. In den USA stellte sich die Frage: Konnten die Krise und die Not der betroffenen Menschen ohne eine Änderung des Amerikanischen Systems behoben werden?
Das Elend traf die Menschen in den USA noch härter als in Europa. In den USA gab es kein vergleichbar ausgebautes System der Arbeitslosenversicherung und der Sozialgesetzgebung. Ein solches System schien sich mit dem Amerikanischen System nicht zu vertragen. Im Präsidentschaftswahlkampf des Jahres 1932 versprach der Kandidat der Demokratischen Partei und Gouverneur des Staates New York, Franklin D. Roosevelt, den Amerikanern einen neuen Anfang und eine neue Chance – einen „New Deal". Bei den Wahlen errang Roosevelt einen überwältigenden Sieg über den amtierenden Präsidenten Hoover.

Reformen

Die Regierung Roosevelt griff seit ihrem Amtsantritt, besonders in den Jahren 1935 und 1936, tief in das wirtschaftliche und soziale Leben ein. Staat, Arbeitgeber und Arbeitnehmer sollten sich in gemeinsamen Beratungen über Preise und Löhne verständigen. Die Regierung erkannte die Gewerkschaften als legitime Interessenvertretung der Arbeiterschaft an; die Gewerkschaften erhielten das Recht auf Tarifverhandlungen und der Streik galt fortan als gesetzlich zulässiges Mittel im Arbeitskampf. Die Regierung setzte eine für die USA einschneidende Sozialgesetzgebung durch (Social Security Act 1935/1939). Durch die

1 **„American way of life"?**
Das Foto zeigt Opfer einer Flutkatastrophe in Louisville 1937 – und es zeigt mehr: Es zeigt Menschen, die in einer Schlange stehen, um frisches Wasser zu bekommen. Und es zeigt ein Plakat im Foto. Auf ihm sind ganz andere Menschen zu sehen als in der Schlange. Das Foto ist berühmt geworden. Es ist nicht schwer herauszufinden, warum es berühmt geworden ist.

2 *Zwei amerikanische Karikaturen zum New Deal.* Links von John Bear, 1931; rechts aus der den Republikanern nahe stehenden Chicage Tribune aus dem Jahre 1935.

neue Steuergesetzgebung wurden die Steuerlasten anders als zuvor verteilt. Die Reichen wurden hoch (bis zu 75 Prozent des Einkommens) besteuert, die ärmeren Schichten steuerlich entlastet. Neuartig, ja revolutionär war auch, dass der Staat die wirtschaftlichen Abläufe zu steuern versuchte. Er kurbelte die Wirtschaftstätigkeit an, indem er selbst als großer Arbeitgeber auftrat. Er nahm Kredite auf und machte Schulden (deficit spending), um die nötigen Finanzmittel für öffentliche Aufträge zu beschaffen.

Roosevelt setzte ein weiteres Zeichen, als er Frances Perkins zur Ministerin für Arbeit berief: Sie war die erste Frau in einem amerikanischen Kabinett.

Auf dem Weg zur „welfare democracy"?

Die Regierung Roosevelt konnte nicht alle Reformen durchsetzen; zu groß war der Widerstand von Konservativen und „big business". Sie konnte auch die Folgen der Weltwirtschaftskrise nur lindern. Aber es gelang ihr, politische Radikalisierungen aufzufangen. Die Depression konnte endgültig erst durch die Aufrüstung während des Zweiten Weltkrieges überwunden werden. Wichtiger als unmittelbare Erfolge waren die langfristigen Wirkungen der Politik des New Deal: Die USA machten sich in einer gewaltigen Reformanstrengung auf den Weg zur „welfare democracy". Sie errichteten einen noch sehr unvollkommenen – modernen Sozialstaat, der planend und lenkend in das Wirtschaftsleben eingriff, ohne die politischen Freiheiten zu gefährden und die Demokratie zu zerstören – wie es zur selben Zeit in Deutschland geschah.

Sozialstaat: So nennt man heute einen Staat, der sich durch Verfassung, Gesetzgebung und Maßnahmen dazu bekennt und verpflichtet, für die Verbesserung der Lebens- und Arbeitsverhältnisse schwacher und abhängiger Bevölkerungsschichten mitverantwortlich zu sein. Der Sozialstaat verfolgt durch Sozialpolitik das Ziel, soziale Konflikte und Klassenkämpfe zu vermeiden und sozialen Frieden herzustellen oder zu bewahren. Sozialpolitik trägt damit immer auch dazu bei, die Zustimmung aller Bevölkerungsschichten zu den bestehenden Verhältnissen und zum bestehenden Staat herzustellen oder zu bewahren (Massenloyalität).

3 Zwei Regierungsphilosophien

Präsident Herbert Hoover, der Präsidentschafts-
kandidat der Republikanischen Partei, erklärte
in einer Wahlrede im Oktober 1932:

Dieser Wahlkampf ist mehr als ein Kampf zwischen zwei Männern. Er ist mehr als ein Kampf
zwischen zwei Parteien. Er ist ein Kampf zwischen zwei Regierungsphilosophien. Die Oppo-
5 sition sagt uns, dass wir einen Wechsel brauchen,
dass wir einen New Deal brauchen … Sie schlägt
Veränderungen und so genannte New Deals vor,
die die eigentlichen Grundlagen unseres Amerikanischen Systems zerstören würden … Die
10 ursprüngliche Idee dieses ganzen Amerikanischen Systems ist nicht die Reglementierung von
Menschen, sondern das Zusammenwirken freier
Menschen. Es ist gegründet auf der Vorstellung
von Verantwortlichkeit des Individuums gegen-
15 über der Gemeinschaft, der örtlichen Regierung
gegenüber dem Bundesstaat, des Bundesstaates
gegenüber der Nationalen Regierung … Die
Zentralisation von Regierung untergräbt Verant-
wortlichkeiten und wird das System zerstören …
20 Liberalismus ist eine Kraft, die dem Geist der tiefen Überzeugung entspringt, dass wirtschaftliche
Freiheit nicht geopfert werden darf, wenn politische Freiheit bewahrt werden soll.

Zit. nach: E.H. Merrill, Responses to Economic Collapse, Boston, 1964,
S. 85 ff.

4 Roosevelt *im Wahlkampf 1932 – ein Wahl-kampffoto?*

5 Das Recht auf Arbeit

In einer berühmten Rede sagte Roosevelt am
23. Dezember 1932 in San Francisco:

Jedermann hat das Recht zu leben; und das bedeutet, dass er auch das Recht hat, einen aus-
kömmlichen Lebensunterhalt zu verdienen …
Jedermann hat ein Recht auf sein eigenes Eigen-
5 tum – was ein Recht bedeutet, so weit wie möglich der Sicherheit seiner Ersparnisse gewiss zu
sein … Auf keine andere Weise können Menschen die Lasten jener Teile des Lebens tragen,
die naturgemäß keine Möglichkeit zur Arbeit ge-
10 ben: Kindheit, Krankheit und Alter. In allem
Denken über das Eigentum ist dieses Recht das
höchste; alle anderen Eigentumsrechte müssen
ihm nachstehen … Wenn wir in Übereinstimmung mit diesem Grundsatz die Tätigkeiten des
15 Spekulanten, des trickreichen Geschäftsmannes
und sogar des Finanzmannes einschränken müssen, dann müssen wir nach meiner Überzeugung
diese Einschränkung als notwendig anerkennen,
nicht um den Individualismus zu behindern, son-
20 dern um ihn zu beschützen … Wir wissen, dass
individuelle Freiheit und individuelles Glück
nichts bedeuten, solange sie nicht so geregelt
sind, dass des einen Fisch nicht des anderen Gift
ist … Wir wissen, dass die Freiheit etwas zu tun,
25 was andere dieser elementaren Rechte beraubt,
außerhalb des Schutzes irgendeines Vertrages
steht, und dass die Regierung in dieser Hinsicht
die Aufrechterhaltung eines Gleichgewichts bedeutet.

Zit. nach: E.H. Merrill ebd. S. 83 f.

6 Der New Deal hat Gegner und Anhänger

a) Aus einem Artikel eines Washingtoner Jour-
nalisten, 1936:

Es ist nicht zu leugnen: Es gibt unter den Wohlhabenden eine weitverbreitete Überzeugung,
dass sie geschlachtet werden, um den weniger
Glücklichen einen schönen Tag zu machen. Aber
5 es ist sicher, dass die Wohlhabenden als Klasse
relativ weniger unter den wirtschaftlichen Ereignissen der letzten drei Jahre gelitten haben als
irgendeine andere Klasse … Im Allgemeinen
hängt die Heftigkeit des Hasses direkt mit dem
10 Reichtum der sozialen Gruppe zusammen. Je
größer das Haus, je zahlreicher die Diener, je
prächtiger die Wäsche und das Silber, desto ver-
nichtender und verletzender ist die Anklage
gegen den Präsidenten.

Zit. nach: The New Deal and the American People, ed. by F. Freidel, Engle-
wood Cliffs, N.J. 1964, S. 100 f., Übers. des Verf.

b) *Ein Arbeiter beschreibt 1935 praktische Aus-*
wirkungen der neuen Gesetze:

Gestern war der überraschendste Tag: Dem Boss
wurde befohlen uns nach dem gesetzlichen Lohn
zu bezahlen. Und mehr noch: Ihm wurde befohlen uns nachzuzahlen, was er uns seit dem Be-
5 ginn der gesetzlichen Festlegung schuldete, und
wir kriegten das Geld richtig auf die Hand; Sie
können sich vorstellen, dass mir das Geld gelegen kam ... Aber da ist etwas, das ist mehr wert
als Geld. Das ist das Bewusstsein, dass der Arbei-
10 ter den Bossen und ihren gerissenen Rechtsan-
wälten und allen ihren Tricks nicht allein gegenüber steht. Da ist jetzt eine Regierung, die
dafür sorgt, dass die Dinge gerecht für uns laufen.
Ich sage Ihnen: Das ist mehr als Geld. Es gibt
15 Ihnen ein gutes Gefühl ...

Zit. nach: The New Deal and the American People, ed. by F. Freidel, Engle-
wood Clliffs, N.J. 1964, S. 41, Übers. des Verf.

c) *Eine Industriearbeiterin stellte um 1935 fest,*
was sich durch die Politik des „New Deal" geän-
dert hat:

Bevor der New Deal sich auswirkte, waren wir
gezwungen, in Stoßzeiten jeden Tag 15 Stunden
ohne Überstundenlohn zu arbeiten, und wir wurden gefeuert, wenn wir in die Gewerkschaft gin-
5 gen. Jetzt haben wir unsere Gewerkschaft bekommen, eine annehmbare Arbeitswoche, mehr
Frauen, die hier arbeiten, und wir haben bessere
Löhne gekriegt. Bekam ich früher nie mehr als
8 $ die Woche, krieg ich jetzt nie unter 13,50 $.
10 Wir sind zwar nicht gerade auf Rosen gebettet -
so ist's schließlich noch nicht für die Arbeiter -,
aber es geht uns besser, als ich es jemals erlebt
habe, und ich bin schon seit 9 Jahren in der
Fabrik, seit ich 15 bin.

Zit. nach: The New Deal and the the American People, a. a. O., S. 38, Übers.
des Verf.

7 **„Farmerhoffnung",**
zeitgenössische
US–Karikatur.
Vor allem die kleinen
Farmer und ihre
Familien gerieten in
großes Elend. Viele
richteten ihre ganze
Hoffnung auf Roose-
velt. Der Präsident
versuchte durch ver-
schiedene Maßnah-
men und Gesetze
(u. a. Einkommens-
garantien, Produk-
tionsbeschränkungen,
Kredite) die Lage der
kleinen Farmer zu
verbessern. Er konnte
nicht verhindern, dass
viele ihre Farmen
aufgeben mussten.
Die großen Farmer
waren die Gewinner.

a) Betrachte den New Deal aus der Sicht eines überzeugten Anhängers des
„Amerikanischen Systems" (M2, M3, M6a).

b) Beurteile den New Deal aus der Sicht von weiblichen und männlichen
Arbeitnehmern und von Arbeitslosen (M1, M2, M5, M6b, c und M7).

c) Stelle mögliche Reaktionen auf die Rede Roosevelts (M5) zusammen.

d) Welchen Sinn sollte das „deficit spending" haben (VT)?

5. In Deutschland: eine Mehrheit gegen die Demokratie

5.1 Eine Krise in der Wirtschaft – eine Krise der Demokratie

März 1930 _____ Die Große Koalition aus SPD, DVP, Zentrum, BVP und DDP scheitert an der Frage, wie die Arbeitslosenversicherung geregelt werden kann.

1930 bis 1933 _____ Das Deutsche Reich wird durch Präsidialkabinette mit Notverordnungen regiert (1930–1932 Regierung Brüning, 1932 Regierung von Papen, 1932–1933 Regierung von Schleicher, ab 30. Januar 1933 Regierung Hitler).

Von der parlamentarischen Demokratie zur Diktatur

Von 1919 bis 1930 war das Deutsche Reich eine parlamentarische Demokratie. Ab 1930 war das Deutsche Reich ein autoritär regierter „Notverordnungsstaat". 1933 wurde das Deutsche Reich eine Diktatur. In drei Jahren – eine kürzere Zeitspanne als eine normale Legislaturperiode – gab es vier Regierungen. Innerhalb von drei Jahren wurde aus einer Demokratie eine Diktatur – eine historische Warnung für heute und morgen?

Wie kam es dazu, dass große Teile der Wählerinnen und Wähler sowie der gesellschaftlichen und wirtschaftlichen Führungsschichten bereit waren, für Parteien zu stimmen, die die parlamentarische Demokratie abschaffen wollten?

1 **Wahlplakate** aus der Endphase der Weimarer Republik: (v. l. n. r.) SPD, DNVP, KPD, NSDAP

**Feindbilder:
„die Marxisten" und
„die Juden"**

Als 1929 in den USA die Weltwirtschaftskrise begann, die bald auf alle Indust-riestaaten übergriff, regierte in Deutschland seit 1928 eine „Große Koalition". Sie bestand aus den Parteien, die die Weimarer Republik – mehr oder weniger ent-schieden – bejahten.

Aber die Parteien und Verbände der politischen Rechten kämpften gegen das „Weimarer System", gegen „die Marxisten" und „die Juden". Viele Frauen und Männer vertraten antisemitische Auffassungen. Sie machten „die Juden" zum Sündenbock für alles und jedes. Sie behaupteten: „Die Juden sind an allem schuld!" Die etwa 560 000 Deutschen jüdischer Abstammung – sie machten gerade einmal 0,9 Prozent der deutschen Bevölkerung aus! – waren bösartigen Unterstellungen und Angriffen ausgesetzt.

**Regieren mit
Notverordnungen**

Im März 1930 scheiterte die Große Koalition. Die SPD als Arbeiterpartei und die DVP als Industriepartei hatten sich in einer besonders wichtig werdenden Frage nicht einigen können – in der Frage der Arbeitslosenversicherung. Die fol-genden Regierungen waren „Präsidialkabinette". Sie regierten ohne parlamenta-rische Mehrheiten mit „Notverordnungen" des Reichspräsidenten – nach Arti-kel 48 der Weimarer Verfassung war das zulässig. Wenn die Mehrheit des Parlaments verlangte, dass eine „Notverordnung" aufgehoben wurde, konnte Reichspräsident von Hindenburg das Parlament auflösen und Neuwahlen anset-zen. Auch dies war – nach Artikel 25 der Verfassung – rechtens. Zwischen 1930 und 1933 gab es vier Wahlen zum Deutschen Reichstag.

**Demokraten und
Antidemokraten**

In diesen Jahren spielte das Parlament praktisch keine Rolle mehr. Die republi-kanischen bürgerlichen Parteien und die SPD konnten sich nicht auf eine gemeinsame Politik einigen. Die republikfeindlichen Rechtsparteien und -grup-pierungen – NSDAP, DNVP, Stahlhelm und andere – schlossen sich 1931 zu

einem Bündnis zusammen: zur so genannten „Harzburger Front". Die Linksparteien und -gruppierungen blieben untereinander zerstritten; die SPD bejahte die Weimarer Demokratie, die KPD bekämpfte sie.

Wirtschaftskrise in Deutschland

Ab 1931 griff die Weltwirtschaftskrise voll auf Deutschland über. Vor allem die Regierung des Reichskanzlers Brüning (1930–1932) versuchte – anders als die USA mit dem „New Deal" – die Folgen der Weltwirtschaftskrise durch eine rigorose Sparpolitik zu lindern. Das Ziel dieser Politik war es, trotz hoher staatlicher Ausgaben für immer mehr Arbeitslose, einen ausgeglichenen Haushalt vorzulegen. Die Regierung kürzte mehrfach die Gehälter im öffentlichen Dienst; sie erhöhte gleichzeitig die Steuern und Beiträge für die Arbeitslosenversicherung und kürzte das Arbeitslosengeld. Zur gleichen Zeit senkten die Wirtschaftsunternehmen die Löhne und entließen Personal. Die dadurch sinkende Kaufkraft verschärfte die Krise. Die Gewerkschaften waren bei Lohnabbau und Entlassungen machtlos: Wer noch Arbeit hatte, wollte seinen Arbeitsplatz nicht durch Beteiligung an solidarischen Kampfmaßnahmen gefährden.

Die NSDAP

Aus „Der wahre Jakob", Anfang 1933.

Viele Wählerinnen und Wähler aus Mittelstand und Kleinbürgertum, aber auch immer mehr Arbeiterinnen und Arbeiter wurden für einfache und radikale Parolen der Rechtsparteien, vor allem der NSDAP, anfällig.
Die 1920 gegründete „Nationalsozialistische Deutsche Arbeiter-Partei" war weder eine sozialistische noch eine Arbeiter-Partei. Sie war eine deutsche faschistische Männer-Partei, die von ihrem „Führer" Adolf Hitler (geb. 1889) mit diktatorischen Vollmachten beherrscht wurde. In ihrem Programm und in den Reden ihrer Politiker versprach sie den unzufriedenen Deutschen die Lösung aller Schwierigkeiten: Den Arbeitslosen versprach sie Arbeit und Brot, den Bauern höhere Preise, den Militärs eine neue große Armee, den Vertretern der Wirtschaft die Bekämpfung der Arbeiterbewegung, dem Mittelstand die besondere Berücksichtigung mittelständischer Interessen, den Nationalen das Ende der „Schmach von Versailles", einen größeren „Lebensraum" für das deutsche Volk und die Bekämpfung der „Juden", den Frauen ein glückliches Leben als Hausfrau und Mutter, der Jugend eine große Zukunft. Im Hintergrund stand die Vorstellung von einem großen germanischen Reich der „arischen Rasse".

Gewalt als Mittel der politischen Auseinandersetzung

Außerhalb des Parlaments standen sich die Anhänger der verschiedenen Parteien in offener Feindschaft gegenüber. Einige politische Parteien hatten uniformierte Kampfverbände gebildet, zwischen denen es immer wieder zu regelrechten Straßenkämpfen kam. Die stärkste und gewalttätigste dieser Parteiarmeen war die nationalsozialistische „SA" (Sturm-Abteilung). Sie zählte Mitte 1932 rund 400 000 braun uniformierte Mitglieder – meist arbeitslose, unzufriedene junge Männer, die bereit waren, jederzeit Gewalt anzuwenden.

Machtübertragung an die NSDAP

Seit den Wahlen von 1930 unterstützten einflussreiche Kreise aus Industrie, Bankwesen, Landwirtschaft, Adel und Armee die NSDAP und andere Rechtsparteien, teilweise mit hohen Geldzuwendungen. Seit 1932 drängten sie den greisen Reichspräsidenten von Hindenburg die NSDAP an einer Regierung zu beteiligen. Am 30. Januar 1933 ernannte Reichspräsident von Hindenburg den Führer der Nationalsozialisten zum Reichskanzler. Dem neuen Kabinett unter Adolf Hitler gehörten nur drei Nationalsozialisten an (Hitler als Reichskanzler, Göring – zugleich Ministerpräsident des größten Landes, Preußen – als Minister ohne Geschäftsbereich sowie Frick als Innenminister; acht Minister waren bürgerliche, nationalistische Politiker). War es nur ein weiteres Präsidialkabinett, oder war es mehr?

2   **Die Republik – „ein Sau- und Schweinestall"?**

Ende Dezember 1929 notierte der preußische Innenminister typische Vorkommnisse:

Am 16. 8. bezeichnete der Kommunist Rogalla in einer öffentlichen Versammlung … die Republik als einen „Sau- und Schweinestall" …

5   In einem Aufsatz „10 Jahre Judenrepublik" des „Westdeutschen Beobachters" (Köln), Nr. 19 vom 18. 8., wurde am Schluss ausgeführt: „Eine traurige Bilanz fürwahr: 10 Jahre Judenrepublik, 10 Jahre Volksbetrug, 10 Jahre Börsengaunerei,

10   10 Jahre erbitterter Kampf gegen die Halunken und Verbrecher, die im Jahre 1918 der deutschen Front den Dolch in den Rücken stießen und uns an die internationale Judenhochfinanz verkauften und verrieten …" Bei der Stahlhelmtagung vom 8. 9. in Lüneburg durchzog ein Trupp Stahl-

15   helmleute die Stadt und sang ein Lied mit dem Refrain: „Wir scheißen auf die Republik!" …

Am 18. 9. führte Freiherr von Bodungen … aus, Stresemann wäre ein Verräter am deutschen Volk und ein Verbrecher, der ins Zuchthaus gehöre.

20   Die Versammlung quittierte mit Zwischenrufen wie „Aufhängen" und „Totschlagen" …

In einer Rede am 22. 10. äußerte der Gauleiter der NSDAP Telchow: „Im Kampf gibt es Leichen, wenn es gegen den jüdischen Janhagel

25   geht, schreiten wir auch über Gräber. Es kann sein, dass manche Mutter ihren Sohn verliert."

Zit. nach: A. Krinck, Die NS-Diktatur, Frankfurt 1975, S. 31 f.

3   **„Rücksichtslos abrechnen"**

Aus einer vertraulichen Unterredung Adolf Hitlers am 4. Mai 1931 mit dem Chefredakteur der „Leipziger Neuesten Nachrichten", Richard Breiting:

Breiting: … Angenommen, Sie kämen an die Macht, woher nehmen Sie dann die Köpfe, um den Verwaltungsapparat des Staates in Ihrem Sinne zu beherrschen?

5   Hitler: … Mit der Ausschaltung der Schwatzbude, die Sie das Hohe Haus oder den Reichstag nennen, mit der Umstellung der Presse wird sofort eine neue Situation entstehen. Die Glocke der Wiedergeburt wird läuten. In diesem Augen-

10   blick werden wir mit dem Marxismus rücksichtslos abrechnen. Die Industrie wird sofort in den Wiederaufbauprozess eingeschaltet. Die 6 Millionen Arbeitslose werden ihr tägliches Brot verdienen. Das Versailler Diktat wird weggefegt.

15   Eine neue Armee wird entstehen und das mit einem neuen Generalstab. Dieser Goebbels, vor dem Sie Angst haben, dass er mit seiner Agitation das Proletariat verscheuchen wird, wird schon dafür sorgen, dass die Gefühle und die

20   Vernunft unserer Menschen 99 Prozent aller Stimmen unserer Politik geben werden. Schon sechs Monate nach der Machtergreifung werden wir eine nie da gewesene Volksabstimmung erleben. Das andere läuft dann von selbst.

Zit. nach: W. Conze, Der Nationalsozialismus I, a. a. O., S. 45 f.

4   **„Das Verhängnis"**

Der Zeichner A. Paul Weber veröffentlichte 1932 das nebenstehende Bild. Es war das Umschlagbild eines Buches, das den Titel trug „Hitler – ein deutsches Verhängnis". –
Worauf konnten A. Paul Weber und ähnlich denkende Menschen ihre Warnung vor Hitler und den Nationalsozialisten stützen?

5 „... auszurotten ..."

Hitler am 27. Januar 1932 vor dem Industrieclub
in Düsseldorf, einer Vereinigung von Industriellen (in Klammern: die Reaktion des Publikums):
Aber es ist undenkbar, ein starkes und gesundes
Deutschland zu schaffen, wenn 50 Prozent seiner
Angehörigen bolschewistisch und 50 Prozent
national orientiert sind! (Sehr richtig!) Um die
5 Lösung dieser Frage kommen wir nicht herum!
(Lebhafter Beifall) ... Und wenn man uns unsere
Unduldsamkeit vorwirft, so bekennen wir uns
stolz zu ihr – ja wir haben den unerbittlichen
Entschluss gefasst, den Marxismus bis zur letzten
10 Wurzel in Deutschland auszurotten.

Zit. nach: Max Domarus, Hitler. Reden und Proklamationen, 1932–1945,
Band 1, Würzburg 1962, S. 82/88.

6 „Wir fordern ..."

a) Aus dem Programm der NSDAP von 1920:
1. Wir fordern den Zusammenschluss aller Deutschen auf Grund des Selbstbestimmungsrechtes
der Völker zu einem Groß-Deutschland.
2. Wir fordern die Gleichberechtigung des deut-
5 schen Volkes gegenüber den anderen Nationen,
Aufhebung der Friedensverträge von Versailles
und St. Germain ...
4. Staatsbürger kann nur sein, wer Volksgenosse
ist. Volksgenosse kann nur sein, wer deutschen
10 Blutes ist, ohne Rücksichtnahme auf Konfession.
Kein Jude kann daher Volksgenosse sein.

b) Hitler schrieb in „Mein Kampf", 1924:
Nur ein genügend großer Raum auf dieser Erde
sichert einem Volke die Freiheit des Daseins ...
Wir stoppen den ewigen Germanenzug nach
dem Süden und Westen Europas und weisen den
5 Blick nach dem Land im Osten. Wir schließen
endlich ab die Kolonial- und Handelspolitik der
Vergangenheit und gehen über zur Bodenpolitik
der Zukunft. Wenn wir aber heute in Europa von
neuem Grund und Boden reden, können wir in
10 erster Linie nur an Russland und die ihm unter-
tanen Randstaaten denken ...

Zit. nach: W. Hofer (Hg.), Der Nationalsozialismus. Dokumente 1933–1945,
Frankfurt 1957, S. 28, 175.

7 „Hoher Standpunkt". Karikatur aus dem
„Simplizissimus" vom 18. September 1932:
„Lächerlich diese Parteiparolen: ‚Der Feind
steht rechts', ‚Der Feind steht links' – Für'n
überparteiliches Adels-Kabinett jibts bloß die
Devise ‚Der Feind steht unten'!"

8 „Wiederaufstieg der deutschen Wirtschaft"

Eingabe einiger führender Industrieller, Bankiers und Großagrarier an Reichspräsident von
Hindenburg, November 1932:
Wir bekennen uns frei von jeder engen parteipo-
litischen Einstellung. Wir erkennen in der nationalen Bewegung, die durch unser Volk geht, den
verheißungsvollen Beginn einer Zeit, die durch
5 Überwindung des Klassengegensatzes die uner-
lässliche Grundlage für einen Wiederaufstieg der
deutschen Wirtschaft erst schafft. Wir wissen,
dass dieser Aufstieg noch viele Opfer erfordert.
Wir glauben, dass diese Opfer nur dann willig ge-
10 bracht werden können, wenn die größte Gruppe
dieser nationalen Bewegung führend an der Regierung beteiligt wird.
Die Übertragung der verantwortlichen Leitung
eines mit den besten sachlichen und persönli-
15 chen Kräften ausgestatteten Präsidialkabinetts an
den Führer der größten nationalen Gruppe wird
die Schwächen und Fehler, die jeder Massenbewegung notgedrungen anhaften, ausmerzen und
Millionen Menschen, die heute abseits stehen, zu
20 bejahender Kraft mitreißen.

Zit. nach: Ursachen und Folgen, Band 8, S. 68 f.

a) Gewalt ist ein Kennzeichen der politischen Auseinandersetzung am Ende
der Weimarer Republik. Nenne Beispiele. Suche auch in der Sprache von
Texten und Bildern nach Gewalt (M1, M2, M6a und b).

b) Untersuche, inwieweit Hitler sich in Sprache, Ton und Argumenten den
Erwartungen seines jeweiligen Publikums anpasste (M3, M6a und b).

c) Was erwarteten die „einflussreichen Kreise" von Hitler (M7, M8)?

5.2 „... die letzten Überreste der Demokratie beseitigen"

27. Februar 1933	*Der Reichstag brennt – die Grundrechte werden aufgehoben.*
24. März 1933	*Alle Parteien außer der SPD stimmen für das sog. „Ermächtigungsgesetz".*
April 1933	*Die Länder werden „gleichgeschaltet".*
2. Mai 1933	*Die Gewerkschaften werden aufgelöst.*
Juni/Juli 1933	*Die SPD wird verboten; die anderen Parteien lösen sich auf.*
30. Juni 1934	*Hitler lässt hohe SA-Führer und politische Gegner ermorden.*
2. August 1934	*Nach dem Tod des Reichspräsidenten werden die Ämter des Reichspräsidenten und des Reichskanzlers vereinigt.*

„Machtergreifung"

Nach der Ernennung Hitlers zum Reichskanzler wurden Neuwahlen zum Reichstag ausgeschrieben. Jetzt an der Macht terrorisierten die Nationalsozialisten im Wahlkampf ihre politischen Gegner mehr als je zuvor. Gewalttätige Horden von SA-Männern verbreiteten Angst und Schrecken unter jüdischen Familien und unter den Angehörigen der Arbeiterbewegung. Wenige Tage vor der Wahl wurde das Reichstagsgebäude in Berlin in Brand gesteckt. Bis heute ist umstritten, wer den Brand gelegt hat. Die Nationalsozialisten nutzten die Situation: Sie behaupteten, „die Kommunisten" hätten die Brandstiftung begangen. Historiker haben für diese Behauptung nie einen Beweis gefunden. Noch in der Nacht des Brandes wurden mitten im Wahlkampf durch die „Verordnung des Reichspräsidenten zum Schutz von Volk und Staat" die wichtigsten Grundrechte außer Kraft gesetzt; Funktionäre und Abgeordnete von KPD und SPD wurden verhaftet; Zeitungen dieser Parteien wurden verboten. Besonders Kommunisten wurden mit aller Härte verfolgt oder gar getötet. Ein förmliches Verbot der KPD schien nicht mehr nötig.

Die absolute Mehrheit steht rechts

Bei den Wahlen vom 5. März 1933 erhielt die NSDAP 43,9 Prozent der Stimmen, die antidemokratische und nationalistische „Kampffront Schwarz-Weiß-Rot" (DNVP und andere Gruppen) erhielt 8 Prozent. Am 23. März 1933 stimmten alle Parteien des Reichstages mit Ausnahme der SPD und der seit dem 28. Februar 1933 ausgeschalteten KPD dem „Ermächtigungsgesetz" zu, das

1 *„Hitlers Traum".* So betitelte der Zeichner der satirischen Zeitschrift „Ulk" am 3. März 1932 das Bild. Er hat es vermutlich – wie so viele andere – für undenkbar gehalten, dass der „Traum" Wirklichkeit werden könnte. Die Übertragung der Macht an Hitler machte aus der Zeichnung eine Prophezeiung. Und am 21. März 1933 wurde das Bild vollends Realität. An diesem Tag eröffneten Reichspräsident von Hindenburg und Reichskanzler Hitler den am 5. März 1933 neu gewählten Reichstag in der Potsdamer Garnisonkirche und nahmen Paraden der Reichswehr, des Stahlhelm, der SA und der SS ab. Dieser „Tag von Potsdam" wurde von Goebbels als „Vermählung von alter Größe und neuer Kraft" inszeniert.

Reichskanzler Hitler eingebracht hatte. Dieses „Gesetz zur Behebung der Not von Volk und Reich" sah vor, dass die Regierung vier Jahre lang ohne das Parlament regieren und Gesetze erlassen konnte.

„Gleichschaltung"

Den 1. Mai, den traditionellen Kampftag der Arbeiterbewegung, erklärten die Nationalsozialisten zum Feiertag der „Arbeiter der Stirn und der Faust". Er wurde mit großen Aufmärschen 1933 zum ersten Mal begangen. Am nächsten Tag beseitigten die Nationalsozialisten die freien Gewerkschaften und verhafteten die meisten ihrer Führer. Die Arbeiterinnen und Arbeiter mussten in eine Zwangsorganisation eintreten, die Deutsche Arbeitsfront (DAF). Im Juni wurde die SPD verboten; die anderen Parteien, außer der KPD, lösten sich unter starkem Druck auf. Die NSDAP war nun die einzige Partei in Deutschland. Durch Gesetze wurden die Länder und alle wichtigen Organisationen ihrer Eigenständigkeit beraubt und nach dem Führerprinzip „ausgerichtet" („Gleichschaltung"). Bis ins kleinste Dorf bestimmten nun Nationalsozialisten die Politik.

Die Mordaktion vom 30. Juni 1934

Die SA fühlte sich als revolutionäre Truppe und als die Armee des nationalsozialistischen Staates; sie wurde von der Reichswehr voller Misstrauen betrachtet. Die NS-Führung befürchtete, die SA gerate außer Kontrolle. Hitler entschloss sich deshalb sie zu entmachten. Am 30. Juni 1934 beauftragte er die Elitetruppe der „SS" (Schutz-Staffel) unter ihrem Führer Heinrich Himmler die wichtigsten SA-Führer zu verhaften und ohne Gerichtsurteil zu erschießen. Er behauptete, SA-Führer Ernst Röhm habe einen Putsch geplant.

Am 2. August 1934 starb der längst machtlose Reichspräsident von Hindenburg. Die Reichsregierung beschloss, die Ämter des Reichspräsidenten und des Reichskanzlers in der Person Hitlers zu vereinigen. Damit war Hitler zugleich Oberbefehlshaber der Reichswehr. Das Deutsche Reich war ein Führerstaat.

2 Adolf Hitler

Dieses Bild des „Führers" und Reichskanzlers Adolf Hitler hing als großformatiges Porträt ab 1938 in vielen Amtsstuben und Schulräumen. Es war ein „Herrscherbild". Es zeigte den „Führer" so, wie das Propagandaministerium ihn gesehen haben wollte.

Hitler wurde 1889 in Braunau am Inn geboren. Er hielt sich einige Jahre als Berufsloser in Wien auf. Bei Ausbruch des Ersten Weltkrieges meldete er sich als Freiwilliger. Der Gefreite des Krieges schloss sich 1918 in München der Deutschen Arbeiterpartei (DAP) an, stieg bald zu ihrem Vorsitzenden auf und machte aus ihr die NSDAP. 1923 versuchte er in München mit Gesinnungsgenossen einen Putsch. In der Haftzeit nach seiner Verurteilung schrieb er das Buch „Mein Kampf", in dem er sein rassistisches Programm vorstellte. Diejenigen in der NSDAP, die einer mehr sozialistischen Politik zuneigten, entmachtete er 1932. Die letzten innerparteilichen Gegner ließ er am 30. Juni 1934 ermorden: den Führer der SA, Ernst Röhm, und viele Unterführer.

Ein Volk, ein Reich, ein Führer!

„Sans Sentiment."

3 Französische Karikatur zur SS
Die schwarz uniformierte SS und die Geheime
Staatspolizei (Gestapo) wurden nach der Ent-
machtung der SA die wichtigsten Instrumente
der Einschüchterung und des Terrors. Der
französische Karikaturist übersetzte in seinem
Bild SS mit „Sans Sentiment" (Ohne Gefühl) –
er hatte seine Gründe.

4 „Die letzten Überreste der Demokratie
beseitigen"
Am 6. Juli 1933 erklärte Hitler in einer öffentli-
chen Rede vor den Reichsstatthaltern über den
Abschluss der „Revolution":
Die politischen Parteien sind jetzt endgültig beseitigt. Dies ist ein geschichtlicher Vorgang, dessen Bedeutung und Tragweite man sich vielleicht
noch gar nicht bewusst geworden ist. Wir müs-
5 sen jetzt die letzten Überreste der Demokratie
beseitigen, insbesondere auch die Methoden der
Abstimmung und der Mehrheitsbeschlüsse, wie
sie heute noch vielfach bei den Kommunen, in
wirtschaftlichen Organisationen und Arbeitsaus-
10 schüssen vorkommen, und die Verantwortung
der Einzelpersönlichkeit überall zur Geltung
bringen.

Nach: W. Conze, Der Nationalsozialismus I, a. a. O., S. 69 f.

5 Hitler – „des deutschen Volkes oberster
Gerichtsherr"?
Hitler rechtfertigte am 13. Juli 1934 die Morde
an SA-Führern und politischen Gegnern vor
dem nationalsozialistischen Reichstag:
Meutereien bricht man nach ewig gleichen eiser-
nen Gesetzen. Wenn mir jemand den Vorwurf
entgegenhält, weshalb wir nicht die ordentlichen
Gerichte zur Aburteilung herangezogen hätten,
5 dann kann ich ihm nur sagen: In dieser Stunde
war ich verantwortlich für das Schicksal der
deutschen Nation und damit des deutschen
Volkes oberster Gerichtsherr.

Ursachen und Folgen, Bd. X, Berlin o. J., S. 217 f.

6 „... an Sympathie gewonnen"
Sozialdemokraten berichten illegal dem Partei-
vorstand im Prager Exil über Reaktionen nach
den Morden im Juni 1934:
Unsere Genossen berichten, dass Hitler bei dem
Teil der Bevölkerung, der seine Hoffnungen immer noch auf ihn setzt, stark an Vertrauen und
Sympathie gewonnen hat. Sein Vorgehen ist die-
5 sen Leuten Beweis, dass er Ordnung und Sauberkeit wolle.

Aus: Deutschland-Berichte der Sozialdemokratischen Partei Deutschlands
(Sopade), Erster Jahrgang 1934, S. 198 f.

7 „Der Todesstoß gegen die SPD – die Partei der
Hoch- und Landesverräter im ganzen Reich ver-
boten – das Vermögen beschlagnahmt"
Die „Allgemeine Zeitung" berichtet unter die-
ser Schlagzeile am 23. Juni 1933:
Berlin 22. Juni ... Die erweiterte Parteileitung
der SPD hat sich auf der vor einigen Tagen in
Berlin gehaltenen Sitzung lediglich nach außen
von diesen Leuten wie Wels, Breitscheid usw.
5 (= Exilvorstand der SPD in Prag) distanziert,
es aber bezeichnenderweise unterlassen, diese
Personen wegen ihres landesverräterischen Verhaltens wirklich abzuschütteln und aus der Partei auszuschließen. Im Gegenteil ist in einer
10 von der Polizei überraschten Geheimversamm-
lung sozialdemokratischer Führer in Hamburg
ebenfalls landesverräterisches Material gefunden
worden.
Dies alles zwingt zu dem Schluss, die SPD als
15 eine staats- und volksfeindliche Partei anzuse-
hen, die keine andere Behandlung mehr beanspru-
chen kann, wie sie der Kommunistischen Partei
gegenüber angewendet worden ist.
Der Reichsminister des Innern hat daher die
20 Landesregierung ersucht, auf Grund der Verord-

nung des Reichspräsidenten zum Schutze von Volk und Staat vom 28. Februar 1933 die notwendigen Maßnahmen gegen die SPD zu treffen.
25 Insbesondere sollen sämtliche Mitglieder der SPD, die heute noch den Volksvertretungen und Gemeindevertretungen angehören, von der weiteren Ausübung ihrer Mandate sofort ausgeschlossen werden.

Den Ausgeschlossenen werden selbstverständ-
30 lich die Diäten gesperrt. Der Sozialdemokratie kann auch nicht mehr die Möglichkeit gewährt werden, sich in irgendeiner Form propagandistisch zu betätigen. ... Ebenso dürfen sozialdemokratische Zeitungen und Zeitschriften nicht
35 mehr herausgegeben werden.

Das Vermögen der Sozialdemokratischen Partei und ihrer Hilfsorganisationen wird ... beschlagnahmt. Mit dem landesverräterischen Charakter der Sozialdemokratischen Partei ist die weitere
40 Zugehörigkeit von Beamten, Angestellten und Arbeitern, die aus öffentlichen Mitteln Gehalt, Lohn oder Ruhegeld beziehen, zu dieser Partei selbstverständlich unvereinbar.

Allgemeine Zeitung, Nordhausen, 23. Juni 1933.

8 Karikatur von A. Paul Weber, 1933:
„So, nun sage als deutscher Mann deine Meinung frank und frei – wenn du noch kannst"

Zeitungen befragen

Zeitungen berichten, was sich am Vortag oder in der Vorwoche in Politik, Gesellschaft, Wirtschaft, Kultur und Sport zugetragen hat. Sie sind für uns „Quellen", aus denen wir Informationen über die verschiedenen Bereiche vergangenen Lebens entnehmen können. Aber wie andere Quellen sind auch sie „mit Vorsicht zu genießen". Man kann ihnen nicht aufs Wort glauben. Bisweilen – besonders in Diktaturen – „lügen sie wie gedruckt". So war im „Dritten Reich" die gesamte Presse „gleichgeschaltet". Das „Ministerium für Volksaufklärung und Propaganda" legte in verbindlichen „Sprachregelungen" fest, wie die Presse über bestimmte Ereignisse zu berichten habe. Nur wenige Journalisten hatten den Mut, ihre eigene Meinung „zwischen den Zeilen" auszudrücken (siehe auch M8 im Kapitel „Ein Volk von Mitläufern").

Zeitungen sind nie – auch wenn es in ihrem Titel steht – vollkommen „unabhängig und überparteilich". Aber in demokratischen Gesellschaften können sie eine „vierte Gewalt" sein zur Kontrolle von Macht.

Folgende Fragen können helfen, Zeitungen kritisch zu lesen:

– Welcher politischen Partei oder Richtung ist die Zeitung – ausdrücklich oder eher versteckt – verpflichtet?

– Gibt es Informationen darüber, wem die Zeitung gehört und welche politischen und wirtschaftlichen Interessen sie vertritt?

– Sind Nachrichtenwiedergabe und die Kommentierung von Nachrichten klar getrennt oder gehen sie ineinander über?

– Ergibt sich aus der Auswahl und Plazierung von Nachrichten, der Sprache in den Überschriften und Artikeln oder aus den Kommentaren eine bestimmte Parteilichkeit?

9   Gleichschaltung der Presse

a) *Verbote von Versammlungen und Zeitungen gehörten zu den ersten Maßnahmen der Nationalsozialisten. Am 5. Februar 1933 erschien in den Zeitungen eine Mitteilung, in der die Einschränkung der Pressefreiheit angekündigt und „begründet" wurde:*

Bei Amtsantritt hatte die Regierung vor der Presse die Hoffnung und den Wunsch zum Ausdruck gebracht, es möge ihr kein Anlass geboten werden, frühere Beschränkungen des Versamm-

5 lungs- und Presserechtes wieder aufleben zu lassen. Allerdings wurde gleichzeitig die Mahnung ausgesprochen alles zu vermeiden, was Beunruhigung in das Volk tragen und die öffentliche Sicherheit gefährden könnte. Diese Mahnung ist

10 nicht befolgt worden. Vor allem in der Presse sind in den letzten Tagen unerhörte Beschimpfungen und Beleidigungen erhoben worden, die eine Regierung, die auf Autorität hält, sich nicht gefallen lassen kann.

15 Ferner hat ein Teil der Presse ganz offensichtlich, um Beunruhigung zu schaffen und das Vertrauen zur Regierung zu erschüttern, Gerüchte über angebliche wirtschafts- und sozialpolitische Maßnahmen der Regierung verbreitet, die keinerlei

20 Unterlage besaßen. Die Reichsregierung hat sich veranlasst gesehen dem Herrn Reichspräsidenten eine Verordnung vorzuschlagen, die Beschränkungen des Versammlungs- und Presserechts enthält, wie sie zum Teil auch früher be-

25 standen. Diese Verordnung gibt der Reichs-

regierung nunmehr die absolute Handhabe, ihre Autorität wirksam zu wahren und ihre Aufbauarbeit ungestört durchzuführen. Somit dient sie dem Schutze des deutschen Volkes.

Leipziger Neueste Nachrichten, 5.2.1933. Stadtarchiv Leipzig, D 404.

b) *Entschließung des Reichsverbandes der Deutschen Presse an Hindenburg:*

Die deutsche Presse hatte mit Genugtuung davon Kenntnis genommen, dass auch der Herr Reichsinnenminister Dr. Frick sich vor den Vertretern der Presse zu den Grundsätzen der Pres-

5 sefreiheit bekannt hat. Seit dieser Erklärung des Herrn Reichsinnenministers hat sich die Lage in keiner Weise geändert. Mit starkem Befremden hat deshalb der Reichsverband davon Kenntnis genommen, dass die Reichsregierung Ihnen,

10 Herr Reichspräsident, eine neue Verordnung vorschlägt, die die frühere Knebelung der Pressefreiheit wieder herstellen und anscheinend noch verschärfen soll. Der Reichsverband der Deutschen Presse, in dem Journalisten aus allen deut-

15 schen Gauen ohne Unterschied der politischen Parteirichtung zusammengeschlossen sind, erhebt seine warnende Stimme gegen einen solchen Versuch, der der Presse die Erfüllung ihrer im Staatsinteresse liegenden Aufgabe der Mit-

20 wirkung an der Bildung der öffentlichen Meinung unmöglich machen und nach allen Erfahrungen der letzten Jahre sein Ziel völlig verfehlen würde.

Neue Leipziger Zeitung, 6.2.1933. Stadtarchiv Leipzig D 72.

10   Gleichschaltung der Länder

Wie in Sachsen setzte die Hitlerregierung in allen deutschen Ländern getreue Nationalsozialisten als Statthalter ein. Sie hatten weitreichende Vollmachten, mit deren Hilfe Entscheidungen der Länderregierungen eingeschränkt werden konnten.

11 „Millionen stehen hinter mir", Photomontage, 1932 von John Heartfield im Wahlkampf für die KPD angefertigt.

12 Deutungen der Geschichtswissenschaft

Zwei Deutungen des Scheiterns der Weimarer Republik

a) Die Historikerin Ulrike Hörster-Philipps:

Der Hitlerfaschismus verdankte seinen Aufstieg zur Macht den führenden Kreisen des Industrie- und Bankkapitals, des Großgrundbesitzes und der Reichswehr. Ihr Streben nach ökonomischer

5 und politischer Expansion, das im Ersten Weltkrieg gescheitert war, und ihre Bemühungen um eine Sicherung ihrer Gewinne durch Lohn- und Sozialabbau auch unter den Bedingungen der Weltwirtschaftskrise wurden seit 1929 immer

10 drängender. Die Grenzen der Durchsetzungsfähigkeit ihrer Ziele im Rahmen des parlamenta-

rischen Systems wurden immer deutlicher; zur Verwirklichung ihrer Pläne bedurften sie eines Herrschaftssystems, das an keinerlei innen- und

15 außenpolitische Einschränkungen gebunden war und das jeden Widerstand gegen eine Politik des Sozialabbaus, der Aufrüstung und der Kriegsvorbereitung brechen konnte.

Ulrike Hörster-Philipps, Wie war Hitler möglich? Großkapital und Faschismus 1918–1945. Dokumente, Köln 1978, S. 10 f.

b) Der Historiker K. D. Bracher:

Folgende Aspekte der Deutung möchte ich besonders hervorheben: 1. Es war weder einfach eine kapitalistische Verschwörung noch eine sozialistische Revolution, ▮▮▮▮▮▮▮

5 wille eines radi▮▮▮
listischen (s▮▮▮
versprech▮▮▮
resignie▮▮▮
kratie ▮▮▮

10 kerung ▮▮▮
Allein▮▮▮
Jahre s▮▮▮
nichtun▮▮▮
führt hat▮▮▮

15 2. Der Miss▮▮▮
kratischer Mitt▮▮▮
zur modernen Dikta▮▮▮
men der Erfassung und Gleichsch▮▮▮
doktrination und Zerstörung von ganzen Völ-

20 kern möglich. Von der totalitären Versuchung bis zur totalitären Unterwerfung bietet die moderne Propaganda- und Gesellschaftstechnik durch Nutzung massenpsychologischer Erkenntnisse ungeahnte Möglichkeiten der Beherrschung von

25 Menschen. Mittels ideologisch absoluter Zielsetzung können sie so motiviert werden, dass ihnen die schlimmsten Verbrechen als Tugend aufgeredet, suggeriert werden können.

Karl Dietrich Bracher, Zeitgeschichtliche Kontroversen, München 1984, S. 115 f.

a) Wie konnte eine Mordaktion zu „Vertrauen und Sympathie" führen (M6)?

b) Welche demokratischen Grundsätze bauten die Nationalsozialisten nach ihrer Machtübernahme ab? Wir begründeten sie dies (M5 -M7, M9, M10)?

c) Die Geschichtswissenschaft liefert unterschiedliche Deutungen für das Scheitern der Weimarer Republik (M10). Begründe eine eigene Deutung.

d) Untersuche, in welcher Weise M7 über die Maßnahmen der Landesregierung berichtet. – Eine Anregung: Im Stadtarchiv eurer Stadt oder im Archiv der örtlichen Tageszeitung findet ihr vielleicht Zeitungen aus dem Jahr 1933 und den Folgejahren. Untersucht, wie sich die Ereignisse in den Zeitungen spiegeln und wie sich die Zeitungen verändert haben.

Der Nationalsozialismus – die deutsche Antwort

auf die Große Krise

„Der 30. Januar 1933", Gemälde von Arthur Kampf (1938); Fackelzug durch das Brandenburger Tor anlässlich der Machtübernahme Hitlers.
Ganz links: Widerstandskämpfer vor dem Volksgerichtshof.
Mitte oben: Häftlinge des Konzentrationslagers Wobbelin nach ihrer Befreiung.
Darunter: Russische Zivilbevölkerung flieht aus einem von deutschen Soldaten in Brand gesetzten Dorf, um 1942.
Oben: Dresden am 14. Februar 1945 – Altstadt nach einem Bombenangriff der Alliierten.

1. Das nationalsozialistische Deutschland – eine Diktatur mit dem Volk?

1.1 Wie gewinnen Hitler und die NSDAP die große Mehrheit der Deutschen für sich?

Ab 1933	*Die Arbeitslosigkeit wird gesenkt.*
21. März 1933	*Am „Tag von Potsdam" beschwören Hitler und Hindenburg in der Potsdamer Garnisonskirche preußische Tugenden und nationale Größe.*
20. Juli 1933	*Ein Konkordat (Übereinkommen) zwischen dem Vatikan und dem Reich sichert der katholischen Kirche u. a. die Freiheit der Religionsausübung zu und ist für die Regierung ein innen- und außenpolitischer Erfolg.*
Oktober 1933	*Deutschland tritt aus dem Völkerbund aus.*
1935	*Die Bevölkerung des Saarlandes stimmt mit großer Mehrheit für die Eingliederung ins Reich.*
1935/36	*Die Regierung bricht Bestimmungen des Versailler Vertrages.*
1936	*Die Olympischen Spiele in Garmisch-Partenkirchen und Berlin stärken das Ansehen der Regierung im In- und Ausland.*

Senkung der Arbeitslosigkeit

Die Mehrheit der Deutschen hoffte in den ersten Monaten des Jahres 1933, dass die Regierung des Reichskanzlers Hitler eine grundlegende Wende in der deutschen Politik herbeiführen würde. Die Abschaffung der bürgerlichen Grundrechte und demokratischen Freiheiten schien ihnen dafür als Preis nicht zu hoch. In den folgenden Jahren konnten Hitler und die Nationalsozialisten eine gewaltige Mehrheit der Deutschen für sich gewinnen.

Es gelang den Nationalsozialisten in kurzer Zeit, die Zahl der Arbeitslosen drastisch zu senken. Sie griffen dabei auf Arbeitsbeschaffungsprogramme der Regierungen Papen und Schleicher zurück, die bereits Erfolge zu verbuchen hatten. Durch umfangreiche staatliche Bauaufträge für Autobahnen, Flugplätze oder öffentliche Gebäude wurden Hunderttausende von Arbeitsplätzen geschaffen und zugleich die Infrastruktur des Deutschen Reiches modernisiert. Bis 1935 wurden etwa 380 000 Frauen erfolgreich gedrängt (z. B. durch so genannte Ehestandsdarlehen), aus dem Berufsleben auszuscheiden, sich auf die Arbeit als Hausfrau und Mutter zurückzuziehen und ihren Arbeitsplatz für Männer freizumachen. Die Propaganda gegen das „Doppelverdienertum" machte es verheirateten Frauen schwer, sich im Beruf zu halten. Und Tausende und Abertausende von Frauen und Männern wurden als politische Gegner verhaftet und eingesperrt – und nicht mehr als Arbeitslose registriert.

1 Plakat 1930

Aufrüstung

Die von Anfang an geplante Aufrüstung lief 1934 voll an und schuf viele neue Arbeitsplätze in den Konzernen und Zulieferbetrieben der Rüstungsindustrie. Durch die Einführung eines Reichsarbeitsdienstes (RAD) und die Wiedereinführung der allgemeinen Wehrpflicht im Jahre 1935 verschwanden viele weitere Arbeitslose aus der Statistik. Finanziert wurden diese staatlichen Maßnahmen durch Anleihen. Der Staat machte ungeheure Schulden, die er unter normalen Bedingungen nicht zurückzahlen konnte. Die Ursachen und Kosten des Wirtschaftsaufschwungs blieben den meisten Deutschen verborgen. Sie bemerkten nur, dass es aufwärts ging. Ihr Vertrauen in die nationalsozialistische Führung und in Hitler wuchs und ließ sie über vieles hinwegsehen.

Die Sozialpolitik der NSDAP

Die Nationalsozialisten behaupteten einen nationalen „Sozialismus der Tat" zu vertreten. Kaum an der Macht, gründeten sie Organisationen, die die unmittelbare Not arbeitsloser, kranker oder alter „Volksgenossen" lindern sollten. Die „Nationalsozialistische Volkswohlfahrt" (NSV) und das „Winterhilfswerk" (WHW) sammelten Geld- und Sachspenden und verteilten sie an Bedürftige; die Organisation „Kraft durch Freude" (KdF) sorgte für billige Urlaubsfahrten und kulturelle Angebote für „Volksgenossinnen" und „Volksgenossen", sofern sie sich nur zum „Führer" und zur „Volksgemeinschaft" bekannten. Diese Sozialpolitik der Partei war sehr populär. Obwohl die NSDAP nach 1933 Rechte und Berufschancen abschaffte, die die Frauen bis dahin erkämpft hatten, hing auch ein Großteil der Frauen mit großem Vertrauen am „Führer".

„Nationale" Außenpolitik

Die Nationalsozialisten gewannen die Mehrheit des Volkes auch durch eine Politik für sich, die die nationalen Gefühle ansprach. Als die Nationalsozialisten 1933 die Regierung übernahmen, waren noch wichtige Bestimmungen des Versailler Vertrages in Kraft – so das Verbot der allgemeinen Wehrpflicht, die Begrenzung der Reichswehr auf 100 000 Mann, Beschränkungen in der Bewaffnung der Reichswehr und die Entmilitarisierung des Rheinlandes. Eine Außenpolitik, die auf eine Beseitigung auch dieser Bestimmungen drängte, konnte mit der Zustimmung der überwältigenden Mehrheit der Deutschen rechnen. Im Oktober 1933 trat die Reichsregierung aus dem Völkerbund aus, weil dem Reich die militärische Gleichberechtigung weiterhin versagt wurde. Am 16. März 1935 verkündete die Reichsregierung die Wiedereinführung der allgemeinen Wehrpflicht. Damit verstieß sie erstmalig offen gegen Bestimmungen des Versailler Vertrages. Besonders Frankreich, England und das faschistische Italien protestierten scharf, ergriffen aber keine Gegenmaßnahmen. Am 7. März 1936 ließ die Regierung Truppen in das entmilitarisierte Rheinland einmarschieren. Sie verstieß damit zum zweiten Mal offen gegen den Versailler Vertrag. Die Siegermächte des Ersten Weltkriegs protestierten gegen diesen erneuten Vertragsbruch, ergriffen aber wieder keine Gegenmaßnahmen. Bei einer „Volksabstimmung" stimmten am 29. März 1936 angeblich 98,8 Prozent der Wahlberechtigten für die Politik des „Führers" und seiner Regierung.

2 *„Adolf Hitler – Napoleon jr."? (USA 1933)*

3 *„Der 9. November an der Feldherrnhalle"* – *Hier hatte 1923 der Putschversuch Hitlers stattgefunden (Aquarell von Paul Hermann, 1940). Die Nationalsozialisten demonstrierten ihre Macht und inszenierten ihre eigene Geschichte in Veranstaltungen, die Anhänger und Gegner beeindrucken sollten. Warum wählten die Nationalsozialisten wohl dafür oft Abend- und Nachtstunden?*

4 Männer und Frauen

Die NSDAP war eine Männerpartei. Männer hatten in ihr das Sagen. Hitler konnte sich Frauen nur als Mutter und „Ausführungsorgan des Mannes" vorstellen: „Wenn man sagt, die Welt des Mannes ist der Staat, die Einsatzbereitschaft für die Gemeinschaft, so könnte man vielleicht sagen, dass die Welt der Frau eine kleinere sei. Denn ihre Welt ist der Mann, ihre Familie, ihre Kinder und ihr Haus. Wo wäre aber die größere Welt, wenn niemand die kleinere Welt betreuen wollte? ... Die Vorsehung hat der Frau die Sorgen um diese ihr ureigenste Welt zugewiesen ..."

Auch da, wo einige wenige Frauen in Leitungspositionen aufstiegen, blieben sie „Ausführungsorgan des Mannes" – in karitativen Verbänden, in Frauen-Gruppen der Partei oder als gefürchtetes Aufsichtspersonal in Gefängnissen und Konzentrationslagern. –

Formuliere eine Stellungnahme zu Text und Bild aus Sicht einer selbstbewussten Frau der Weimarer Zeit.

Propaganda und Führerkult

Kinderbuch

Die Regierung stellte ihre Politik propagandistisch geschickt dar. Bereits am 13. März 1933 hatten die Nationalsozialisten ein „Ministerium für Volksaufklärung und Propaganda" eingerichtet, das über Presse, Radio, Film und andere Mittel die öffentliche Meinung einheitlich festlegen sollte. Leiter dieses Ministeriums wurde Joseph Goebbels. Goebbels nutzte vor allem das damals neue und faszinierende Massenmedium Radio, um die deutsche Bevölkerung zu beeinflussen. Ein beliebtes anderes Mittel waren Massendemonstrationen: Der Nationalsozialismus präsentierte sich in Aufmärschen immer wieder als eine starke und beeindruckende „Bewegung". Viele Menschen ließen sich durch solche Selbstdarstellungen blenden. Sie sahen in den Aufmärschen von uniformierten Kolonnen Symbole eines neuen, aufstrebenden, einigen Deutschlands und einer „wahren Volksgemeinschaft". Größten Wert legten die NS-Propagandisten darauf, den „Führer" Adolf Hitler herauszustellen und ihn wie einen übermenschlichen Politiker erscheinen zu lassen. Die Nationalsozialisten konnten ihre Ideologie und den Führerkult verbreiten, weil keiner öffentlich widersprechen konnte ohne sein Leben oder seine Freiheit zu riskieren: In Deutschland gab es keine Presse- und Informationsfreiheit mehr.

Volksgemeinschaft: Das war einer der wirkungsvollsten Begriffe der nationalsozialistischen Sprache. Er beinhaltete, dass alle Deutschen ungeachtet aller Unterschiede des Geschlechts und der Klasse, der Konfession und der Partei, des Berufs und des Einkommens als Deutsche denken und handeln und Sonderinteressen zurückstellen sollten („Gemeinnutz geht vor Eigennutz"). Der gefühlsmäßig aufgeladene Begriff ermöglichte es den Nationalsozialisten, bestehende Ungleichheiten in der Gesellschaft festzuschreiben, demokratische Bestrebungen als gemeinschaftsstörend abzuwerten und missliebige Personen oder Personengruppen als „Gemeinschaftsfremde" auszugrenzen (z.B. Juden, Sinti und Roma, Kommunisten, Zeugen Jehovas).

5 *„Ein neuer Frühling"?*
Schlager der „Comedian Harmonists", September 1932:

Ein neuer Frühling wird in die Heimat kommen,
schöner noch wie's einmal war.
Ein neuer Frühling wird in die Heimat kommen,
alles wird so wunderbar.
5 Und man wird wieder das Lied der Arbeit singen, gerade so wie's einmal war.
Es geht im Schritt und Tritt
auch das Herz wieder mit,
und dann fängt ein neuer Frühling an.
10 Arbeit und Zufriedenheit und inn'rer Sonnenschein, das muss sein.
Du und ich, wir alle brauchen wieder neuen
Mut, dann wird's gut.
Uns're Heimat muss und bleibt besteh'n
15 und wird wieder schön.
Ein neuer Frühling …
Auch die grauen Wintertage gehen mal vorbei,
dann ist's Mai.
Und das große Wunder, das die Sonne wieder
20 schafft, gibt uns Kraft.
Unter die Vergangenheit ein Strich,
jeder hofft wie ich:
Ein neuer Frühling …

Text: Fritz Rotter/Peter Schäffers. Melodie: Willy Engel-Berger/Wilhelm Meisel. © Edition Intro Meisel GmbH, Berlin 1932.

6 *Wozu „KdF" (Kraft durch Freude)?*
Robert Ley, Gründer und Leiter der „Deutschen Arbeitsfront" (DAF), äußerte 1940:*

Wir schickten unsere Arbeiter nicht auf eigenen
Schiffen auf Urlaub und bauten ihnen gewaltige
Seebäder, weil uns das Spaß machte oder zumindest dem Einzelnen, der von diesen Einrichtun-
5 gen Gebrauch machen kann. Wir taten das nur,
um die Arbeitskraft des Einzelnen zu erhalten
und ihn gestärkt und neu ausgerichtet an seinen
Arbeitsplatz zurückführen zu lassen. KdF überholt gewissermaßen jede Arbeitskraft von Zeit zu
10 Zeit, genauso wie man den Motor eines Kraftwagens nach einer gewissen gelaufenen Kilometerzahl überholen muss.

* Nach Auflösung der Gewerkschaften war die DAF am 2. Mai 1933 als Zwangsorganisation aller Arbeitnehmer und Arbeitgeber gegründet worden.

Zit. nach: Hans Gerd Schumann, Nationalsozialismus und Gewerkschaftsbewegung, Hannover 1958, S. 142.

7 *„Sozialismus der Tat"?*
August Winnig, ein früherer Sozialdemokrat, unterhielt sich 1935 mit Arbeitern über die Lage in Deutschland. Einer der Arbeiter sagte:

„Sehen Sie: jetzt im Mai war ich zwölf Tage am
Rhein; erst gings mit der Bahn nach Düsseldorf,
aber fein gefahren. Niemals mehr als sechs in
einen Coupé und unterwegs tipptopp Verpfle-
5 gung. Wir haben uns die Röhrenwerke angesehen, Riesenbetriebe, und wurden durch die Bildersammlungen geführt – großartig. Dann fuhren wir mit Autobussen nach Köln und sahen
den Dom …Von Köln gings mit dem Schiff wei-
10 ter: Loreley, Binger Mäuseturm – na, Sie werden
das ja kennen. Aber nun frage ich Sie: Wer hat
uns denn früher so etwas geboten? Wir logierten
immer in den besten Hotels: haben wir uns das
früher gedacht?" Der Mann sah zu seinem jungen
15 Kameraden hinüber: „Man muss bei der Wahrheit bleiben; wir haben von dem Umschwung
nur profitiert."
Ein anderer Arbeiter erwiderte daraufhin:
„Was da heute dem Arbeiter vorgemacht wird und
20 wie er sich dazu verhält, das ist eine Affenschande.
Von Ehre weiß der heutige Arbeiter nichts mehr.
War das zu Ihrer Zeit auch so? Ich meine, damals
hatte der Arbeiter noch seine Ehre. Heute
schmeißt er sie für eine Rheinreise weg."

Geschichte in Quellen V, München 1961, S. 342.

8 *Plakat* der *„Nationalsozialistischen Volkswohlfahrt"* (NSV) von 1934.

9 **Die öffentlichen Investitionen in Deutschland**
1928, 1932–1938 (in Mio. Reichsmark).

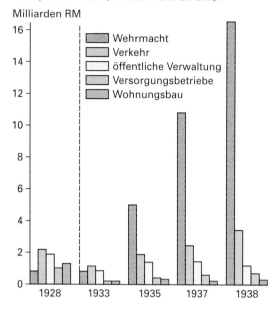

Milliarden RM

Legende:
- Wehrmacht
- Verkehr
- öffentliche Verwaltung
- Versorgungsbetriebe
- Wohnungsbau

Jahre: 1928, 1933, 1935, 1937, 1938

10 **„Das nationale Empfinden"**
Ein Sozialdemokrat berichtet dem Exilvorstand 1936 über die Stimmung im Volk nach dem Einmarsch in das entmilitarisierte Rheinland:
Es war für uns interessant, aus den verschiedenen Äußerungen, die man zu hören bekam, zu entnehmen, dass das nationale Empfinden in der Bevölkerung doch recht lebendig ist. Jeder emp-
5 fand, dass in Hitlers Forderungen doch auch ein Stück Berechtigung steckt. Der Geist von Versailles ist allen Deutschen verhasst; Hitler hat nun diesen fluchwürdigen Vertrag doch zerrissen und den Franzosen vor die Füße geworfen. Recht

10 hat Hitler, wenn er die Gleichberechtigung fordert. Recht hat Hitler, wenn er es den anderen einmal gründlich sagt. Sehr beachtlich war ferner, dass niemand an sofortige kriegerische Verwicklungen glaubtem ... Es wird ein bissl gekuh-
15 handelt und dann wird es bleiben, wie Hitler sagt. Aber ein Kerl ist er doch, der Hitler, er hat den Mut, etwas zu wagen. So oder ähnlich konnte man überall die Meinungen des Volkes hören.

Deutschland-Berichte der Sopade, Dritter Jahrgang 1936, Salzhausen/ Frankfurt 1980, S. 308

11 **„An diesem Glauben gibt es keine Kritik!"**
Rudolf Heß, Stellvertreter Hitlers in der NSDAP, sagte 1934 im Kölner Rundfunk:
Mit Stolz sehen wir: Einer bleibt von aller Kritik ausgeschlossen, das ist der Führer. Das kommt daher, dass jeder fühlt und weiß: Er hatte immer Recht und er wird immer Recht haben. In der
5 kritiklosen Treue, in der Hingabe an den Führer, die nach dem Warum im Einzelfall nicht fragt, in der stillschweigenden Ausführung seiner Befehle liegt unser aller Nationalsozialismus verankert. Wir glauben daran, dass der Führer einer höhe-
10 ren Berufung zur Gestaltung deutschen Schicksals folgt. An diesem Glauben gibt es keine Kritik.

Dokumente der deutschen Politik, Bd. 2, Berlin 1938, S. 18.

12 **Aufgaben der Propaganda**, *Goebbels 1933:*
Es genügt nicht, die Menschen mit unserem Regime mehr oder weniger auszusöhnen, sie zu bewegen, uns neutral gegenüberzustehen, sondern wir wollen die Menschen so lange bearbei-
5 ten, bis sie uns verfallen sind!

Zit. nach: Ursachen und Folgen, Bd. IX, Berlin o. J., S. 429 f. und 430 f.

13 **Entwicklung der Arbeitslosigkeit** (Durchschnitt)

1933	1934	1935	1936	1937	1938	1939
4 804 428	2 718 309	2 151 039	1 592 655	912 312	429 461	118 915

Statistisches Jahrbuch für das Deutsche Reich 1939/40, Berlin 1940, S. 389.

a) Nenne Beispiele für die „Modernität" der Nationalsozialisten in den Bereichen der Wirtschaft und Propaganda (VT, M3).
b) Welche Gründe sprachen für die meisten Deutschen für die von Hitler vertretene Politik? Kannst du Gegengründe vorbringen (VT, M7, M10)?
c) Die Nationalsozialisten und Hitler hatten die Mehrheit hinter sich. Dennoch sprechen wir von einer Diktatur. Wieso?
d) Fast alle Bilder aus diesem Kapitel und viele Bilder aus vorhergehenden und folgenden Kapiteln stammen aus der NS-Zeit. Woran erkennst du darunter die nationalsozialistischen Bilder (z. B. ADS, M1, M3, M4, M8)?

1.2 „Ein Reich der Ordnung und Sauberkeit"?

Die Nationalsozialisten behaupteten schon nach wenigen Monaten, sie hätten „ein Reich der Ordnung und Sauberkeit" aufgebaut. Immer mehr deutsche Frauen und Männer glaubten ihnen. Die meisten übersahen, was nicht in dieses Bild passte.

Noch heute reden manche Deutsche davon, im „Dritten Reich" hätten Ruhe, Ordnung und Sauberkeit geherrscht. Unzufrieden mit der schwierigen Regierungsform der Demokratie, rufen sie nach dem „starken Mann", der „durchgreifen" soll. Sie verstehen unter „Ordnung und Sauberkeit", was auch die Nationalsozialisten darunter verstanden hatten. Was kann man ihnen antworten?

2 **„Das Dritte Reich"**, *Holzschnitt von Gerd Arntz, 1934. Der Holzschneider Arntz zeigt ein anderes Bild von Deutschland als das nebenstehende Plakat. Er stellt die deutschen Verhältnisse wie in einer „Lehnspyramide" dar: Die Herrschenden sind oben, die arbeitende Bevölkerung ist unten angeordnet.*
Auf dem Bild ist nicht eine einzige Frau zu sehen – Zufall oder tiefere Bedeutung?
Gerd Arntz, einer der vielen Emigranten, die aus Deutschland vertrieben wurden, sagte 1988 zu seinem Bild: „Absichtlich steht die ganze Komposition etwas schief, hat etwas ‚Umfallendes'. Ich glaubte damals noch, dass das Dritte Reich nicht so lange dauern und Hitler beseitigt werden würde."

1 **Wahlplakat der NSDAP vom November 1933**
Im Oktober 1933 war Deutschland unter Protest aus dem Völkerbund ausgetreten. Für den 12. November 1933 setzte die Regierung Reichstagswahlen mit einer Einheitsliste an, um die gute Stimmung auszunutzen. – Was bedeuten hier „Ordnung und Sauberkeit"?

3 Wahlvorbereitungen

Aus den geheimen Deutschlandberichten der Exil-SPD (Sopade):

Im Gau Oberbayern-Schwaben wurden 4000 Wahlkundgebungen abgehalten. Es gibt wohl keinen Menschen im ganzen Gau, der nicht irgendwie einer direkten Beeinflussung unterzo-
5 gen worden wäre. Alles nur Vorstellbare wurde versucht, um die letzten Regungen selbständigen Denkens zu ersticken. Flugzeuge, mit schreienden Aufschriften versehen, rasten über das Land, Ballone, behangen mit mächtigen Schriftfahnen,
10 ließ man von München aus in alle Gaue starten, kein Dorf war zu finden ohne Riesentransparente, an den Kirchtürmen riesige Hitlerbilder und Aufschriften, Girlanden an den Fenstern, Schleifen und Rosetten an den Autos, Tannen-
15 grün an Lokomotiven, Wahlpropaganda an Obstkarren und Straßenbahnen, in Schaufenstern, auf Fabrikschloten, am Rinnstein, auf Kanaldeckeln. Ganz zu schweigen von den Fahnen, die aus jedem Loch in einer Mauer hingen … – Es ist
20 schrecklich, in Deutschland zu leben, wenn man kein Nazi ist.

Sopade 1936, S. 429.

4 Fristlose Entlassung

Das Landesarbeitsamt Karlsruhe fällte im Juli 1934 folgende grundsätzliche Entscheidung:

Durch Entfernung vor Beginn des Singens des Deutschland- und des Horst-Wessel-Liedes aus den Geschäftsräumen und durch die Nichtteilnahme an gemeinschaftlichen Aufmärschen, Fei-
5 ern und sonstigen Veranstaltungen der Belegschaft stellt sich ein Arbeitnehmer bewusst außerhalb der Volksgemeinschaft und zeigt hierdurch seine staatsfeindliche Einstellung. Dadurch wird die fristlose Entlassung gerechtfertigt.

Sopade 1935, S. 352.

5 „Privatsachen"?

Robert Ley, Leiter der „Deutschen Arbeitsfront" schrieb 1938:

In Deutschland gibt es keine Privatsache mehr! Wenn du schläfst, ist es deine Privatsache, sobald du aber wach bist und mit einem anderen Menschen in Berührung kommst, musst du einge-
5 denk sein, dass du ein Soldat Adolf Hitlers bist und nach einem Reglement zu leben hast und zu exerzieren … Privatleute haben wir nicht mehr. Die Zeit, wo jeder tun und lassen konnte, was er wollte, ist vorbei.

R. Ley, Soldaten der Arbeit, München 1938, S. 31.

6 Das „neue Deutschland" im Fibel-Bild „Von Drinnen und Draußen. Ein Lesebuch für die Kleinen", 1936.

7 „In Schutzhaft genommen"

Aus internen Berichten von Justiz und Polizei in Bayern:

7.1.1937: „Wegen kommunistischer Betätigung und Vorbereitung zum Hochverrat (gemeinsames Abhören des Moskauer Senders und sonstige illegale Zusammenkünfte) wurden durch die
5 Staatspolizeistellen Regensburg … in der Zeit vom 16.–21.12.1936 insgesamt 20 Personen festgenommen und der Staatsanwaltschaft überstellt; zwei von ihnen haben sich im Anschluss an die Vernehmungen im Gerichtsgefängnis erhängt."
10 10.2.1937: „Der ledige Bergarbeiter Alois Lechner wurde in das Konzentrationslager Dachau eingeliefert, weil er wiederholt mit anderen Arbeitskameraden den Moskauer Sender abgehört hat." Februar 1937: „Auf einer Baustelle der Reichs-
15 autobahnstrecke Nürnberg–München haben die Maschinisten und Heizer … die Arbeit niedergelegt, um höhere Löhne zu erzwingen. Sie wurden in Schutzhaft genommen und durch andere Arbeiter ersetzt."

Zit. nach: Bayern in der NS-Zeit, München/Wien 1977, S. 261 ff.

8 Scheidungsgrund

Der nationalsozialistische „Stürmer" berichtet:
Ein wichtiges Gerichtsurteil
Ein Amtswalter der Partei hatte gegen seine Gattin ein Ehescheidungsverfahren eingeleitet, weil es zwischen ihm und seiner Ehefrau dadurch zu
5 Auseinandersetzungen gekommen sei, dass seine Ehefrau trotz ausdrücklichen Verbotes immer noch in jüdischen Geschäften einkaufe, das Landgericht schied die Ehe aus alleinigem Verschulden der Ehefrau. In der Urteilsbegründung
10 heißt es u. a.: „Wenn die Ehefrau eines Nationalsozialisten und erst recht eines nationalsozialistischen Amtswalters trotz Verbot ihres Mannes in Kaufhäusern und jüdischen Geschäften einkauft, so ist es dem Mann nicht zu verargen, dass seine
15 eheliche Gesinnung erkaltet."

Der Stürmer, Nr. 38, September 1938.

9 Winterhilfe

Aus den geheimen Deutschlandberichten:
Wer sich bei den Nazibonzen gut anschmusen kann, wer etwas über die „Staatsfeinde" mitzuteilen weiß, wird besser betreut als derjenige, der es wirklich notwendig hätte, aber kein Lump ist.
5 Ein Berginvalide mit Frau, der im Monat 57,– RM Rente bekommt, bekam zu Weihnachten von der Winterhilfe 2 Pfund Büchsenfleisch, 1½ kg Mehl und 1 kg Zucker. Diese Spende erhielt so ziemlich jeder, der weniger als 60,– RM
10 Rente bekommt. Betreut werden aber nur die Hilfsbedürftigen, die nachweislich keine „Staatsfeinde" sind.

Sopade 1938, S. 113.

10 „Pott-Kiekerei"

Über die Aufgaben der „Aufgangswalter":
Ein solcher „Aufgangswalter", wie man ihn nennen könnte, sammelt die Winterhilfsspenden ein, läuft mit allen möglichen Formularen herum, erkundigt sich nach allen Familienangelegenheiten
5 und sucht alles und jedes in Erfahrung zu bringen. Er soll sich mit den Hausfrauen über die Preise und die Lebensmittelknappheit unterhalten, er dringt in die Wohnung ein, er soll feststellen, welche Zeitung die einzelne Familie hält, wie
10 ihre Lebenshaltung ist usw. Sogar alte PGs (Parteigenossen) haben sich schon bis zur Gauleitung mit Protesten über diese Pott-Kiekerei gewendet.

Sopade 1937, S. 677 f.

11 „Zurückführung der Frau in den Haushalt"

Der nationalsozialistische „Völkische Beobachter" berichtet:
Im Kampf gegen die Arbeitslosigkeit ist die Zurückführung der Frau von der Arbeitsstätte in den Haushalt, wo das irgendwie angängig ist, eine der wichtigsten Aufgaben unserer Wirt-
5 schaft … (Darum) entschloss sich die Geschäftsleitung der Reemtsma-Zigaretten-Fabriken, das Aufbauwerk unseres Führers dadurch zu unterstützen, dass sie für jeden im Betrieb tätigen weiblichen Angestellten, der durch Eheschlie-
10 ßung ausscheidet, eine männliche Arbeitskraft an deren Stelle setzte und außerdem jeder in den Ehestand tretenden weiblichen Arbeitskraft eine Ausstattungshilfe in Form eines Barschecks von 600 Reichsmark zur Verfügung stellte.

Völkischer Beobachter vom 23. Oktober 1933.

12 Fahnenappell

Alle Schülerinnen und Schüler mussten vor Beginn des Unterrichts zum Fahnenappell antreten und die Flaggenhissung mit dem „deutschen Gruß" begleiten. Das Bild stammt aus einer Fibel für Grundschulkinder.
Neben der Hitlerjugend (HJ) sollte die Schule die Kinder und Jugendlichen „im Geist des Nationalsozialismus formen". Überdurchschnittlich viele Lehrerinnen und Lehrer waren Mitglieder der NSDAP und im „Nationalsozialistischen Lehrer-Bund" (NSLB).

a) Was meint M1 mit „Ordnung und Sauberkeit" (s. auch M4–5, M7–8, M11)?
b) Welche Handlungen galten im Dritten Reich als strafwürdig (M4, M7–8)?
c) War das Dritte Reich „ein Reich der Ordnung und Sauberkeit"? Beantworte diese Frage auch aus der Sicht einer heutigen Frau.
d) Warum war es für manche „schrecklich, in Deutschland zu leben"?

1.3 Jugend unter dem Hakenkreuz

1926 _____ Die Hitlerjugend (HJ) wird als nationalsozialistische Jugendorganisation gegründet.

1930 _____ Mehrere nationalsozialistische Mädchengruppen werden im „Bund Deutscher Mädel in der HJ" (BDM) zusammengefasst.

1936/39 _____ Das Gesetz über die Hitlerjugend wird erlassen. Die HJ wird zur Staatsjugend mit dem Auftrag, „die gesamte deutsche Jugend ... in der Hitlerjugend körperlich, geistig und sittlich im Geiste des Nationalsozialismus zum Dienst am Volk und zur Volksgemeinschaft zu erziehen". Die Hitlerjugend wird ein außerschulischer Zwangsverband mit Jugenddienstpflicht für alle Jugendlichen vom 10. bis zum 18. Lebensjahr.

1939 bis 1945 _____ Die Hitlerjugend kommt zum Kriegseinsatz: Sammelaktionen und Hilfsdienste in Landwirtschaft und Wehrmacht; gegen Kriegsende – als letztes Aufgebot – Flakhelfer im „Volkssturm".

Von der Parteijugend zur Staatsjugend

Die „Erfassung" der Jugend war dem NS-Regime besonders wichtig. Schon früh sollten Kinder im Sinne der nationalsozialistischen Ideologie erzogen werden, damit sie sich vollständig mit dem Staat identifizierten. Kurz vor der Machtübernahme Hitlers zählte die Hitlerjugend 100 000 Mitglieder. Doch schon bald nach dem Regierungsantritt wurden die meisten anderen noch bestehenden Jugendorganisationen zwangsweise „gleichgeschaltet", das heißt aufgelöst oder in die HJ übernommen – manche gliederten sich auch freiwillig in die Hitlerjugend ein. So war die HJ bereits Ende 1934 zu einer Massenorganisation mit 3,5 Millionen Mitgliedern geworden. Als „Staatsjugend" stand ihr in der Erziehung der gleiche Einfluss zu wie Elternhaus und Schule, wobei sie weltanschauliche Schulung und körperliche Ertüchtigung in den Mittelpunkt stellte – der Hintergrund dafür ist aus heutiger Sicht leicht zu erkennen.

Aus verschiedenen Gründen ist es der Hitlerjugend tatsächlich gelungen, die Mehrheit der Jugend für sich zu gewinnen; sicherlich sahen manche in der HJ auch Möglichkeiten für ihren persönlichen Aufstieg. Aber manche Jugendliche konnten sich dennoch dieser Vereinnahmung seitens des Staates entziehen. Nur die allerwenigsten wagten aber dies offen auszusprechen. Einige Jugendliche schlossen sich in eigenen Cliquen zusammen und distanzierten sich innerlich von der HJ, andere beteiligten sich sogar an Widerstandsaktionen.

1 **Dienstpflicht**
Links: Jungvolk in der Hitlerjugend;
rechts: Bund deutscher Mädel (BDM)

2 *„Auch Du gehörst dem Führer"*
Propagandaplakat, 1936.

3 *„Unsre Fahne flattert uns voran"*
Reichsjugendführer Baldur von Schirach schrieb für den Propagandafilm „Hitlerjunge Quex" (September 1933) das „HJ-Fahnenlied":
Vorwärts! Vorwärts! schmettern die hellen Fanfaren. Vorwärts! Vorwärts! Jugend kennt keine Gefahren. Deutschland, du wirst leuchtend stehn, mögen wir auch untergehn … Ist das Ziel auch
5 noch so hoch, Jugend zwingt es doch!
Unsre Fahne flattert uns voran, in die Zukunft ziehn wir Mann für Mann. Wir marschieren für Hitler durch Nacht und durch Not, mit der Fahne der Jugend, für Freiheit und Brot. Unsre
10 Fahne flattert uns voran. Unsre Fahne ist die neue Zeit. Und die Fahne führt uns in die Ewigkeit. Ja, die Fahne ist mehr als der Tod!
Jugend! Jugend! Wir sind der Zukunft Soldaten. Jugend! Jugend! Träger der kommenden Taten.
15 Ja, durch unsre Fäuste fällt, was sich uns entgegenstellt. Jugend! Jugend! Wir sind der Zukunft Soldaten. Jugend! Jugend! Träger der kommenden Taten. Führer! Dir gehören wir, wir, Kam'raden dir!

Blut und Ehre. Lieder der Hitler-Jugend, hg. von Baldur von Schirach, Berlin 1933, S. 67.

4 *Das Leben in der Hitlerjugend*
a) *Ein ehemaliger „Pimpf" berichtet über seine Zeit im „Deutschen Jungvolk":*
An manchen Samstagen gehen wir auf Wochenendfahrt. Am Koppel hängt der prall mit Stullen gefüllte Brotbeutel, auf dem Brotbeutel die Feldflasche. Über der Schulter tragen wir, zusam-
5 mengerollt, Decke und Zeltplane. Wir lernen, was feldmarschmäßig ist … Aus der Stadt heraus und bis zum Wald marschieren wir. Vor dem Wald löst sich die Einheit auf. Wir durchstreifen ihn schleichend, stets darauf bedacht, uns vor
10 einem fiktiven Feind zu verbergen. Kein Wort fällt. Die Feldflasche darf nicht klappern, kein Ast darf knacken. Kurz vor dem Lagerplatz, der als „vom Feind besetzt" gilt, brechen wir mit Gebrüll zum Sturmangriff aus dem Gebüsch. Natürlich
15 besiegen wir den Feind und schlagen da, wo er gelegen hat, unsere Zelte auf … Später schlafen wir in den Zelten ein. Wir schlafen ruhig: Draußen liegen zwei Kameraden beim klein gehaltenen Feuer und schieben Wache. Alle zwei
20 Stunden ist Ablösung. Das Kameradschaftsgefühl gibt Sicherheit.

Am Sonntag das obligate Geländespiel, das Training im unerbittlichen Freund-Feind-Gefühl … Abends kommen wir nach Hause, müde, aber
25 glücklich. Mancher trägt stolz am Kopf eine Beule in die Wohnküche, Mutter ist entsetzt, Vater ist stolz …
Wir hatten unsere eigene Welt. Vater war kein Kamerad, höchstens ein Vorgesetzter ohne Kom-
30 petenz. Mutter hatte ohnehin nicht viel zu sagen.

Zit. nach: Fritz Langour, Anschleichen, Tarnen, Melden. Ein Pimpf erinnert sich, in: Ein Volk, ein Reich, ein Führer. Band 2, bearb. v. Christian Zentner, Hamburg 1975, S. 406 ff.

b) *Eine Jungmädelführerin:*
Wir machten eine Fahrt, wir wanderten, wir machten eine Schnitzeljagd, wir veranstalteten eine Fuchsjagd. Das waren so Wald- und Feldspiele, wie man sie vielleicht heute gar nicht mehr
5 so spielt, aber die massig Spaß machten. Und hinterher wurde dann auch irgendwo ein Lagerfeuer entfacht und ein ordentlicher Kessel Erbsensuppe aufgesetzt. Und dieses alles, dieses Neue, dieses freie In-der-Natur-sich-bewegen-dürfen,
10 ohne Zwang, ohne den strengen Blick des Vaters oder die Sorge der Mutter hinter sich zu spüren, dieses freie Selbstgestalten, das war es eigentlich, was sehr glücklich machte.

Zit. nach: Erika Martin in: „Glauben und rein sein …" – Mädchen im BDM, WDR-Schulfernsehen, Oktober 1994.

5   *„Jugend dient dem Führer"*
Propagandaplakat

6   *„… und sie werden nicht mehr frei"*
Aus einer Rede Adolf Hitlers in Reichenberg (Sudetenland), Dezember 1938:

Diese Jugend, die lernt ja nichts anderes als deutsch denken, deutsch handeln und wenn nun dieser Knabe, dieses Mädchen mit ihren zehn Jahren in unsere Organisationen hineinkommen
5 und dort nun so oft zum ersten Mal überhaupt eine frische Luft bekommen und fühlen, dann kommen sie vier Jahre später vom Jungvolk in die Hitlerjugend, und dort behalten wir sie wieder vier Jahre und dann geben wir sie erst recht nicht
10 zurück in die Hände unserer alten Klassen- und Standeserzeuger, sondern dann nehmen wir sie sofort in die Partei oder in die Arbeitsfront, in die SA oder in die SS, in das NSKK (Nationalsozialistisches Kraftfahr-Korps) und so weiter. Und
15 wenn sie dort zwei Jahre und anderthalb Jahre sind und noch nicht ganze Nationalsozialisten geworden sein sollten, dann kommen sie in den Arbeitsdienst und werden dort wieder sechs und sieben Monate geschliffen, alle mit einem Sym-
20 bol: dem deutschen Spaten.
Und was dann nach sechs oder sieben Monaten noch an Klassenbewusstsein oder Standesdünkel da oder da noch vorhanden sein sollte, das über-

25 nimmt dann die Wehrmacht zur weiteren Behandlung auf zwei Jahre, und wenn sie dann nach zwei oder drei oder vier Jahren zurückkehren, dann nehmen wir sie, damit sie auf keinen Fall rückfällig werden, sofort wieder in SA, SS und so weiter und sie werden nicht mehr frei ihr ganzes
30 Leben und sie sind glücklich dabei. Langsam verschwinden aus ihrem ganzen Gesichtsfeld alle diese lächerlichen Vorurteile, unter denen vielleicht ihre Väter noch leiden mögen. Sie sehen sich ganz anders an, sie haben allmählich den
35 Menschen kennengelernt, und wenn mir einer sagt: Ja, aber da werden doch welche überbleiben. Der Nationalsozialismus steht nicht am Ende seiner Tage, sondern erst am Anfang!

Tondokument Nr. C 1326 des Deutschen Rundfunkarchivs, Frankfurt a. M.

7   *„Briefe eines Hitlerjugend-Führers"*
Die Briefe wurden in den „Schriften der jungen Nation" abgedruckt, die in Paris vom ehemaligen Führer der in die HJ überführten „Bündischen Jugend", K. O. Paethel, herausgegeben wurden. Paethel war 1933 nach Frankreich emigriert. Die Schriften wurden illegal nach Deutschland geschleust und dort verteilt:
Lieber Heinz,
… wenn ich dir heute schreibe, dann geschieht das nicht zuletzt deshalb, weil ich immerzu an deine leuchtenden Augen denken muss, mit
5 denen du vor der Fahne deiner Formation hergingst und den Arm zum deutschen Gruß emporrissest, als du mich oben beim Stab des „Deutschen Jungvolk" stehen sahst …
Weshalb ich so bitter bin? …
10 Mein Lieber, glaubst du wirklich an die große Einigkeit unseres Volkes, die die phantastischen Wahlziffern uns vorzuspiegeln versuchen? Weißt du wirklich nicht um die tieferen inneren Risse im Fundament unseres Staatslebens? …
15 Wir haben einst geschworen, immer wieder an unseren Feuern, dem wahren und echten Deutschland zu dienen, in dessen Gefolgschaft wir einst formulierten: „Die das Neue in sich tragen, dürfen nicht vergessen, dass sie des alten
20 Staates grimmigste Feinde sind, dass das heilige Reich der Deutschen woanders liegt als der heutige deutsche Staat." Ist es nicht schon heute so, dass diese Kampfansage gegen Weimar, wenn wir ganz ehrlich sind, auch dem nationalsozia-
25 listischen Staat vielleicht bald gelten muss …
Wo sind denn all die Illusionen geblieben, mit denen die vielen wirklich zu Dienst und Einsatz bereiten Leute der Jugendbewegung, als unsere

Bünde trotz aller gegenteiligen Versprechungen
30 1933 verboten wurden, in die Hitlerjugend hineingingen?
Wo haben sich denn unsere Vorstellungen einer zuchtvollen und verantwortungsbewussten Jugend durchzusetzen vermocht?
35 Öde Soldatenspielerei mit zweifelhaftem militärischen Wert, dumpfes und borniertes Nachbeten von Parteiphrasen …, Strammstehen ohne jede eigene Initiative an der Stelle der vorgeblichen Selbstführung der Jugend …
40 Heinz, wir sind auf der falschen Front, fürchte ich! – Hier wird Deutschland in den Abgrund geführt. Ich weiß noch nicht, was wir tun können. Aber weil ich will, dass wir, du und ich und manche andere, die auch die Augen und Ohren offen
45 haben, gemeinsam danach Ausschau halten sollen, was wir tun können, deshalb schreibe ich dir.

Archiv der sozialen Demokratie, Bonn-Bad Godesberg.

8 Hitlerjugend und Schule

a) *Kurz vor Schuljahresende 1935 schrieb der Vater eines Schülers an den Schulleiter:*
Am Montag, dem 18. 3., erhielt ein Zug des Jungvolkes, in dem mein 11-jähriger Junge Dienst tut, den Befehl, abends um 7 Uhr anzutreten, um im Stadttheater einen Gesangsvortrag einzuüben
5 und vorzutragen. Der Junge wurde um 11 Uhr entlassen. Es kann wohl nicht dem Zwecke der Schule sowie dem Sinne des Elternhauses entsprechen, wenn die Schüler in ihrer anstrengenden Arbeit vor Jahresschluss in solcher Form
10 gestört werden; auch geht eine derartige Anforderung entschieden über das Maß hinaus, das von höherer Stelle des Jugenddienstes genau festgelegt ist. Ich bitte Sie deshalb, an entsprechender Stelle meinen Einspruch gegen diese der Ju-
15 gend erzieherisch und gesundheitlich schädliche Anordnung vorzulegen und um Vermeidung ihrer Wiederholung besorgt zu bleiben …
Mit deutschem Gruß
Dr. med. K., Augenarzt, Mönchengladbach

b) *Aus dem Brief des HJ-Bannführers (Bann 233 Ruhr/Niederrhein) an einen Stadtrat der Stadt Mönchengladbach, März 1934:*
Laut Anweisung der Gebietsführung bitte ich Sie an alle in Frage kommenden Schulen die Anweisung herauszugeben, dass Jg. [Jungen], die in Gefahr stehen Ostern nicht versetzt zu
5 werden und aktiv in der HJ stehen, mir sofort gemeldet werden. Ich werde die einzelnen Fälle dann sofort prüfen, da laut Anweisung in besonders gelagerten Fällen wie außerordentliche Einsatzbereitschaft für die HJ – usw. Ausnah-
10 men zulässig sind.

Stadtarchiv Mönchengladbach 17/257.

9 Ein 16-Jähriger als Luftwaffenhelfer in den letzten Kriegstagen 1945. Alle nicht der Wehrmacht angehörigen Jungen ab 16 und Männer bis zu 60 Jahren wurden ab September 1944 in den „Volkssturm" einberufen, der als „Hitlers letztes Aufgebot" die Wehrmacht bei der Verteidigung bedrohter Heimatgebiete unterstützen sollte.

a) *Wie wurden auf den Propagandaplakaten der HJ (M2, M5) und im „Fahnenlied" (M3) Mädchen und Jungen angeprochen?*
b) *Was faszinierte damals Jugendliche am Leben in der HJ (M1, M4)? Wie beurteilten andere Jugendliche, die sich innerlich von ihr distanziert hatten, die HJ und den NS-Staat (M7)?*
c) *Stelle aus M6 die Institutionen zusammen, die jeder Jugendliche zwangsweise durchlaufen sollte. Welche Erziehungsinstanz fehlte in Hitlers Aufzählung und warum? Ziehe M8 zur Begründung heran.*
d) *Was drückt die Bildquelle M9 aus? Vergleiche diese mit M5.*

1.4 Ein Volk von Mitläufern?

Leben im totalitären Staat

Viele Deutsche wussten, dass sie jetzt in einem Unrechtsstaat lebten – in einem „totalitären Staat". Wie konnte man in einem solchen Staat leben? Die meisten Menschen gingen ihren täglichen Geschäften nach oder passten sich irgendwie an – aus Angst, aus Gleichgültigkeit, aus Opportunismus, oft in der Hoffnung, dass bald alles vorüber sei. Viele wurden zu „Mitläufern". Und alle wussten: Wer anders dachte als die Nationalsozialisten, wurde im „Dritten Reich" verfolgt, eingeschüchtert, eingesperrt, an Leib und Leben bedroht.

Leben als Gegner

1 NS-Ausstellungs-katalog, 1938

Aber es gab auch Gegner des Nationalsozialismus. Diese wurden, wenn man ihrer habhaft wurde, in „Schutzhaft" genommen, d. h. verhaftet und eingesperrt mit der Begründung, die Verhafteten müssten vor dem Zorn und „gesunden Volksempfinden" der anderen Deutschen geschützt werden.

Viele, die um ihr Leben fürchten mussten, vor allem politische Gegner und jüdische Deutsche, flohen aus ihrem Vaterland und lebten – zumeist unter Zurücklassung des größten Teils ihrer Habe – als „Emigranten" in der Fremde und häufig im Elend. Viele der berühmtesten und in der Welt bedeutendsten deutschen Wissenschaftler und Künstler baten im Ausland um Asyl oder wurden von der nationalsozialistischen Regierung „ausgebürgert". Ihre Musik durfte nicht mehr in Deutschland gespielt werden; ihre Bücher wurden öffentlich verbrannt; ihre Bilder und Skulpturen wurden als „entartete Kunst" aus den Museen entfernt. Sie alle wurden als „undeutsch" bezeichnet. Kritische Wissenschaftler und Künstler, die in Deutschland blieben, lebten meist zurückgezogen in „innerer Emigration". Viele von ihnen hatten Berufsverbot.

Widerstand der Arbeiterbewegung

Organisierter politischer Widerstand wurde fast nur von Sozialdemokraten, Gewerkschaftern und Kommunisten geleistet, die ohne Zustimmung der übrigen Bevölkerung lebensgefährliche Aktionen unternahmen. Sie waren die entschiedensten Gegner des „Faschismus" und von der Verfolgung Andersdenkender am stärksten betroffen. Die Nationalsozialisten hatten immer beabsichtigt, „den Marxismus bis zur letzten Wurzel in Deutschland auszurotten" (Hitler).

2 Im Konzentrations-lager Dachau (Foto von 1938)
Schon 1933 richteten die Nationalsozialis-ten in Deutschland in aller Öffentlichkeit Konzentrationslager ein (KL, im Volks-mund KZ genannt) – zuerst in Oranienburg bei Berlin. Viele leb-ten zehn Jahre und länger in den Lagern, wenn sie nicht ermor-det wurden. – Versetze dich in die Lage eines Häftlings, der das Plakat liest.

Es gibt einen Weg zur Freiheit. Seine Meilensteine heissen: Gehorsam, Fleiss, Ehrlichkeit, Ordnung, Sauberkeit, Nüchternheit, Wahrhaftigkeit, Opfersinn und Liebe zum Vaterlande!

3 Bücherverbrennung
Der in Paris im Exil lebende deutsche Künstler
Heinz Kiwitz stellte 1938 die Bücherverbrennung von 1933 durch Korpsstudenten dar.
Es spricht Joseph Goebbels, der als Propagan-
daminister die Bücherverbrennung organisiert hatte.

**Uns aus dem Elend zu erlösen
können wir nur selber tun - KPD**

4 Arbeiterwiderstand
Illegaler Linolschnitt von Fritz Schulze, 1933,
ein Flugblatt aus dem gefährlichen Widerstand
der Arbeiterbewegung. Wer beim Herstellen
oder Verteilen verhaftet wurde, musste mit dem
KZ rechnen. Viele Juristen, dem gebildeten
Bürgertum angehörend, urteilten Arbeiterinnen
und Arbeiter hart und nach fragwürdigen
Gesetzen ab. Viele Richter und Staatsanwälte
standen dem Nationalsozialismus zustim-
mend gegenüber und zeigten dies auch in den
Gerichtsverfahren.

**Christlicher
Widerstand**

Briefkopf der
„Deutschen Christen"

Die christlichen Kirchen beteiligten sich kaum am Widerstand gegen das nationalsozialistische Regime. Die Katholische Kirche protestierte, wenn der Staat
die Rechte bedrohte, die er der Kirche 1933 im Konkordat zugesichert hatte
(u. a. Sicherung der Bekenntnisschulen, Existenzrecht katholischer Verbände).
In der Evangelischen Kirche unterstützte die Mehrheit – die „Deutschen Christen" – Partei und Regierung. Eine Minderheit – die „Bekennende Kirche" – stand
dem totalitären Staat kritisch gegenüber.
Die Nationalsozialisten versuchten den Einfluss der Kirchen zu verringern. Sie
übten Druck auf die Kirchen aus, um auch sie „gleichzuschalten". Dies gelang
ihnen nur bei den „Deutschen Christen", die sogar den Antisemitismus bejahten.
Viele einzelne Priester und Pfarrer dagegen widersetzten sich den Nationalsozialisten oder der Zusammenarbeit von Kirche und Nationalsozialismus. Viele
von ihnen wurden verfolgt, eingesperrt und in Konzentrationslagern ermordet.

Totalitär: So nennt man einen Staat, der versucht
mit modernsten Medien, mit Zwang und Terror
das gesamte politische, gesellschaftliche und
kulturelle Leben auf der Grundlage einer für alle
verbindlichen Ideologie zu vereinheitlichen und
zu kontrollieren. Innerhalb der Wissenschaft ist
umstritten, ob faschistische und kommunistische
Diktaturen gleichermaßen als totalitäre Staaten
bezeichnet werden dürfen, weil bei allen formalen
Ähnlichkeiten die inhaltlichen Unterschiede –
Bekenntnis zu Traditionen, Normen und Zu-
kunftsvorstellungen – sehr erheblich sind.

5   *Seinen Parteiaustritt* begründet ein Sozialdemokrat im März 1933:

Gemäß §9 des Organisationsstatuts erkläre ich hiermit meinen sowie auch meiner Frau Austritt mit sofortiger Wirkung …

Als Behördenangestellter stehe ich vor einem
5 Scheideweg. Einerseits sehe ich, wie sich mit Sicherheit bei meinem Arbeitgeber, dem Reich, die Tendenz durchsetzt, diejenigen Arbeitskräfte, die regierungsfeindlichen Vereinigungen angehören, nicht mehr zu dulden. Auf der anderen Seite
10 steht die Treue zur Partei. Leider sehe ich keine andere Möglichkeit als meinen Austritt. Steht doch die Existenz meiner Familie auf dem Spiele. Sollte dennoch das Los der Arbeitslosigkeit nicht abzuwenden sein, das aus eigener Anschauung
15 sehr hart sein kann, so brauche ich mir nicht vorzuwerfen, nicht alles getan zu haben im Interesse meiner Frau und meines Kindes.
Hans-J.

Zit. nach: Kurt Zentner, Illustrierte Geschichte des Dritten Reiches, München 1965, S. 139.

6   *„Ich glaubte ihnen …"*
Eine ehemalige Nationalsozialistin über ihre Einstellung als junges Mädchen 1933:

Keine Parole hat mich je so fasziniert wie die von der Volksgemeinschaft … Ich glaubte den Versprechen der Nationalsozialisten, dass sie die Arbeitslosigkeit und damit die Not von sechs
5 Millionen Menschen beseitigen würden. Ich glaubte ihnen, dass sie das deutsche Volk aus der

Zersplitterung von mehr als vierzig politischen Parteien zu einer Einheit zusammenführen und dass sie die Folgen des Versailler Diktats über-
10 winden würden. Wenn mein Glaube sich im Januar 1933 nur auf eine Hoffnung stützen konnte, so schien er bald genug auf Tatsachen hinweisen zu können.

Melita Maschmann, Fazit. Kein Rechtfertigungsversuch, Stuttgart 1963, S. 17, 22 f.

7   *„Angst haben ist dagegen so menschlich"*
Ein Schweizer Journalist verteidigt deutsche Kollegen gegen den Vorwurf der Anpassung:

Denn wo wäre der Übermensch und Gigant, der einer der unduldsamsten und in gewissem Sinne auch mächtigsten Staatsgewalten, die je in Erscheinung traten, mit dem Mut zur eigenen pub-
5 lizistischen Courage in jedem Fall entgegenträte? Zwei hervorragende deutsche Schriftsteller, deren hier wieder einmal mit Respekt gedacht sei, Carl von Ossietzky, der ehemalige Herausgeber der „Weltbühne", und Ludwig Renn, der
10 Verfasser des „Krieg", haben es gewagt; sie sind seit einem Jahr spurlos im Konzentrationslager verschwunden. Angst haben ist dagegen so menschlich; die Sorge vor dem sofortigen Verlust des Brotkorbs für den Fall der eigenen freien
15 Meinungsäußerung, vor der dann kaum zu vermeidenden Armut, vor dem Hungern seiner selbst und vor allem der Familie, wer wäre ihr nicht zugänglich?

Basler Nationalzeitung vom 19. April 1934.

8   **Mitläufer?**

Links: George Grosz: „Sie konnten nicht widerstehen", Karikatur, 1935.
Rechts: Berliner Werftarbeiter grüßen den Nationalsozialisten Hermann Göring (seit 1935 Oberbefehlshaber der Luftwaffe), Foto aus dem Jahre 1938. Das Bild war als Propagandaaufnahme gedacht.
Betrachtet genau und deutet die Haltung und Gestik der Arbeiter.

9 **Aus einer Fibel für Grundschulkinder.** *Für jedes Amt, Alter und Geschlecht – v. a. aber für Männer – gab es Uniformen: (v. l. n. r.) Pimpf, Hitlerjunge, BDM-Mädel, PL (Parteileiter)-Mann, Arbeitsdienst, Soldat, SA, SS – immer im Dienst, „allzeit bereit" dem Führer, der Partei und Deutschland zu dienen.*

10 **„Ich bitte Maßnahmen zu ergreifen…"**
Ein „Volksgenosse" wird denunziert:
Der Volksgenosse P. muss als nicht nationalsozialistisch zuverlässig angesehen werden. Er hält keine Zeitung. Wie mehrere Parteigenossen bestätigen, kauft er weder Plaketten, noch grüßt er
5 mit dem „Deutschen Gruß".
An „W. H. W."-Sammeltagen (auch Eintopf) ist das Haus verschlossen.
Den Gruß „Heil Hitler" beantwortet er mit „Guten Tag" unter Abnehmen seines Hutes … Selbst
10 an hohen nationalsozialistischen Feiertagen zeigt er keine Flagge. Von der Empörung der Nachbarn und deren Verlangen auf Einschreitung habe ich mich überzeugt … Ich bitte Maßnahmen zu ergreifen, dass P. empfindlich merkt, dass er
15 sich nicht dauernd gegen die Volksgemeinschaft stellen kann.

Zit. nach: Inge Marßolek / René Ott, Bremen im 3. Reich. Anpassung – Widerstand – Verfolgung, Bremen 1986, S. 170 f.

11 **Mainzer Fastnacht, 1934**
Der Präsident des Mainzer Karneval-Vereins:
Alles ist heut umgestaltet
Alles ist heut gleichgeschaltet:
Zweckverbände, große, kleine
Turn-, Gesang- und Skatvereine,
5 Ziegenzucht und Bullenhaltung,
Polizei und Stadtverwaltung.
Alles ist heut solidarisch,
Bis zur Urgroßmutter arisch.
Und seit 52 Wochen
10 Uni-braun bis auf die Knochen.

Zit. nach: Kurt Zentner, Illustrierte Geschichte des Widerstandes in Deutschland und Europa 1933–1945, München 1966. S. 102.

12 **1934: Eine Frau in Schutzhaft**
Die Gestapo (Geheime Staatspolizei) begründet die „Schutzhaft":
Der Schutzhäftling
Grete Dankwart, geb. Pieper,
geb. am 16. 12. 88 zu Löbau, Berlin,
Strassmannstr. 4b wohnhaft,
5 wurde festgenommen, weil er am 25. 11. 1934 die Gräber der Rosa Luxemburg und des Karl Liebknecht auf dem Zentralfriedhof Berlin-Friedrichsfelde mit Blumen geschmückt hat. Er hat dadurch auch äußerlich seine Sympathie zum
10 Kommunismus* … zum Ausdruck gebracht und sich bewusst in Gegensatz zu der heutigen Staatsform und zur nationalsozialistischen Weltanschauung gestellt. Sein Verhalten und seine Handlungsweise sind geeignet, die Öffentlichkeit
15 zu beunruhigen.
Das Geheime Staatspolizeiamt hat … Schutzhaft bis auf weiteres angeordnet.

* unleserlich

Zit. nach: Hanna Elling, Frauen im deutschen Widerstand 1933–1945, Frankfurt a. M. 1978, S. 26.

13 **Über die deutsche „Verfassung"**
„Flüsterwitz" (nach 1934):
Die deutsche Verfassung ist bedeutend vereinfacht worden. Sie hat nur noch die folgenden drei Paragraphen: 1. Das deutsche Volk besteht aus dem Führer und den Angeführten. 2. Der Führer
5 ernennt und erschießt seine Minister persönlich. 3. Alle Stände sind abgeschafft, insbesondere der Wohlstand und der Anstand. Zugelassen ist nur der Notstand.

Zit. nach: H.-J. Gamm, Der Flüsterwitz im 3. Reich, München 1963, S. 122.

14 **Adolf Hitler begrüßt den Reichsbischof Müller** auf dem Nürnberger Parteitag 1934. In der Mitte Abt Schachleitner.

15 „Deutsche Christen" und „Bekennende Kirche"

In der Evangelischen Kirche gab es zwei Richtungen: die „Deutschen Christen" und die „Bekennende Kirche".

a) Aus den Richtlinien der „Deutschen Christen" in Thüringen, 11. Dezember 1933:

… 3. Wie jedem Volke, so hat auch unserem Volke der ewige Gott ein arteigenes Gesetz eingeschaffen. Es gewann Gestalt in dem Führer Adolf Hitler und in dem von ihm geformten na-
5 tionalsozialistischen Staat. Dieses Gesetz spricht zu uns in der aus Blut und Boden erwachsenen Geschichte unseres Volkes. Die Treue zu diesem Gesetz fordert von uns den Kampf für Ehre und Freiheit.

Zit. nach: Alfred Krink, Die NS-Diktatur, 3. Aufl., Frankfurt a. M. 1975, S. 88.

b) Aus der „Barmer Erklärung" der „Bekennenden Kirche" vom Mai 1934:

1. … Jesus Christus, wie er uns in der Heiligen Schrift bezeugt wird, ist das eine Wort Gottes, das wir zu hören, dem wir im Leben und im Sterben zu vertrauen und gehorchen haben. Wir ver-
5 werfen die falsche Lehre, als könne und müsse die Kirche als Quelle ihrer Verkündigung außer und neben diesem einen Worte Gottes auch noch andere Ereignisse und Mächte, Gestalten und Wahrheiten als Gottes Offenbarung aner-
10 kennen …

Zit. nach: Walter Hofer, Der Nationalsozialismus, Dokumente 1933–1945, Frankfurt a. M. 1957, S. 142 f.

16 „… auch das Gute und Große sehen"

Aus einem „Hirtenbrief" der katholischen Bischöfe aus dem Jahre 1936:

Hitler hat den Anmarsch des Bolschewismus von weitem gesichtet … Die katholischen Bischöfe halten es für ihre Pflicht, ihn in diesem Abwehrkampf mit allen Mitteln zu unterstützen,
5 die ihnen aus dem Heiligtum zur Verfügung stehen … Auch dort, wo wir die Eingriffe in die Rechte der Kirche zurückweisen, wollen wir die Rechte des Staates auf staatlichem Gebiet achten und am Werk des Führers auch das Gute und
10 Große sehen.

Zit. nach: E. Aleff, Das Dritte Reich, 7. Auflage, Hannover 1970, S. 99.

17 „Warum tut die Kirche nichts?"

Marga Meusel fragte die „Bekennende Kirche" 1935/36, warum diese nicht gegen die Verfolgung der jüdischen Deutschen protestiere:

Was soll man antworten auf all die verzweifelten, bitteren Fragen und Anklagen: Warum tut die Kirche nichts? Warum lässt sie das namenlose Unrecht geschehen? Wie kann sie immer wieder
5 freudige Bekenntnisse zum nationalsozialistischen Staat ablegen, die doch politische Bekenntnisse sind und sich gegen das Leben eines Teils ihrer Glieder richten? … Und wenn die Kirche um ihrer völligen Zerstörung willen in vielen
10 Fällen nichts tun kann, warum weiß sie dann nicht wenigstens um ihre Schuld? Warum betet sie nicht für die, die dies unverschuldete Leid und die Verfolgung trifft?

Zit. nach: Marga Meusel, Die Stellung der Kirche, in: Martin Niemöller (Hg.), Die Synode zu Steglitz, Göttingen 1970, S. 46–48.

18 Bücherverbrennung in Deutschland

Im Mai 1933 verbrannten Nationalsozialisten überall in Deutschland bei öffentlichen Kundgebungen die Bücher von berühmten deutschen Schriftstellern und Denkern, die sie als Gegner des Nationalsozialismus und als Neuerer in der Kunst hassten (z. B. Ernst Bloch, Bertolt Brecht, Thomas Mann, Heinrich Mann, Else Lasker-Schüler, Stefan Zweig, Erich Kästner, Anna Seghers und viele, viele andere). – Warnend hatte einer der größten deutschen Dichter, Heinrich Heine (1797–1856), geschrieben:

„Das war ein Vorspiel nur;
Dort wo man Bücher verbrennt, verbrennt man auch am Ende Menschen."

In Dortmund sprach ein Schüler-Sprechchor zur Bücherverbrennung folgenden Text:

Habt ihr die Feinde erkannt?
Reinigt das deutsche Land!
Her mit dem flammenden Brand!

Fort mit den falschen Propheten!
5 Lasst sie von andern anbeten.–
Wir aber wollen sie töten!
Was die uns Fremden schreiben,
was die uns Fremden dichten,
soll nimmer unter uns bleiben,
10 wollen wir heute vernichten!
Soll uns nicht mehr betören
ihre zersetzende Sucht.
Soll uns nicht mehr zerstören
deutsche Sitte und Zucht!

15 Schaffet, strebet, erweist
unsern, den deutschen Geist!

Alles verzehren –
Neues gebären,
segnen – verdammen
20 Feuer und Flammen!
Brenne, Flamme! Brenne!

Zit. nach: Generalanzeiger vom 31. Mai 1933.

19 „Verbrennt mich!"

*Der Schriftsteller Oskar Maria Graf protestierte
1933 in der Wiener „Arbeiterzeitung" dagegen,
dass die Nationalsozialisten seine Bücher (bis
auf einen Roman) zum Lesen empfahlen:*
Vergebens frage ich mich, womit ich diese
Schmach verdient habe. Das Dritte Reich hat fast
das ganze deutsche Schrifttum von Bedeutung
ausgestoßen, hat sich losgesagt von der wirkli-
5 chen Dichtung, hat die größte Zahl ihrer wesent-
lichsten Schriftsteller ins Exil gejagt ... (Das ist)
ein Nationalsozialismus, auf dessen Befehl alle
meine aufrechten sozialistischen Genossen verfolgt, eingekerkert, gefoltert, ermordet oder aus
10 Verzweiflung in den Freitod getrieben werden ...
Nach meinem ganzen Leben und nach meinem
ganzen Schreiben habe ich das Recht, zu verlan-

gen, dass meine Bücher der reinen Flamme des
Scheiterhaufens überantwortet werden und nicht
15 in die blutigen Hände und die verdorbenen
Hirne der braunen Mordbanden gelangen!
Verbrennt die Werke des deutschen Geistes!
Er selber wird unauslöschlich sein, wie eure
Schmach!

O. M. Graf, An manchen Tagen. Reden, Gedanken und Zeitbetrachtungen,
Frankfurt a. M. 1961, S. 14 f.

20 „Entartete Kunst"?

*Oskar Schlemmer, „Bauhaustreppe", 1932.
Das Bauhaus war eine Hochschule für Gestaltung von internationaler Bedeutung, an der
viele moderne Künstler lehrten (vgl. Kap. „Die
Goldenen Zwanziger"). 1933 wurde die Schule
von den Nationalsozialisten geschlossen.*

a) *Ein Volk von Mitläufern? Welche Verhaltensweisen von Deutschen lassen
sich unterscheiden (VT, M5–8, M10–13, M15–17, M19)?*
b) *Wie erklärst du dir den schwachen Widerstand der Kirchen (VT, M16, M17)?*
c) *Der Widerstand aus der Arbeiterbewegung war sehr gefährlich, fast ohne
Rückhalt in der Bevölkerung und weitgehend erfolglos. War er darum auch
sinnlos? Erörtere diese Frage aus damaliger und heutiger Sicht.*
d) *Du findest auch in diesem Kapitel Zeugnisse von NS-„Kunst". Wie musste
Kunst sein, um nicht als „entartet" zu gelten (M1, M3, M18, M20)?*

2. Eine Diktatur gegen Minderheiten

*1933–1945*_____ Minderheiten werden im Deutschen Reich ausgegrenzt und verfolgt.
*1935*_____ In den „Nürnberger Gesetzen" wird festgelegt, dass Juden nicht als „Reichs-
bürger" gelten; Ehen zwischen „Deutschen" und „Juden" werden verboten.
*9./10. Nov. 1938*_____ Die Nationalsozialisten führen ein Judenpogrom durch.

**Ausgrenzung der
Minderheiten**

1 Plakat zu einer
NS-Ausstellung 1937

Der Nationalsozialismus ermöglichte es vielen Deutschen, Vorurteile und Aggressionen gegen Minderheiten in Worten und Gewalttaten uneingeschränkt und in der Regel ungestraft auszudrücken und auszuleben. Leidtragende waren alle Angehörigen von missliebigen Minderheiten in Deutschland, insbesondere Deutsche jüdischer Herkunft, aber auch Sinti und Roma – damals „Zigeuner" genannt –, Homosexuelle und Anhänger religiöser Sekten wie die „Zeugen Jehovas". Ohne Rückhalt in der Bevölkerung, galten sie alle als „Gemeinschafts-fremde" und waren der Gewalt und Willkür missgünstiger Deutscher ausgeliefert. Regierung, Partei, Behörden und „150-prozentige" Nationalsozialisten setzten die deutschen Juden und die Angehörigen anderer Minderheiten seit 1933 dauernd unter Druck. Durch Gesetze, Verordnungen und Verfügungen wurden ihre Rechte und Lebensmöglichkeiten immer mehr eingeschränkt. Es gab keine Instanz, die sie um Hilfe hätten angehen können. Nur wenige Deutsche hatten den Mut, öffentlich gegen die Ausgrenzung und Verfolgung der Minderheiten zu protestieren. Die meisten, darunter einflussreiche Personen und Verbände, schwiegen – aus Angst, aus Opportunismus, aus Gleichgültigkeit, aus uneingestandenem Antisemitismus oder aufgrund anderer Vorurteile.

**Judenpogrom vom
9./10. November 1938**

Im November 1938 organisierte die nationalsozialistische Führung die bis dahin größte Judenverfolgung. In Paris hatte ein Jude aus Protest gegen die Behandlung seiner Eltern durch deutsche Behörden einen deutschen Diplomaten erschossen. Das Attentat lieferte den Vorwand für das Judenpogrom in der Nacht vom 9. auf den 10. November 1938. In dieser Nacht steckten fanatische Deutsche überall in Deutschland jüdische Synagogen in Brand; stürmten, zer-

2 **Boykott jüdischer
Geschäfte**
SA-Leute stehen am 1. April 1933 als Boykottposten vor einem Kaufhaus in Berlin. Die Parteileitung der NSDAP hatte angeordnet, sämtliche jüdische Geschäfte und Praxen zu boykottieren. Es gehörte viel Mut dazu, den Parolen der gewaltbereiten SA-Leute nicht zu folgen.

3 *„Der Jude ist kein Bürger"*
Nach dem Programm der NSDAP konnte kein deutscher Jude deutscher Staatsbürger und „Volksgenosse" sein.
Seit den „Nürnberger Gesetzen" von 1935 waren die deutschen Juden rechtlos jeglichen Schikanen ausgeliefert.
Das Foto zeigt eine Horde der SA. – Wie deutest du Gestik und Mimik der Männer?

störten und plünderten jüdische Wohnhäuser, Geschäfte und Schulen; verprügelten, quälten und ermordeten jüdische Frauen und Männer. Die Polizei griff nicht ein und ließ die Antisemiten wüten, die angeblich „spontan" handelten. Die Mehrheit der Bevölkerung scheint mit Betroffenheit, Angst und Scham auf die Brandstiftungen und Morde reagiert zu haben.

Antisemitische Maßnahmen

Unmittelbar nach dem Pogrom erließ die Regierung Gesetze und Verordnungen, die die Existenzmöglichkeiten der deutschen Juden aufs Äußerste einschränkten. Jüdische Kaufleute, Handwerker und Unternehmer wurden gezwungen, ihre Geschäfte und Unternehmen aufzugeben und weit unter Preis an ihre „arischen" Konkurrenten zu verkaufen. Mittelständische Unternehmen konnten so ihre missliebige Konkurrenz ausschalten; viele große Konzerne überführten „jüdische" Unternehmen in ihren Besitz.

„Kristallnacht"? Pogrom

Die Nacht vom 9. auf den 10. November 1938 wird von manchen noch heute gedankenlos als „Kristallnacht" bezeichnet. Der Berliner Volksmund soll die Benennung wegen der vielen Glasscherben an zerstörten und geplünderten jüdischen Häusern und Synagogen erfunden haben. Die Nationalsozialisten übernahmen den Begriff in der „gleichgeschalteten" Presse. Tatsächlich verharmlost dieser Begriff aber das organisierte Pogrom gegen Menschen, indem er ein schönes Wort für eine schreckliche Begebenheit setzt.

Antisemitismus: Dieses Wort bezeichnet eine seit vielen Jahrhunderten bestehende feindselige Einstellung gegenüber Juden. Seit der Zerstörung Jerusalems (70 n. Chr.) waren die Juden über die Welt zerstreut und lebten überall als Minderheit. Sie wurden immer wieder als Sündenböcke für missliebige Entwicklungen benutzt und verfolgt, zumal sie auch in der „Diaspora" ihrer Religion und kulturellen Eigenart treu blieben. Neben dem Antisemitismus gab es immer auch einen christlichen Antijudaismus, der die Juden als „Christusmörder" betrachtete. Der Völkermord an den europäischen Juden (Holocaust) durch Deutsche war der schreckliche Höhepunkt einer fast zweitausendjährigen Verfolgung. Und noch immer gibt es Antisemiten …

4 *„... und trotzdem vernichten wir es"*

Im Januar 1935 veröffentlichte das antisemiti-sche Wochenblatt „Der Stürmer", herausgege-ben vom Gauleiter der NSDAP in Franken, Julius Streicher, den Brief einer Schülerin:

Gauleiter Streicher hat uns so viel von den Juden erzählt, dass wir sie ganz gehörig hassen. Wir haben in der Schule einen Aufsatz geschrieben unter dem Titel: „Die Juden sind unser Unglück"

5 … Leider sagen heute noch viele: „Die Juden sind auch Geschöpfe Gottes. Darum müsst Ihr sie auch achten." Wir aber sagen: „Ungeziefer sind auch Tiere und trotzdem vernichten wir es." … Wir standen am Rande des Grabes. Da kam

10 Adolf Hitler. Jetzt sind die Juden im Auslande und hetzen gegen uns. Aber wir lassen uns nicht beirren und folgen dem Führer … Heil Hitler

Zit. nach: Kurt Zentner, Illustrierte Geschichte des Dritten Reiches, Mün-chen 1965, S. 178.

5 *Ein „Volksgenosse" beschwert sich 1936*

Die Nationalsozialisten unterschieden zwischen „Volksgenossen" auf der einen Seite und „Ge-meinschaftsfremden", vor allem Jüdinnen und Juden, auf der anderen Seite. Die „Gemein-schaftsfremden" wurden durch willkürliche Verordnungen und Maßnahmen schikaniert:

Wie ich heute Morgen feststellen musste, wa-ren im Hansabad 3 Juden und zwar 1 Jude und 2 Jüdinnen. Es ist mir unverständlich, dass Juden dort zugelassen sind. Der Wärter sagte, es be-

5 stände dort … kein Judenverbot. Es ist aber höchste Zeit, dass ein solches Verbot in Kraft tritt, da auch in anderen Städten derartige Ver-bote für Juden bestehen. Vielleicht lässt sich die-ses auch in Bremen durchführen.

Zit. nach: Inge Marßolek/René Ott, Bremen im 3. Reich. Anpassung – Widerstand – Verfolgung, Bremen 1986, S. 175.

6 **Aus einem deutschen Kinderbuch, 1935**

Unter dem Bild steht in deutscher Schrift folgender Text:
„Im fernen Süden liegt das Land/Wo einst der Juden Wiege stand./ Dorthin soll'n sie mit Frau und Kind/ So schnell wie sie gekommen sind! –/ Seht an das jammer-volle Bild/Die Juden garstig frech und wild:/ Den Abraham, den Salomon,/Den Blumen-feld, den Lewinson,/ Rebekkchen und Sohn Jonathan,/Dann Simon und auch Aaron Kahn –/ Wie sie die Augen rollen/Und sich von dannen trollen…"

Die Worte im Bild:
„Einbahnstraße, Tempo, Tempo, Die Juden sind unser Unglück!"
Sie sind in einer alten deutschen Schrift geschrieben.

7 „Die Ortschaft … ist somit judenfrei"

Aus dem Monatsbericht der Gendarmerie-Station Reichenhall, 29. Dezember 1938:

Am 13. 12. 1938 vergiftete sich die in Bayerisch Gmain wohnhaft gewesene 67-jährige verwitwete Jüdin und Schauspielersgattin Klara Dapper mit Veronal, weil man ihr in der Nacht vom
5 12./13. 12. vor ihre Haustür in Bayerisch Gmain von bis jetzt unbekannten Tätern einen Zettel mit der Aufschrift gehängt hatte: „Alle Juden endlich einmal heraus!" Die Dapper hatte in Bayerisch Gmain ein Wohnhaus, das ihr Eigen-
10 tum war. Die Ortschaft … ist somit judenfrei.

Zit. nach: Bayern in der NS-Zeit, München 1977, S. 479.

8 Ein „heimtückischer Angriff"?

Bericht der politischen Polizei (März 1939):

Der evangelische Pfarrer Friedrich Seggel in Mistelgau (Landkreis Bayreuth) wurde am 28. Februar 1939 wegen Vergehens gegen … § 2 des Gesetzes gegen heimtückische Angriffe auf
5 Partei und Staat angezeigt. Seggel hat am 16. November 1938 (Buß- und Bettag) bei seiner Predigt … die Juden in Schutz genommen. Dabei sagte er u. a.: „Die in den vergangenen Tagen (8., 9., 10. November 1938) … gegen die Juden
10 durchgeführten Empörungsaktionen seien vom christlichen Standpunkte aus … zu verurteilen. Ein Christenmensch mache so etwas nicht, das seien Untermenschen gewesen …"

Zit. nach: Bayern in der NS-Zeit, München 1977, S. 479.

9 Am Pranger *wegen „Rassenschande" nach den „Nürnberger Gesetzen", Hamburg 1935. In den Nürnberger Gesetzen von 1935 waren Eheschließungen und außereheliche sexuelle Beziehungen zwischen „Juden" und „Staatsangehörigen deutschen oder artverwandten Blutes" verboten worden.*

Jüdisches Geschäft! Wer hier kauft wird photographiert

10 Aufkleber aus dem Jahre 1933

11 „Ein Bibelforscher namens Rachuba"

Die Ernsten Bibelforscher („Zeugen Jehovas"), die aus religiösen Gründen den Wehrdienst, jeglichen Eid und auch den „Deutschen Gruß" verweigerten, wurden besonders seit der Einführung der allgemeinen Wehrpflicht, 1935, verfolgt. Vor 1933 lebten etwa 6000 von ihnen in Deutschland. Mehr als 2000 wurden ermordet. In einem Prozess nach dem Krieg sagten drei Zeugen über die Misshandlung eines Ernsten Bibelforschers im KZ Sachsenhausen aus:

„Ein Bibelforscher namens Rachuba war ein ungewöhnlich tapferer und standhafter Mann. Er nahm beim Abspielen der Nationalhymne und des Horst-Wessel-Liedes die Mütze nicht ab. Er
5 wusste genau, dass er dafür bestraft wurde. Er kam in den Bunker und über den Bock. Er wurde bis zum Kopf eingegraben, nachdem er vorher von Sorge krumm geschlagen worden war …"
„Der Bibelforscher Rachuba konnte nur noch
10 kriechen, trotzdem ist er von Sorge immer wieder gepeinigt worden. Trotz seines Zustandes hat Rachuba eine große Überlegenheit über seine Peiniger ausgestrahlt. Er hatte schon mit dem Leben abgeschlossen."
15 „Zwei Blockführer, einer von ihnen war Sorge, gruben Rachuba ein und verrichteten ihre Notdurft über den Kopf des Wehrlosen."

Sachsenhausen. Der Prozess gegen Sorge und Schubert, in: KZ-Verbrechen vor deutschen Gerichten, Frankfurt a. M. 1962, S. 196 f. – Aussagen vom 23. 11. 1958.

12 „Wir sehen mit Freuden …"

Tempelhofer Zeitung vom 8. August 1936

Ein bunter Transport durch Tempelhof

Ende der Zigeunerherrlichkeit

Die Behörde greift energisch durch — Beschränkte Freizügigkeit

Schmutzig, von Ungeziefer starrend, schamlos ihre Familienintimitäten vor den Augen aller Welt ausbreitend, unverschämt, aufdringlich, lästig, wurden sie trotzdem von den Behörden geduldet und genossen eine unbeschränkte Freizügigkeit, die ihnen gestattete, bei Nacht und Nebel zu verschwinden und irgendwo anders unterzutauchen. Wir sehen mit Freuden, daß dieser Freiheit jetzt ein Ende gemacht worden ist.   Z.

13 Geschichte im Comic?

Das Bild aus einem Comic ist nach Fotos und Augenzeugenberichten gemalt und beschriftet. Es ist kein Zeugnis aus der Zeit, verwendet aber Zeugnisse aus der Zeit. – Welche Vorteile oder Nachteile hat es als „Quelle" gegenüber einem Foto?

14 „Gemeinschaftsfremde"

Nationalsozialistische Juristen arbeiteten ein „Gesetz über die Behandlung Gemeinschaftsfremder" aus, das wegen des Krieges nicht mehr in Kraft trat. Es zeigt aber, wie Nationalsozialisten über Minderheiten dachten. Die Bestimmungen über die „Gemeinschaftsfremden" waren absichtlich vage gehalten:

§ 1 Gemeinschaftsfremd ist:

1. Wer sich nach Persönlichkeit und Lebensführung, insbesondere wegen außergewöhnlicher Mängel des Verstandes und des Charakters

5 außerstande zeigt, aus eigener Kraft den Mindestanforderungen der Volksgemeinschaft zu genügen.

2. Wer

a) aus Arbeitsscheu oder Liederlichkeit ein

10 nichtsnutziges, unwirtschaftliches oder ungeordnetes Leben führt und dadurch andere oder die Allgemeinheit belastet oder gefährdet oder einen Hang oder eine Neigung zum Betteln oder Landstreichen, zu Arbeitsbummelei oder Diebe-

15 reien, Betrügereien oder anderen nicht ernsthaften Straftaten oder zu Ausschreitungen in der Trunkenheit betätigt oder aus solchen Gründen Unterhaltspflichten gröblich verletzt oder

b) aus Unverträglichkeit oder Streitlust den Frie-

20 den der Allgemeinheit hartnäckig stört, oder

3. Wer nach seiner Persönlichkeit und Lebensführung erkennen lässt, dass seine Sinnesart auf die Begehung von ernsten Straftaten gerichtet ist (gemeinschaftsfeindlicher Verbrecher und Nei-

25 gungsverbrecher) …

In der vorgesehenen Gesetzesbegründung hieß es u. a.:

Fürsorge kann nach nationalsozialistischer Auffassung nur Volksgenossen zugute kommen, die ihrer bedürftig aber auch würdig sind. Bei Gemeinschaftsfremden, die der Volksgemeinschaft

5 nur Schaden zufügen, ist nicht Fürsorge, sondern Zwang auf polizeilicher Grundlage notwendig, mit dem Ziel, sie entweder durch geeignete Maßnahmen wieder als nützliche Glieder der Volksgemeinschaft zu gewinnen oder doch an einer

10 weiteren Schädigung zu hindern. Der Schutz der Gemeinschaft steht dabei im Vordergrund … Dem Nationalsozialismus gilt der Einzelne nichts, wenn es um die Gemeinschaft geht.

Zit. nach: Detlev Peukert, Arbeitslager und Jugend-KZ: die „Behandlung Gemeinschaftsfremder" im Dritten Reich, in: D. Peukert/J. Reulecke (Hg.), Die Reihen fast geschlossen, Wuppertal 1981, S. 416 f.

a) Wie erklärst du den Hass und das Verhalten gegenüber Minderheiten?

b) Inwiefern kann man an dem Verhalten gegenüber Minderheiten ablesen, dass die Nationalsozialisten undemokratisch dachten und handelten?

c) Die Nationalsozialisten hatten schon vor der Machtübernahme gesagt, wie sie mit Minderheiten umgehen würden. Suche nach solchen Äußerungen in den vorhergehenden Kapiteln. Beschreibe, wie sie nach der Machtübernahme Minderheiten behandelten (alle Materialien dieses Kapitels).

d) Stelle eine Liste von Personengruppen zusammen, die nach dem Gesetzentwurf zu „Gemeinschaftsfremden" hätten erklärt werden können (M14).

3. „Heute (ge)hört uns Deutschland und morgen die ganze Welt" – Der Zweite Weltkrieg

3.1 Friedenszeit? – Vorkriegszeit!

1936 _____ Deutsche Soldaten („Legion Condor") und Truppen des faschistischen Italien unterstützen im spanischen Bürgerkrieg den Putsch der alten Machteliten gegen die gewählte „Volksfrontregierung" (Sozialisten, Kommunisten, Linksrepublikaner). Ein deutscher Bombenangriff auf die Stadt Guernica richtet ein Massaker unter der Zivilbevölkerung an.
Die faschistischen Staaten Deutschland und Italien verbünden sich in der „Achse Berlin–Rom". Das expansive Japan schließt sich dem Bündnis an.

1938 _____ Unter Protest von England und Frankreich, gegen den Widerstand der Regierung, aber mit Zustimmung der meisten Österreicher marschieren deutsche Truppen in Österreich ein. Die Reichsregierung beruft sich dabei auf das Selbstbestimmungsrecht der Völker. Das „Deutsche Reich" wird zum „Großdeutschen Reich".
Danach fordert Hitler das Selbstbestimmungsrecht auch für die Sudetendeutschen. Seine Drohung mit Krieg führt zur „Münchener Konferenz" (Deutschland, Italien, England, Frankreich). Vor allem England sucht durch Entgegenkommen einen Krieg zu vermeiden („Appeasement-Politik"): Das Sudetenland fällt dem „Großdeutschen Reich" zu.

März 1939 _____ Die Reichsregierung bricht das „Münchener Abkommen", als deutsche Truppen auch die „Rest-Tschechei" besetzen.

August 1939 _____ Das Deutsche Reich und die Sowjetunion schließen einen Nichtangriffspakt. In einem geheimen Zusatzabkommen teilen sie Polen untereinander auf.

1. September _____ Wenige Tage später greifen deutsche Truppen Polen an. Sowjetische Truppen besetzen Ostpolen. Die Vorkriegszeit ist zu Ende.

1 Recht auf Selbstbestimmung?
Das Foto zeigt Einwohner Prags beim Einmarsch deutscher Truppen. Die deutsche Regierung, die so sehr nach dem Selbstbestimmungsrecht für alle Deutschen gerufen hatte, missachtete mit der Besetzung der so genannten „Rest-Tschechei" selber das Selbstbestimmungsrecht der Bevölkerung der Tschechoslowakei.

Kriegsziel Osteuropa

Die Nationalsozialisten hatten immer auf Gewalt gesetzt. Auch ihre außenpolitischen Ziele konnten sie nur mit Gewalt durchsetzen. Hitler hatte 1924 in seinem Buch „Mein Kampf" eine Ausdehnung Deutschlands nach Osteuropa gefordert. Er griff damit Vorstellungen auf, die von vielen Nationalisten auch schon früher vertreten worden waren. Das deutsche Volk – so hieß es – sei ein „Volk ohne Raum". Seit langem hatten Interessenverbände darauf hingewiesen, dass im Osten riesiger Raum für das deutsche Volk erobert werden könnte und sollte. Nach Hitlers Vorstellungen sollten die „rassisch minderwertigen" osteuropäischen Völker billige Sklavenarbeiterinnen und -arbeiter für deutsche Landwirtschafts- und Industriebetriebe in Osteuropa stellen. Die Verbände der Wirtschaft standen diesen Plänen nicht ablehnend gegenüber.

Drei Etappen der Außenpolitik

In der deutschen Außenpolitik sind drei Etappen zu unterscheiden:
1. In den ersten Jahren nach 1933 forderte die Regierung die Gleichberechtigung Deutschlands. Diese Politik gegen Bestimmungen des Versailler Vertrages war überaus populär. Sie entsprach dem Nationalgefühl der meisten Deutschen.
2. Ab 1938 verlangte die Reichsregierung das „Selbstbestimmungsrecht" für deutschsprachige Bevölkerungen und für deutschsprachige Volksgruppen im Ausland. Auch diese Politik fand in Deutschland sowie in Österreich und im Sudetenland große Zustimmung.
3. Mit der Besetzung der „Rest-Tschechei" verstieß die Reichsregierung gegen das Selbstbestimmungsrecht. Sie war zur offenen Kriegspolitik übergegangen.

Der Beginn des Krieges

Reichskanzler Hitler hatte öffentlich jahrelang vom Frieden geredet, aber nie seine Pläne zur Eroberung von „Lebensraum" im Osten aufgegeben. Den Anschluss Österreichs und des Sudetenlandes hatte er mit der Androhung von Gewalt erpresst. Die Westmächte Frankreich und vor allem England hofften den Frieden in Europa durch eine „Appeasement-Politik" des Entgegenkommens bewahren zu können. Der deutsche Überfall auf Polen zwang sie wegen ihrer Garantieerklärung gegenüber Polen in den Krieg gegen Deutschland. Am 1. September 1939 begann der Zweite Weltkrieg als Krieg in Europa.

2 „Danzig grüßt seinen Führer".
Zu Beginn des Krieges: Einwohner der „Freien Stadt" Danzig, die von polnischem Staatsgebiet umgeben war, feierten am 19. September 1939 begeistert die Eingliederung in das „Großdeutsche Reich". Sie wollten als Deutsche unter einer deutschen Regierung in einem deutschen Staat leben, auch wenn sie dann unter einer Diktatur lebten.

3 „Eroberung neuen Lebensraumes im Osten"

Vier Tage nach seiner Ernennung zum Reichs-
kanzler erklärte Hitler in einer geheimen An-
sprache vor Generälen die Ziele der künftigen
Politik. Ein anwesender Generalleutnant hielt
stichwortartig fest:

… Aufbau der Wehrmacht wichtigste Voraus-
setzung für Erreichung des Ziels: Wiedererringung
der pol. Macht. Allg. Wehrpflicht muss wieder
kommen … Wie soll pol. Macht, wenn sie ge-
5 wonnen ist, gebraucht werden. Jetzt noch nicht
zu sagen. Vielleicht Erkämpfung neuer Export-
mögl., vielleicht – und wohl besser – Eroberung
neuen Lebensraumes im Osten u. dessen rück-
sichtslose Germanisierung.

Zit. nach: Vierteljahrshefte für Zeitgeschichte, 1954, S. 435.

4 „Deutschland will den Frieden"

Am 21. Mai 1935 erklärte Hitler öffentlich:

Das nationalsozialistische Deutschland will
den Frieden aus tiefinnersten weltanschaulichen
Überzeugungen … Was könnte ich anderes wün-
schen als Frieden? Wenn man aber sagt, dass dies
5 nur der Wunsch der Führung sei, so muss ich
darauf folgende Antwort geben: Wenn nur die
Führer und Regierenden den Frieden wollen, die
Völker selbst haben sich noch nie den Krieg ge-
wünscht! Deutschland braucht den Frieden und
10 es will den Frieden!

Zit. nach: Ursachen und Folgen. Bd. X, Berlin o. J., S. 338 f.

5 „… nach der Gewalt zu schreien …"

Am 10. November 1938 erklärte Hitler in einer
geheimen Rede vor Journalisten:

Die Umstände haben mich gezwungen, jahr-
zehntelang fast nur vom Frieden zu reden … Der
Zwang war die Ursache, warum ich jahrelang nur
vom Frieden redete. Es war nunmehr notwendig,
5 das deutsche Volk psychologisch allmählich um-
zustellen und ihm langsam klar zu machen, dass
es Dinge gibt, die, wenn sie nicht mit friedlichen
Mitteln durchgesetzt werden können, mit Mitteln der Gewalt durchgesetzt werden müssen.
10 Dazu war es notwendig, nicht etwa nun die
Gewalt als solche zu propagieren, sondern es
war notwendig, dem deutschen Volk bestimmte
außenpolitische Vorgänge so zu beleuchten, dass
die innere Stimme des Volkes selbst langsam
15 nach der Gewalt zu schreien begann.

Zit. nach: Hildegard von Kotze, Helmut Krausnick (Hg.), Es spricht der Führer, Gütersloh 1966, S. 269.

6 „Nur den Weg der Gewalt."

Nach einer Aufzeichnung seines Adjutanten
Oberst Hoßbach über eine Besprechung am
5. November 1937 in der Reichskanzlei erläu-
terte Hitler seine Pläne so:

Das Ziel der deutschen Politik sei die Sicherung
und Erhaltung der Volksmasse und deren Vermehrung, somit handle es sich um das Problem
des Raumes … Dass jede Raumerweiterung nur
5 durch Brechen von Widerstand und unter Risiko
vor sich gehen könne, habe die Geschichte aller
Zeiten – Römisches Weltreich, Englisches Em-
pire – bewiesen. Auch Rückschläge seien unvermeidbar. Weder früher noch heute habe es her-
10 renlosen Raum gegeben, der Angreifer stoße
stets auf den Besitzer. Für Deutschland laute die
Frage, wo größter Gewinn unter geringstem Einsatz zu erreichen sei … Zur Lösung der deutschen Frage könne es nur den Weg der Gewalt
15 geben …

Zit. nach: Ursachen und Folgen, Bd. XI, Berlin o. J., S. 545 ff.

7 „L'homme au double visage"

„Der Mann mit den zwei Gesichtern". Karika-
tur aus der französischen Zeitung „Le Rem-
part", 1933. – Wie deutet der Zeichner die Poli-
tik Hitlers? Überprüfe die Deutung aus dem
Jahre 1933 auch anhand der Zeugnisse Hitlers
aus den folgenden Jahren.

8 Die Erweiterung des deutschen Machtbereiches 1935 bis Kriegsbeginn 1939

Nach dem „Anschluss" Österreichs sollten und wollten auch die Sudetendeutschen „heim ins Reich". Hitler drohte mit Krieg, wenn den Sudetendeutschen das „Selbstbestimmungsrecht" verweigert würde. Auf der Münchener Konferenz wurden die Sudetendeutschen und das Sudetenland an das „Großdeutsche Reich" angegliedert. Die tschechische Regierung wurde nicht gefragt. Schon im Mai 1938 hatte Hitler geschrieben: „Es ist mein unabänderlicher Entschluss, die Tschechoslowakei in absehbarer Zeit durch eine militärische Aktion zu zerschlagen." Am 15. März 1939 marschierten deutsche Soldaten in die „Rest-Tschechei" ein. Die Tschechoslowakei wurde durch eine militärische Aktion zerschlagen.

9 Reaktionen auf die Besetzung der Tschechoslowakei in Deutschland

Sozialdemokraten melden dem Exilvorstand:

1. … Die Überzeugung, dass dem „Führer" alles gelinge …, hat bei den primitiven Menschen neue Nahrung gewonnen.

2. Nicht gering ist aber auch die Zahl derjenigen,
5 die diesem Gewaltstreich mit derselben stumpfen Gleichgültigkeit begegnen, die schon nach München vielfach zu beobachten war …

3. Eine dritte Gruppe stellt kritische Überlegungen an. Sie fragt sich, wie die Einverleibung der
10 „Tschechei" mit den früheren Versicherungen Hitlers in Einklang zu bringen ist, dass es ihm nur auf die „Befreiung unterdrückter deutscher Minderheiten" ankomme; sie erkennt, dass hier zum ersten Male der neue deutsche Imperialismus
15 weithin sichtbar zu Tage getreten ist.

4. Weit verbreitet – und auch den unkritisch Begeisterten oder … Gleichgültigen nicht fremd – ist …die Sorge, dass Deutschland mit dem neuesten „Sieg" der großen kriegerischen Auseinan-
20 dersetzung und damit der abermaligen Niederlage wieder um einen Schritt näher gerückt ist.

Zit. nach: Deutschland-Berichte der Sozialdemokratischen Partei Deutschlands, Sechster Jahrgang 1939, Salzhausen/Frankfurt 1980, S. 275 f.

10 Reaktion des Auslands

Der britische Botschafter in Berlin schreibt am 16. März 1939 an seinen Außenminister:

Ein Kommentar gegen das Vorgehen Deutschlands in der Tschechoslowakei erscheint überflüssig … Wenn auch verwerflich in der Form und unwillkommen als Tatsache, so war die Ein-
5 gliederung Österreichs und der Sudetendeutschen in das Reich im Prinzip keine unnatürliche Entwicklung, kein unedles Streben für die Deutschen und nicht einmal in einem ethischen Sinne unmoralisch. Beide, die Ostmark und das Sude-
10 tengebiet, sind von einer Bevölkerung bewohnt, die völlig deutsch ist und die an die Grenzen Deutschlands anstößt. Ihre Eingliederung in das Reich geschah daher in Übereinstimmung mit dem Recht der Selbstbestimmung. Die Annexion
15 von Böhmen und Mähren liegt auf einer ganz anderen Ebene und kann nicht durch irgendeinen der Gründe gerechtfertigt werden, die einst die Opposition gegen die Eingliederung Österreichs und des Sudetenlandes schwächer machten. Sie
20 widerspricht völlig dem Recht der Selbstbestimmung und ist absolut unmoralisch.

Zit. nach: K. Zentner, Illustrierte Geschichte des Dritten Reiches, München 1965, S. 441 f.

a) Stelle öffentliche und nicht-öffentliche Aussagen über Ziele der deutschen Außenpolitik nach 1933 zusammen (M3–6).

b) Inwiefern irritierte der Nichtangriffspakt zwischen dem Deutschen Reich und der UdSSR Nationalsozialisten und Kommunisten?

c) Die Kapitelüberschrift stammt aus einem Lied der HJ, in dem es hieß: „Denn heute hört uns Deutschland und morgen die ganze Welt". Die Abwandlung „gehört" wurde häufiger gesungen als das Original – warum?

3.2 Der Krieg wird zum Weltkrieg

1940	*Deutsche Truppen besetzen Dänemark und Norwegen, die Niederlande und Belgien und zwingen Frankreich zur Kapitulation (ein Teil Frankreichs bleibt unbesetzt und wird von der Regierung in Vichy regiert).*
10. Juni 1940	*Italien tritt auf Seiten des Deutschen Reiches in den Krieg ein und versucht Eroberungen im Mittelmeerraum. Als die Versuche zu scheitern drohen, besetzen deutsche Truppen den Balkan, Griechenland und Nordafrika.*
22. Juni 1941	*Unter Bruch des Nichtangriffsvertrages fallen deutsche Truppen in die Sowjetunion ein. Stalin ruft den „Großen Vaterländischen Krieg" aus.*
7. Dezember 1941	*Japan greift die amerikanische Flotte in Pearl Harbor an. Der Krieg wird zum Weltkrieg (8. Dezember 1941: Kriegserklärung der USA an Japan; 11. Dezember 1941: Kriegserklärung Italiens und Deutschlands an die USA).*
Januar/Februar 1943	*Die Reste der deutschen 6. Armee kapitulieren in Stalingrad; 90 000 Soldaten geraten in sowjetische Kriegsgefangenschaft.*
10. Juli 1943	*Truppen der deutschen Kriegsgegner („Alliierte") landen in Sizilien.*
6. Juni 1944	*Die Invasion an der Westfront beginnt mit der Landung alliierter Truppen.*
Februar 1945	*Auf der Konferenz von Jalta beschließen die Regierungschefs der Alliierten, Roosevelt (USA), Churchill (Großbritannien) und Stalin (UdSSR), die Aufteilung Deutschlands in Besatzungszonen.*
30. April 1945	*Hitler und Goebbels begehen Selbstmord.*
8. Mai 1945	*Mit der Kapitulation der deutschen Wehrmacht endet der Krieg in Europa.*
6. August 1945	*Die USA vernichten durch eine Atombombe die japanische Stadt Hiroshima, wenige Tage später auch die Stadt Nagasaki.*
2. September 1945	*Japan kapituliert. Der Weltkrieg ist beendet – zu spät für mehr als 55 Millionen Menschen.*

Europa gegen den Bolschewismus?

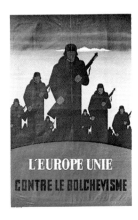

Der Zweite Weltkrieg war für alle betroffenen Frauen, Männer und Kinder, vor allem für die Völker Osteuropas, eine grauenhafte Erfahrung. In Europa können die vielen Kriegsschauplätze im Norden, Westen und Süden es nicht verdecken: Die eigentlichen Ziele der NS-Kriegspolitik lagen im Osten. Die Nationalsozialisten behaupteten, der deutsche Krieg im Osten rette ganz Europa vor dem Bolschewismus. Sie forderten die übrigen europäischen Völker auf, sich dem Kampf gegen den Bolschewismus anzuschließen (siehe nebenstehendes Plakat). Sie verschleierten damit, dass die Vernichtung der Sowjetunion die Bildung des „großgermanischen" Kolonialreichs im Osten einleiten sollte. Deutsche „Wehrbauern" sollten auf den besten Böden die Ernährungsgrundlage für die „deutsche Herrenrasse" schaffen. Jüdische und bolschewistische Frauen und Männer, die von vielen Deutschen als „Untermenschen" angesehen wurden, sollten umgebracht werden – und wurden umgebracht. Der „Generalplan Ost", den deutsche Beamte ausgearbeitet hatten, sah riesige „Verschiebungen" slawischer Völker nach Osten und die Vernichtung von bis zu 30 Millionen Menschen vor – größtenteils Juden, Kommunisten, Sinti und Roma.

Der „Große Vaterländische Krieg" der Sowjetunion

Nach dem Überfall auf die Sowjetunion im Sommer 1941 gelang es den deutschen Truppen in den ersten Kriegsmonaten, bis 50 Kilometer vor Moskau vorzudringen. Die verheerenden sowjetischen Verluste waren vor allem auf die blutige „Säuberung" des Offizierskorps in den Vorjahren und die mangelnde Ausrüstung der Armee zurückzuführen. In dieser Situation wandte sich Stalin mit einem eindringlichen Appell an alle Völker der Sowjetunion und rief zum „Großen Vaterländischen Krieg" auf. Nach wechselvollen Kämpfen gelang es

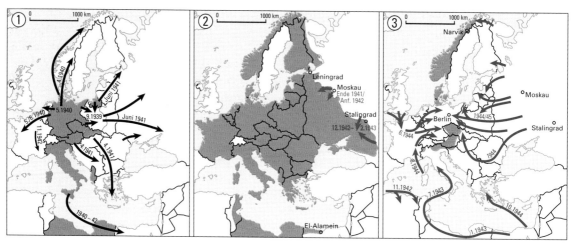

1 **Das Deutsche Reich im Krieg 1939–1945**
Die drei Karten zeigen die Phase der deutschen „Blitzkriege" (1), die größte Ausdehnung der deutschen und italienischen Mächte im Jahre 1942 (2) und die Zeit der alliierten Invasion und Offensiven in Europa (3), die am 8. Mai 1945 zur Kapitulation des Deutschen Reiches führten.

„Generalissimus"
Stalin
Er ließ sich während des Krieges gern als begabter und erfolgreicher Feldherr feiern.

Unvergessene Verbrechen

der „Roten Armee" Anfang 1943, endgültig in die Offensive zu gehen. Als die Wende des Krieges gilt heute die Schlacht um Stalingrad. Dort kapitulierten Ende Januar/Anfang Februar 1943 nach monatelangen Kämpfen die Reste der deutschen 6. Armee. Es war die erste bedeutende Niederlage der Wehrmacht im Weltkrieg.

Zwei Faktoren dürften vor allem dafür ausschlaggebend gewesen sein, dass die Sowjetunion fähig war dem existenzgefährdenden Angriff des nationalsozialistischen Deutschlands nicht nur standzuhalten, sondern ihn auch zurückzuschlagen: Zum einen war dies die Entwicklung ihres industriellen Potentials in den dreißiger Jahren, zum anderen die Opferbereitschaft der Bevölkerung, deren Durchhaltewillen die Regierung mit Hilfe nationalistisch-russischer Parolen noch steigern konnte. Die Kriegszeit ist auch heute noch lebendig in der Erinnerung der Menschen, die sie erlebt haben. Die gemeinsame Verteidigung der Heimat ließ ein bis dahin unbekanntes Gefühl der Zusammengehörigkeit entstehen. Des Weiteren trugen auch die umfangreichen Sach- und Ausrüstungslieferungen der Alliierten, insbesondere der USA, zur Stärkung der Sowjetarmee bei. Nach dem Sieg bei Stalingrad begann die Sowjetunion mit der Rückeroberung des besetzten Landes.

Die erfolgreiche Abwehr des deutschen Angriffs und der unter ungeheuren Opfern errungene Sieg brachten für die Sowjetunion den endgültigen Aufstieg zur Weltmacht. Mit den Kriegskonferenzen von Teheran, Jalta und Potsdam wurde deutlich, dass von nun an weltpolitische Entscheidungen nicht mehr an der Sowjetunion vorbei getroffen werden konnten.

Bei den Völkern Osteuropas sind die deutschen Kriegsverbrechen bis heute im Bewusstsein: SS-Männer, aber auch Soldaten der Wehrmacht ermordeten Millionen Kriegsgefangene und Zivilisten – wie ihnen von ihren Vorgesetzten befohlen wurde. So verlangte z.B. der von der Wehrmachtsführung erlassene „Kommissarbefehl", gefangene sowjetische Offiziere sofort zu erschießen und jeder Verdacht auf Widerstand unter der Bevölkerung konnte mit dem Tode bestraft werden. 3,3 Millionen von 5,7 Millionen sowjetischen Kriegsgefangenen überlebten die Zwangsarbeit, die Unterernährung, die Seuchen in deutschen Lagern nicht. Sie „starben". Auf diese Weise verloren insgesamt mehr als 20 Millionen Menschen allein aus der Sowjetunion im Krieg ihr Leben.

2 „Ich schäme mich ein Deutscher zu sein"

Schon Ende 1939 berichtete der deutsche Gene-
ralmajor Hellmuth Stieff, der früher den Natio-
nalsozialismus begrüßt hatte, in einem Brief
über Kriegsverbrechen von Deutschen in Polen:
Die blühende Phantasie einer Greuelpropaganda
ist arm gegen die Dinge, die eine organisierte
Mörder-, Räuber- und Plünderbande unter angeblich höchster Duldung dort verbricht … Die
5 Ausrottung ganzer Geschlechter mit Frauen und
Kindern ist nur von einem Untermenschentum
möglich, das den Namen Deutsch nicht mehr
verdient. Ich schäme mich ein Deutscher zu sein!
Diese Minderheit, die durch Morden, Plündern
10 und Sengen den deutschen Namen besudelt,
wird das Unglück des ganzen deutschen Volkes
werden, wenn wir ihnen nicht bald das Handwerk legen. … Oder dies Gesindel geht gegen
uns Anständige eines Tages ebenso vor und ter-
15 rorisiert mit seinen pathologischen Leidenschaf-
ten auch das eigene Volk.

Zit. nach: W. Marienfeld, Konferenzen über Deutschland. Teil I, (1941–44),
Hannover 1982, S. 9 f.

3 „… erbarmungslose Ausrottung"

Aus dem Befehl des Armeeoberkommandos 6
über das „Verhalten der Truppe im Ostraum"
vom 10. Oktober 1941:
Das wesentlichste Ziel des Feldzuges gegen das
jüdisch-bolschewistische System ist die völlige
Zerschlagung der Machtmittel und die Ausrottung des asiatischen Einflusses im europäischen
5 Kulturkreis. Hierdurch entstehen auch für unsere
Truppe Aufgaben, die über das hergebrachte einseitige Soldatentum hinausgehen … Fern von allen politischen Erwägungen der Zukunft hat der
Soldat zweierlei zu erfüllen:
10 1. Die völlige Vernichtung der bolschewistischen Irrlehre, des Sowjetstaates und seiner
Wehrmacht.
2. Die erbarmungslose Ausrottung artfremder
Heimtücke und Grausamkeit.

Zit. nach: Der Prozess gegen die Hauptkriegsverbrecher, Bd. 35, S. 81 ff.

4 „Ereignismeldung" des Chefs der Sicherheits-
polizei und des SD, Gestapo-Abteilung
Kommunismus vom 11. Dezember 1941:
In Borispol wurden auf Anforderung des Kom-
mandanten der dortigen Kriegsgefangenenlager
durch einen Zug des Sonderkommandos 4 am
14.10.41 752 und am 16.10.41 357 jüdische
5 Kriegsgefangene, darunter einige Kommissare
und 78 vom Lagerarzt übergebene jüdische
Verwundete erschossen. Gleichzeitig exeku-
tierte derselbe Zug 24 Partisanen und Kommunisten …

Zit. nach: Anatomie des SS-Staates, Band 2; Gutachten des Instituts für Zeitgeschichte, München 1967, S. 161 f.

5 Der Zweite Weltkrieg, *1942 – ein Krieg in Europa und Afrika, Ostasien und auf den Weltmeeren. Die*
Karte zeigt die größte Ausdehnung der verbündeten Mächte Deutschland, Italien und Japan.

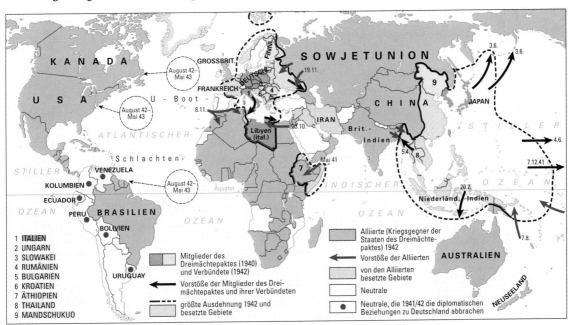

6 *„Küsst in meinem Auftrag…"*

Am 30. Oktober 1942 schreibt der sowjetische Soldat W. Kusnezow aus Stalingrad an seine Angehörigen:

Küsst in meinem Auftrag mein kleines und liebes Töchterchen. Möge sie ihren Vater nicht vergessen, der dafür kämpft, dass ihre Kindheit von faschistischen Schrecken bewahrt bleibe. Bringt

5 dem Töchterchen bei, dass ihr keine Gefahr droht, solange ich und meine Kampfgenossen die Front halten.

Zit. nach: N. B. Krylowa, Feldpostbriefe von Rotarmisten – den Verteidigern Stalingrads, in: Stalingrad. Mythos und Wirklichkeit einer Schlacht, hrsg. von Wolfram Wette und Gerd R. Ueberschär, Frankfurt a. M. 1992, S. 104.

7 **Stalingrad**

Aus dem Kriegsbrief eines deutschen Soldaten in die Heimat:

… Du bist mein Zeuge, dass ich mich immer gesträubt habe, weil ich Angst vor dem Osten hatte, vor dem Kriege überhaupt. Ich war nie Soldat, immer nur uniformiert. Was habe ich davon? Was

5 haben die anderen davon, die sich nicht gesträubt haben und keine Angst hatten? …

Der Tod muss immer heroisch sein, begeisternd, mitreißend, für eine große Sache und aus Überzeugung. Und was ist es in Wirklichkeit hier? Ein

10 Verrecken, Verhungern, Erfrieren, nichts weiter wie eine biologische Tatsache, wie Essen und Trinken. Sie fallen wie die Fliegen und keiner kümmert sich darum und begräbt sie. Ohne Arme und Beine und ohne Augen, mit zerrisse-

15 nen Bäuchen liegen sie überall. Man sollte davon einen Film drehen, um den „schönsten Tod der Welt" unmöglich zu machen. Es ist ein viehisches Sterben, das später einmal auf Sockeln aus Granit mit „sterbenden Kriegern", die Binde um den

20 Kopf oder den Arm, veredelt wird …

Letzte Briefe aus Stalingrad, 71.–74. Tsd., Gütersloh 1957, S. 20 f.

8 *„Die Metamorphose der Faschisten".* Sowjetische Karikatur aus dem Jahre 1942

9 **Die Propaganda geht weiter**, NS-Plakat 1943

a) Rekonstruiere aus den Karten den Verlauf des Zweiten Weltkriegs (M1, 5).

b) Weshalb bezeichnen bis heute die Volksgruppen der ehemaligen Sowjetunion ihren Kampf im Zweiten Weltkrieg als „Großen Vaterländischen Krieg"? Welche Auswirkungen hatten seine Ergebnisse auf die internationale Stellung der Sowjetunion?

c) Was meinte der Wehrmachtsbefehl in M3 mit „Aufgaben, die über das hergebrachte einseitige Soldatentum hinausgehen"? Welche Folgen hatte er für die betroffenen Menschen (VT, M2, M4)?

d) Beschreibe die Karikatur M8. Warum wurde der Titel „Metamorphose der Faschisten" gewählt? Was wollten die Künstler zum Ausdruck bringen? Beachte auch das Entstehungsjahr.

3.3 „Totaler Krieg – Totaler Sieg" – Totale Niederlage

1 *Der totale Krieg*

Auf die Frage des Propagandaministers Goebbels „Wollt ihr den totalen Krieg?" antworteten Tausende Deutsche im Berliner Sportpalast mit „Ja" (links). Für viele endete er so wie in Dresden (Bild rechts): Nach der Bombennacht vom 13./14. Februar 1945 wurden die Leichen gesammelt, in Massengräbern beigesetzt oder zu Tausenden auf dem Altmarkt verbrannt.

Von den „Blitzkriegen" zum „totalen Krieg"

Die Zeit der „Blitzkriege" war rasch vorbei. Der schnelle Sieg gegen Polen, Frankreich, die Niederlande und Belgien, Dänemark und Norwegen hatte einen großen Teil der deutschen Bevölkerung begeistert. Seit 1943 aber zeigte sich deutlich die Überlegenheit der verbündeten Gegner Deutschlands („Alliierte") an Menschen und Material. Spätestens nach der Schlacht bei Stalingrad wurde offensichtlich, dass ein Sieg der deutschen Wehrmacht kaum noch denkbar war. In dieser Situation rief Goebbels am 18. Februar 1943 im Berliner Sportpalast vor etwa 10 000 ausgesuchten Teilnehmern die Deutschen zum „totalen Krieg" auf. Ihnen wurde eingeredet, dass ein „totaler Sieg" errungen werden könnte, wenn alle Kräfte mobilisiert würden und jeder seinen Beitrag dafür leiste. Das gesamte Leben wurde nun auf den Krieg eingestellt. Immer schärfere Gesetze und Verordnungen bestimmten das Arbeitsleben und die Privatsphäre der Menschen. Immer härtere Gerichtsurteile – wegen „Rundfunkverbrechen", Verstoß gegen das „Heimtückegesetz", „Fahnenflucht" oder „Hochverrat" – sollten nachdenklich werdende Deutsche einschüchtern und jeden Gedanken an eine Kapitulation ausschalten.

Millionen „Fremdarbeiter" – nach Deutschland verschleppte ausländische Arbeiterinnen und Arbeiter – und Millionen Kriegsgefangene mussten wie Sklaven in der Landwirtschaft und in Fabriken arbeiten, um die Versorgung der Deutschen und den Nachschub für die Wehrmacht zu sichern.

Vom Kochtopf an die Panzerfaust

Als immer mehr Männer aus kriegswichtigen Betrieben an die Front mussten, sollten auch deutsche Frauen wieder in die Fabriken und Büros, um ihren Beitrag zum „Endsieg" zu leisten. Ab 1944 wurden Frauen und Mädchen auch als Luftschutzhelferinnen, zur Bedienung von Fliegerabwehrkanonen, als Sanitätshelferinnen und schließlich zum Dienst als Melderinnen an der Front zwangsverpflichtet. Nachdem Hitler im März 1945 die Ausstattung von Frauen mit

Handfeuerwaffen und Panzerfäusten genehmigt hatte, pries die Propaganda die Panzerfaust als die „Waffe der Frau". Sogar die Aufstellung von Fraueneinheiten wurde geplant, jedoch durch das nahe Kriegsende nicht mehr verwirklicht.

„Wunderwaffen" und „Volkssturm"

Viele hofften auch auf einen Sieg durch „Wunderwaffen". Die Fernraketen V 1 und V 2 (V stand für Vergeltung), die in einem unterirdischen Stollensystem im Südharz von Häftlingen des KZ „Dora" gebaut wurden, konnten zwar englische Städte bombardieren, den Krieg jedoch nicht mehr entscheiden.

Seit 1944 wurden Jungen ab 16 und Männer über 60 Jahre zum „Volkssturm" verpflichtet. Militärisch unausgebildet und schlecht bewaffnet sollten sie einen überlegenen Gegner aufhalten. Viele von ihnen kamen in den letzten Kriegstagen ums Leben, gerieten in Gefangenschaft oder wurden verwundet.

Kriegsende in Deutschland

Während an der Front die deutsche Wehrmacht Niederlage auf Niederlage erlebte, war die „Heimat" längst zur zweiten Front geworden. Hunderttausende von Frauen, alten Leuten und Kindern erfuhren, was moderner Krieg bedeutet – Bombenangriffe, brennende, verwüstete Städte, riesige Trümmerlandschaften. Die Stimmung war nicht gut, aber es kam auch zu keinem Aufbegehren. Bis zum Schluss des Krieges hatten viele Deutsche Angst vor der Niederlage. Sie erhofften von ihr keine „Befreiung vom Faschismus"; sie hatten Angst, dann komme der „Bolschewismus"; viele fürchteten auch die Rache der Sieger.

Kriegsende in Ostasien

Die USA drängten die Japaner in sehr verlustreichen Kämpfen („Inselspringen") in Ostasien immer weiter zurück. Um ihre Kapitulation zu erzwingen, setzten die USA zum ersten Mal in der Geschichte Atombomben gegen Menschen ein. In Hiroshima und Nagasaki wurden in Sekundenschnelle Hunderttausende von Menschen getötet, die Städte dem Erdboden gleichgemacht. Das Ende des Krieges wurde damit der Beginn eines neuen Zeitalters – des Atomzeitalters.

2 **„Ausgebombt"** – *Mannheim 1944.*
Der Bombenkrieg, den die Deutschen mit Angriffen auf Guernica, mit der völligen Zerstörung Rotterdams aus der Luft, mit Angriffen auf London und andere englische Städte (Coventry) begonnen hatten, schlug auf Deutschland zurück. Nun nannten die Nationalsozialisten Bombenangriffe „Terrorangriffe". Alle deutschen Städte, v. a. Großstädte, wurden erheblich zerstört. Hunderttausende kamen in ihren Häusern und in Bunkern um. Allein in Dresden starben in einer Februarnacht mehr als 200 000 Menschen bei einem britischen Bombenangriff, der bis heute umstritten ist – notwendige Kriegsmaßnahme oder Kriegsverbrechen? Ganz Deutschland wurde zu einer Trümmerlandschaft. Es sah nun in vielen Teilen so aus wie in weiten Teilen der Sowjetunion, in der deutsche Truppen Dörfer und Städte dem Erdboden gleich gemacht hatten, und wie in anderen Städten Europas, in denen die Wehrmacht „verbrannte Erde" hinterlassen oder Vergeltungsaktionen wegen Partisanentätigkeit durchgeführt hatte.

3 „Justiz" im totalen Krieg
Urteile des Volksgerichtshofes 1944:

Wegen Vergehens gegen das Heimtückegesetz, Verdachts der Wehrkraftzersetzung und Gerüchteverbreitung wurden 79 Personen zur Anzeige gebracht. … Der Volksgerichtshof hat den Au-
5 gust Lindner aus Landshut wegen Wehrkraftzersetzung zum Tode verurteilt. Wegen kommunistischer Mundpropaganda wurde der bereits wegen Vorbereitung zum Hochverrat mit 1 Jahr [und] 3 Monaten Gefängnis vorbestrafte … Otto
10 Gulczinski, zuletzt beschäftigt bei einer Firma in Dingolfing, festgenommen und dem Richter überstellt …
Wegen Vorbereitung eines hochverräterischen Unternehmens in teilweiser Verbindung mit Ab-
15 hören und Verbreitung ausländischer Rundfunksendungen wurden drei Personen aus Regensburg zu Zuchthausstrafen von 3 bis 5 Jahren, eine zur Gefängnisstrafe von 1 Jahr und 6 Monaten verurteilt … Wegen Beschimpfung des Führers
20 und führender Persönlichkeiten wurde der frühere Kommunist Seiderer aus Eschlkam, Landkreis Kötzting, zum Tode … verurteilt.

Zit. nach: Bayern in der NS-Zeit, München 1977, S. 316, 320.

4 Die Stimmung eines großen Teils der Bevölkerung beschreibt ein sehr offener Bericht der SS von Ende März 1945.

… Die Luftangriffe haben den … Lebensablauf in einem Ausmaß zerschlagen, dass es für jeden spürbar wird. Die Bevölkerung leidet schwer unter dem Bombenterror. … Hunderttausende von
5 Frauen bleiben ohne Nachricht von ihren Männern und Söhnen. … Erstmals in diesem Krieg macht sich die Ernährungsfrage bemerkbar. … Kartoffeln und Brot reichen nicht mehr aus. Die Großstadtfrauen haben jetzt schon Mühe das Es-
10 sen für die Kinder zu beschaffen. …
Keiner glaubt mehr, dass wir siegen. Der bisher bewahrte Funken ist am Auslöschen. Jedermann sieht das chaotische Verkehrsdurcheinander. Jedermann spürt, dass der Totale Krieg unter den
15 Schlägen der feindlichen Luftwaffe zu Bruch geht. … Das deutsche Volk hat in den letzten Jahren alles auf sich genommen. In diesen Tagen zeigt es sich erstmalig müde und abgespannt. … Viele gewöhnen sich an den Gedanken Schluss
20 zu machen. Die Nachfrage nach Gift, nach einer Pistole und sonstigen Mitteln, dem Leben ein Ende zu bereiten, ist überall groß. Zahlreiche Gespräche in den Familien mit Verwandten … und Bekannten sind von Planungen beherrscht, wie

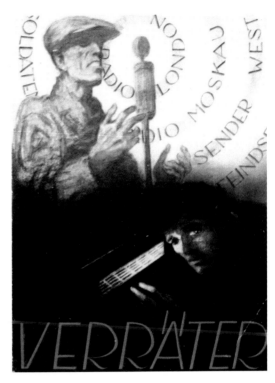

5 „Rundfunkverbrechen".
Plakat gegen Kriegsende

25 man auch bei Feindbesetzung durchkommen könnte. Notgroschen werden beiseite gelegt, Fluchtorte gesucht. Wenn wir den Krieg verlieren, sind wir nach allgemeiner Überzeugung
30 selbst daran schuld, und zwar nicht der kleine Mann, sondern die Führung. … Es ist … schwer, einen Menschen anzutreffen, der der Meinung ist, dass die deutsche Politik in den besetzten Ostgebieten richtig war. … Vor den Sowjets besteht
35 eine ausgesprochene Furcht. Den Engländern und Amerikanern steht die Bevölkerung kritisch prüfend gegenüber. … Die Bevölkerung ist so nüchtern geworden, dass sich kein Volkssturm mehr inszenieren lässt. Die Regie, die früher ei-
40 ner Massenversammlung im Sportpalast zum Erfolg verhalf, funktioniert nicht mehr, weil das, was jenen Kundgebungen einstmals Inhalt, Leben und Bewegung gab, nicht mehr vorhanden ist. Allmählich offener werdend wird Rechen-
45 schaft gefordert. … Auch diejenigen, die ins Schimpfen geraten, sind in der Regel Menschen, die ihre Pflicht tun, die Angehörige verloren oder Väter oder Söhne an der Front haben, die keine Wohnung mehr besitzen, die eine ganze Nacht
50 gelöscht oder gerettet haben. Die – wie in Dresden oder Chemnitz – ihre Toten beweinen …

Zit. nach: N. Frei: Der Führerstaat. 3. Aufl., München, 1993. S. 216ff.

6 *Volkssturm. Jugendliche werden in den letzten Kriegsmonaten in den Krieg geschickt. Auch dabei wurde propagandistischer Aufwand betrieben (oben rechts). Mit der Panzerfaust am Fahrradlenker (links) sollte der Feind aufgehalten werden. Für viele endete der Krieg in Gefangenschaft (rechts). – Welche Empfindungen spiegeln sich in den Gesichtern der jungen Menschen wider?*

7 **„Führers Letztes Aufgebot"**

Diese Spottverse entstanden in den letzten Kriegsmonaten. Für das Aufsagen solcher Verse konnte man wegen „Wehrkraft zersetzender Äußerungen" streng bestraft werden.

Leg weg das Strickzeug, liebe Olga,
und hör auch du her, Klaus, mein Sohn;
wir kämpfen nicht mehr an der Wolga,
wir fechten an der Neiße schon …

5 Und du, mein Weib – als Ehrengabe
sei dir der Spaten anvertraut.
O Olga, schippe, schanze, grabe,
ganz Deutschland ist auf Sand gebaut …

Lasst uns die Gartentür verriegeln,
10 dann werfe ich mich in den Schmutz.
Ich bin bereit, mich einzuigeln,
Gemeinnutz geht vor Eigennutz.

So wollen wir den Feind erwarten,
des Führers letztes Aufgebot,
15 durch Panzerschreck im Schrebergarten
zum Reichsfamilienheldentod.

Wir hissen die zerfetzten Segel
und wandern froh an Hitlers Stab
Mit Mann und Maus und Kind und Kegel
20 Ins Massengrab, ins Massengrab.

Nach: Der zweite Weltkrieg. Der Totale Krieg. Hamburg, 1989. S. 468.

a) *Diskutiert die Veränderungen für die Bevölkerung im „totalen Krieg". Worauf waren sie zurückzuführen? Wie wirkten sie sich auf den Kriegsverlauf und das alltägliche Leben der Menschen aus?*

b) *Welche Haltung der deutschen Bevölkerung zum „totalen Krieg" kannst du feststellen (VT, M1, M4, M6, M7)? Welche Erklärungen könnte es dafür geben?*

c) *Erkundige dich bei Zeitzeugen oder in Museen bzw. Archiven, wie die Menschen in deiner Umgebung das Ende des Krieges erlebten.*

d) *Inwiefern begann mit dem Kriegsende in Ostasien ein neues Zeitalter? Diskutiert, wie die damals auftretenden neuen Probleme bis in die Gegenwart fortwirken. Vergleiche auch mit dem Abschnitt „Der Ost-West-Konflikt …".*

3.4 Holocaust – Shoa

1939–1941 _____ *Auf einen „Führerbefehl" hin ermorden Ärzte und ihre Helfer mehr als 100 000 geistig behinderte Menschen. Nach kirchlichen Protesten wird die Aktion beendet.*

20. Januar 1942 _____ *Auf der „Wannsee-Konferenz" besprechen Beamte und Parteifunktionäre die Planung und Durchführung der Vernichtung der europäischen Juden.*

1941/1942 _____ *Im besetzten Polen errichten Deutsche Vernichtungslager, in denen sie bis Kriegsende Millionen Menschen systematisch ermorden.*

„Das übergroße Verbrechen"

Am 27. Januar 1945 befreiten Soldaten der Roten Armee die wenigen noch überlebenden Frauen, Männer und Kinder im Vernichtungslager Auschwitz. Seit dem Jahr 1996 ist der 27. Januar in der Bundesrepublik ein offizieller Gedenktag, an dem der Opfer des Holocaust (oder: der Shoa) gedacht wird. Wer der Opfer gedenkt, muss auch die Täter nennen. Holocaust und Shoa sind Namen für „das übergroße Verbrechen" (Günter Grass), das Deutsche begangen haben – für die absichtsvolle und systematisch betriebene Ermordung und Vernichtung von Millionen Juden und anderen Menschen (wie etwa Sinti und Roma) aus Rassenhass, für den Völkermord (Genozid) an Menschen, die von Deutschen zu „Untermenschen" erklärt worden waren.

Nach Aussage des Lager-Kommandanten Rudolf Höß war Auschwitz „die größte Menschenvernichtungsanlage aller Zeiten". Aber Auschwitz war nicht die einzige „Todesfabrik". Auschwitz ist Symbol für den Holocaust geworden, der im Januar 1942 auf einer Konferenz in Berlin („Wannsee-Konferenz") von Regierungsbeamten und Parteifunktionären formell beschlossen und organisiert worden war. Sie wussten, dass sie gegen die Menschenrechte verstießen. Sie erfanden neue sprachliche Wendungen, um den Mord nicht beim Namen zu nennen. Die beteiligten Beamten nannten die geplante Vernichtung „Endlösung der Judenfrage"; die Ermordung von Frauen, Männern und Kindern aus rassistischen Gründen bezeichneten sie als „Sonderbehandlung".

1 ***„Selbstbildnis mit Judenpass"***
Gemälde von Felix Nussbaum, entstanden 1943. Nussbaum, ein Deutscher jüdischer Abstammung aus Osnabrück, floh 1933 nach Belgien, wo er nach dem Einmarsch der deutschen Truppen illegal bei Freunden lebte. 1944 verhaftet, wurde er in ein Vernichtungslager verschleppt und ermordet. Auf seinem Bild trägt er den „Judenstern", den alle Jüdinnen und Juden tragen mussten, und er zeigt seinen belgischen „Judenpass" – ein Gezeichneter. Ab 1. Januar 1939 mussten alle jüdischstämmigen Deutschen zusätzlich einen weiteren Vornamen annehmen, der sie als „Juden" kenntlich machen sollte: Frauen mussten den Namen Sarah, Männer den Namen Israel tragen. Der zusätzliche Vorname musste in den Personalausweis eingetragen werden. Jede Kennkarte enthielt zudem den großen Buchstaben „J" (Jude).

2 Warschau 1943
Vor dem Abtransport in die Vernichtungslager erhoben sich die Frauen und Männer des Warschauer Ghettos. Deutsche Einheiten schlugen den Aufstand nieder. Der Bericht eines SS-Befehlshabers nennt 56 065 „nachweislich vernichtete Juden". Er enthält auch dieses Bild. „Mit Gewalt aus den Bunkern hervorgeholt" steht unter dem Bild (hier nicht abgedruckt).

Deportation, Selektion, Ermordung

Deutsche Sonderkommandos deportierten alle jüdischen Frauen, Männer und Kinder, derer sie habhaft werden konnten, aus ganz Europa in Viehwaggons nach Auschwitz, Majdanek, Sobibor und in andere Vernichtungslager. Dort wurden nach einer „Selektion" alle Kinder unter 15 Jahren und alle arbeitsunfähigen Frauen und Männer sofort in Gaskammern getötet und in Krematorien verbrannt; die noch Arbeitsfähigen wurden als Sklavenarbeiterinnen und Sklavenarbeiter eingesetzt. Die Arbeit war so schwer, dass die Beamten von einer „Vernichtung durch Arbeit" sprachen. Großunternehmen und Konzerne – darunter Siemens, Krupp, IG Farben – errichteten Fabriken neben den Vernichtungslagern und liehen sich von der SS arbeitsfähige Häftlinge als billige Arbeitskräfte. Ärzte machten tödliche „wissenschaftliche Experimente" mit den ihnen ausgelieferten Häftlingen. In ihrem Vernichtungswahn ermordeten die Täter Millionen Juden, Sinti und Roma, „slawische Untermenschen", „Bolschewisten", Homosexuelle – alle, die sie in ihrem Rassismus für „minderwertig" erklärten. – Dies alles geschah mitten im 20. Jahrhundert in dem von Deutschen besetzten Teil Europas.

Lehren von Auschwitz

Wie nur war Auschwitz, die Shoa, der Holocaust möglich? Hoffen wir nicht alle, dass die Mühseligkeit der menschlichen Existenz durch Technik und Rationalität allmählich behoben werden kann? Auschwitz aber zeigt, dass technischer Fortschritt noch keinen Fortschritt zu mehr Humanität einschließt. In technisch perfekt eingerichteten Todesfabriken wurden Millionen von Menschen nach Plan ermordet. Hier wurde Rationalität in den Dienst von Unmenschlichkeit gestellt – die Idee einer alle Menschen umfassenden Menschlichkeit war abhanden gekommen.

Holocaust: Das griechische Wort „holocauston" bezeichnete ursprünglich ein Brandopfer von Tieren. Ende der 1970er Jahre wurde der Begriff zur internationalen Bezeichnung für die durch Gas und Feuer betriebene Vernichtung der europäischen Juden im deutschen Herrschaftsbereich zwischen 1933 und 1945. Immer öfter wird für dieses Verbrechen auch der Begriff Shoa verwendet. Das hebräische Wort bedeutet großes Unheil, Katastrophe.

3 Deportation

a) *Jüdische Frauen und Kinder stehen vor den Viehwaggons, in denen sie zu den Vernichtungslagern verschleppt werden. Die „Deutsche Reichsbahn" machte ein gutes Geschäft mit den Transporten: Sie stellte der SS genau aufgeschlüsselte Rechnungen über die Kosten der Deportation – die Vernichtung der europäischen Juden war bürokratisch bis ins Detail geregelt.*

b) *„Und alles, weil sie Juden sind!"*
Aus dem „Tagebuch der Anne Frank"
19. November 1942.
Anne Frank (1929–1945), das deutsche jüdische Mädchen aus Frankfurt/M, lebt seit 1934 mit ihrer Familie in Amsterdam, seit dem 6. Juli 1942 versteckt in einem Hinterhaus.
Am 4. August 1944 wird die Familie Frank entdeckt, verhaftet und mit dem letzten Transport nach Auschwitz deportiert. Hier wird die Familie getrennt. Anne und ihre Schwester werden wenig später nach Deutschland transportiert und sterben im KZ Bergen-Belsen an Unterernährung und Typhus. Die Mutter stirbt in Auschwitz; allein der Vater überlebt.
Er erlebt die Befreiung des Lagers Auschwitz durch die Rote Armee am 27. Januar 1945.
Er veröffentlicht das Tagebuch der Anne Frank – ein erschütterndes Zeugnis der Verfolgung:

Abend für Abend rasen die grauen und grünen Militärautos durch die Straßen. Die „Grünen" (das ist die deutsche SS) und die „Schwarzen" (die holländische Nazi-Polizei) suchen nach Ju-
5 den. Wo sie einen finden, nehmen sie die ganze Familie mit. Sie schellen an jeder Tür und ist es vergeblich, gehen sie ein Haus weiter. Manchmal sind sie auch mit namentlichen Listen unterwegs und holen dann systematisch die „Gezeichne-
10 ten". Niemand kann diesem Schicksal entrinnen, wenn er nicht rechtzeitig untertaucht … Es ist wie eine Sklavenjagd in früherer Zeit. Ich sehe es oft im Geiste vor mir: Reihen guter unschuldiger Menschen mit weinenden Kindern, komman-
15 diert von ein paar furchtbaren Kerlen, geschlagen und gepeinigt und vorwärts getrieben, bis sie beinahe umsinken. Niemand ist ausgenommen. Die Alten, Babys, schwangere Frauen, Kranke, Sieche – alles, alles muss mit in diesen Todesreigen! …
20 Mir ist so bange, wenn ich an alle denke, mit denen ich mich so eng verbunden fühlte, die nun ausgeliefert sind an die grausamsten Henker, die die Geschichte kennt. Und alles, weil sie Juden sind!

Das Tagebuch der Anne Frank, Frankfurt 1980, 53. Auflage, S. 46 f.

4 Anne Frank, *Foto aus ihrem Tagebuch.*
Zu dem Porträt schrieb Anne:
„Ich wür he mir immer so zu sein wie auf diesem oto. Dann hätte ich wohl noch eine Chance, nach Hollywood zu kommen."

5 **Kennzeichnung der KZ-Häftlinge** *nach den Normen der NS-Schergen.*

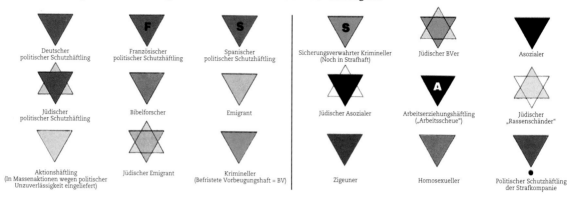

Deutscher politischer Schutzhäftling

Französischer politischer Schutzhäftling

Spanischer politischer Schutzhäftling

Sicherungsverwahrter Krimineller (Noch in Strafhaft)

Jüdischer BVer

Asozialer

Jüdischer politischer Schutzhäftling

Bibelforscher

Emigrant

Jüdischer Asozialer

Arbeitserziehungshäftling („Arbeitsscheue")

Jüdischer „Rassenschänder"

Aktionshäftling (In Massenaktionen wegen politischer Unzuverlässigkeit eingeliefert)

Jüdischer Emigrant

Krimineller (Befristete Vorbeugungshaft = BV)

Zigeuner

Homosexueller

Politischer Schutzhäftling der Strafkompanie

---

6 **„Selektion"**

a) *Der Dortmunder Otto Hermann berichtet über das Konzentrationslager Auschwitz:*

Je weiter die Fahrt, Zug rollt durch Gleiwitz, Myslowitz, desto sicherer ist das Ziel: Auschwitz. Ein Arbeitslager? Was wissen wir darüber? Alles und nichts. Und dann noch ein paar Stationen,
5 der Zug hält, wird auf ein anderes Gleis geschoben und bleibt stehen. Die 5 000 sehen hinaus: „Raus, rasch! Alles Gepäck im Waggon lassen. Mitnehmen verboten!" Eine schmerzliche Überraschung folgt der anderen. Aufstellen zu zehnt,
10 Stacheldraht mit den weißen Isolierknöpfen. Für die von ihnen, die schon einmal in einem Lager waren, das bekannte Bild: Das Deutsche Konzentrationslager.

Das Deutsche Konzentrationslager!
15 Und da steht die Schlange der 5 000. Schon willenlos. Eine Herde schaut und schaut. Wir wissen nicht, was mit uns geschieht. Das letzte, was wir an Kleidung und Lebensmitteln besaßen, bleibt zurück. Zur Verfügung der SS. Gut genährte
20 Sträflinge räumen schon die Waggons aus. Kreaturen der SS versorgen sich mit Zigaretten, Armbanduhren, Gold, Trauringen. Wir 5 000 schließen auf. Wir sind in einem Waschraum. Ist das alles wahr? Ist das möglich? Um uns herum der
25 Stacheldraht, elektrisch geladen: Verbrecher, ja, zu Verbrechern wurden wir gestempelt, weil wir Juden sind … Vorbei der Traum von all dem Schönen, was wir noch besaßen. Nur jetzt nicht denken an die Mutter, an die Frau, nur weg, weit
30 weg mit den Gedanken. Wir fühlen, wie sich uns die Kehle zuschnürt, vor Augen das Gesicht unserer Lieben … Wir denken nur: Gott schütze sie vor diesem Schicksal!

Dann stehen wir vor dem SS-Mann. „Alter?" –
35 „37." – „Gesund?" – „Ja." Kurzer forschender Blick, eine Handbewegung nach rechts. „Alter?" – „52."

– „Gesund?" – „Kriegsverletzung am Arm." Der Daumen des SS-Mannes nach links deutend. Und so weiter. Der Sohn wird von dem Vater ge-
40 rissen, Bruder von Bruder. „Kann mein Vater mit mir gehen?" – „Nein", sadistisch blickt der SS-Mann. Und weiter pflügt er sich durch den Haufen. Dann Abmarsch in die Blocks.

Zit. nach: Widerstand und Verfolgung in Dortmund 1933–1945, hg. vom Stadtarchiv Dortmund, 2. Aufl. 1981, S. 298 f.

b) *In einer dienstlichen Mitteilung liest sich die „Selektion" so:*

8. März 1943. Betrifft: Abtransport von jüdischen Rüstungsarbeitern. Am 5. und 7. März trafen folgende jüdische Häftlingstransporte ein: Transport aus Berlin, Eingang 5. März 1943, Gesamt-
5 stärke 1 128 Juden. Zum Arbeitseinsatz gelangten 389 Männer (Buna) und 96 Frauen. Sonderbehandelt wurden 151 Männer und 492 Frauen und Kinder …

Dokumenty i Materialy, Lódz 1946, S. 110.

c) *Ein bei der Selektion als arbeitsfähig eingestufter griechischer Jude erinnert sich:*

Schließlich trieb man uns zu einer Baracke mit der Nummer 15. Wir waren völlig erschöpft, aber es gab keine Sitzgelegenheit und wir durften uns auch nicht auf den Boden setzen. Da tauchte ein
5 Gesicht auf, das uns bekannt war: Ein gewisser Leon Yahiel, der schon vor uns deportiert worden war. Jetzt gehörte er zum Personal, das die Ankommenden zu registrieren hatte. Er betätigte sich auch als Dolmetscher.
10 Ohne jede Einleitung erklärte er uns: „Gefangene! Ihr seid hier in einem Todeslager. Während ich zu euch spreche, sind eure Frauen und Kinder schon tot." Er zeigte mit dem Finger auf mehrere Gebäude, aus deren hohen Schornsteinen Flammen
15 züngelten, und fuhr fort: „Die Flammen, die ihr

7 Auschwitz. *Kinder in Lagerkleidung am Zaun des Vernichtungslagers.*

dort aufsteigen seht, kommen von ihren brennenden Körpern. Die großen Gebäude, die wie Fabriken aussehen, sind Krematorien. Von jetzt an ist jeder von euch allein auf der Welt und keiner weiß,
20 wie lange er noch auf der Welt bleibt. Ihr werdet unter Bedingungen arbeiten müssen, die schlimmer sind als bei Galeerensträflingen. Jeder von euch muss versuchen durchzukommen, wenn er so lange wie möglich am Leben bleiben will."

Zit. nach: Albert Ménaché, Ankunft in Auschwitz, in: Auschwitz, hg. von H. G. Adler u. a., 5. Aufl., Köln/Frankfurt 1984, S. 61.

8 Industrieller Massenmord in Auschwitz
Ein ungarischer Häftling erinnert sich:
Der Verbrennungssaal ist etwa hundertfünfzig Meter lang; es ist ein heller Raum mit weiß getünchten Wänden, Betonfußboden und vergitterten Fenstern. Die fünfzehn Öfen selbst sind in
5 eine Wand aus roten Ziegeln eingelassen. Riesige Eisentüren, glänzend vor Sauberkeit … Das ist eines der Krematorien, das diejenigen erwartet, die bei der Selektion nach links geschickt wurden … Mit langsamen, müden Schritten gehen
10 sie vorwärts. Kinder, denen die Augen vor Müdigkeit zufallen, klammern sich an die Kleider ihrer Mütter, Säuglinge werden meistens von Vätern getragen oder im Kinderwagen geschoben. Der Raum, in den die Ankommenden nun geführt werden, ist ungefähr zweihundert Meter
15 lang, weißgekalkt und grell erleuchtet. In der Mitte des Saales stehen Säulenreihen. Um die

Säulen herum und an den Wänden entlang stehen Bänke, über denen sich nummerierte Kleiderhaken befinden. Zahlreiche Tafeln weisen
20 jeden in seiner eigenen Sprache an, die zusammengebundenen Schuhe und die Kleider an den Haken zu hängen. Vor allem sich die Nummer des Hakens zu merken, um bei der Rückkehr aus dem Bad unnötige Verwechslungen zu vermeiden.
25 den. „Echt deutsche Ordnung" sagen jene, die seit langem dazu neigen, diesen Ordnungssinn zu bewundern. Und sie haben recht. Diese Maßnahmen dienen tatsächlich der Ordnung: Die Tausende guter Schuhe, auf die man im Dritten
30 Reich schon lange wartet, sollen nicht durcheinander kommen. Für die Kleider gilt dasselbe – die Bevölkerung der bombardierten Städte wird sie tragen. Dreitausend Menschen sind nun im Saal,
35 Männer, Frauen, Kinder. SS-Männer erscheinen und befehlen ihnen, sich innerhalb von zehn Minuten … auszuziehen … Ein SS-Mann drängt sich durch die Masse und öffnet die beiden Flügel der großen Eichentür am Ende des Saales. Die
40 Menge schiebt sich durch die Tür in den anliegenden Raum, der ebenfalls hell erleuchtet ist. Er hat dieselbe Größe wie der erste, aber keine Bänke und keine Kleiderhaken. In der Mitte des Saales, im Abstand von etwa dreißig Metern, ste-
45 hen Säulen, die vom Betonboden bis zur Decke führen. Es sind keine Stützsäulen, sondern viereckige Eisenblechrohre, deren Wände wie ein Drahtgitter durchlöchert sind … Gas entströmt durch die Löcher und füllt in wenigen Augen-
50 blicken den Raum, in dem die Deportierten zusammengepfercht sind. In fünf Minuten sind alle getötet … Die Türen öffnen sich, Lastwagen kommen herangefahren … Vier große Lastenaufzüge sind in Betrieb. Es werden jeweils zwan-
55 zig bis fünfundzwanzig Tote verladen. Ein Klingelzeichen meldet, wenn die Ladung fertig ist und der Fahrstuhl abfahren kann. Der Aufzug hält beim Einäscherungssaal des Krematoriums, dessen große Türflügel sich automatisch
60 öffnen … Dichtgedrängt liegen die Leichen in Reihen … Sie werden zu dritt auf eine Schiebe aus Stahlblech gelegt. Automatisch öffnen sich die schweren Ofentüren und das Schiebewerk wird in den bis zur Weißglut erhitzten Ofen ein-
65 geführt. In zwanzig Minuten sind die Leichen eingeäschert … Es bleibt von ihnen nichts mehr zurück als die Asche im Ofen, die von Lastwagen zur zwei Kilometer entfernten Weichsel gefahren wird.

M. Nyszli, Médecin à Auschwitz, Paris 1961, S. 52–61.

9 „Ruhmesblatt unserer Geschichte"?

In einer Rede vor SS-Führern erklärte Heinrich Himmler, der Reichsführer-SS, am 4. Oktober 1943 in Posen:

Ich will hier vor Ihnen in aller Öffentlichkeit auch ein ganz schweres Kapitel erwähnen. Unter uns soll es einmal ganz offen ausgesprochen sein und trotzdem werden wir in der Öffentlichkeit nie
5 darüber reden … Ich meine jetzt die Judenevakuierung, die Ausrottung des jüdischen Volkes. Es gehört zu den Dingen, die man leicht ausspricht – „Das jüdische Volk wird ausgerottet", sagt ein jeder Parteigenosse, „ganz klar, steht in unserem
10 Programm, Ausschaltung der Juden, Ausrottung, machen wir." Und dann kommen sie alle an, die braven 80 Millionen Deutschen, und jeder hat seinen anständigen Juden. Es ist ja klar, die anderen sind Schweine, aber dieser eine ist ein prima
15 Jude. Von allen, die so reden, hat keiner zugesehen, keiner hat es durchgestanden. Von euch werden die meisten wissen, was es heißt, wenn 100 Leichen beisammen liegen, wenn 500 daliegen oder … 1 000 … Dies durchgehalten zu ha-
20 ben und dabei – abgesehen von Ausnahmen menschlicher Schwächen – anständig geblieben zu sein, das hat uns hart gemacht. Dies ist ein niemals geschriebenes und niemals zu schreibendes Ruhmesblatt unserer Geschichte …

IMG, Bd. XXIX, S. 145.

10 Was bedeutet Bildung nach Auschwitz?

Ein Erziehungswissenschaftler, 1986:

Auschwitz meint in unserem Zusammenhang die Erfahrung, dass eine industrielle Gesellschaft mit einem hohen formalen Bildungsniveau industriellen Massenmord und systematische Aus-
5 grenzung mehrerer Bevölkerungsgruppen aus dem Alltag organisiert und offenbar weitgehend gebilligt hat. Auschwitz, das Ausgrenzungs- und Existenzvernichtungsprojekt, ist von der technischen Elite direkt vorbereitet und durchgeführt
10 worden (insbesondere von Ingenieuren, Architekten, Ärzten, Juristen und höheren Administratoren). Sie alle haben ja – im Gegensatz zu den niederen Chargen der Bewacher und unmittelbaren Mörder – eine bürgerliche, formal hoch qua-
15 lifizierte Bildung durchlaufen …

Zit. nach: Ulf Preuss-Lausitz, in: Pädagogik heute, Heft 12/1986, S. 63 f.

11 Verbrennungsöfen

in Auschwitz, 1995. Das Vernichtungslager vermittelt noch heute Besuchern aus aller Welt ein Bild des Grauens. Doch die Ausstellungsstücke sind v. a. durch Feuchtigkeit vom Verfall bedroht, die finanziellen Mittel für den Erhalt der Anlage nur schwer aufzubringen. – Wieviel ist uns die Vergegenwärtigung dieser Geschichte wert?

Der Schriftsteller Günter Grass sagte 1985:

„… das übergroße Verbrechen, auf den Namen Auschwitz gebracht, ist heute, aus vierzig Jahren Distanz begriffen, unfasslicher noch als zur Stunde des ersten Schocks, als ich sah und nicht glauben wollte. Unbewältigt, nicht zu bewältigen, wie ein Mühlstein hängt uns Deutschen, auch den nachgeborenen, der geplante, vollstreckte, geleugnete, verdrängte und doch offen zutage liegende Völkermord an." –

Wie soll man mit der Erinnerung an Auschwitz umgehen?

4. Vergangenheit, die nicht vergehen will

4.1 Widerstand – Hoffnung für die Zukunft?

1933-1945 _____ Frauen und Männer aus der Arbeiterbewegung, einzelne Pfarrer und Priester und manche andere Deutsche leisten Widerstand.

1937-1944 _____ Seit etwa 1937 entwickelt sich eine national-konservative Opposition um Carl Goerdeler und Generaloberst Ludwig Beck; in diesen Umkreis gehört auch der „Kreisauer Kreis", eine christlich eingestellte Widerstandsgruppe.

1943 _____ Mitglieder der studentischen Widerstandsgruppe „Weiße Rose" um Sophie und Hans Scholl in München werden hingerichtet.

1942/1943 _____ Frauen und Männer der kommunistisch eingestellten Widerstandsgruppe „Rote Kapelle" werden entdeckt und hingerichtet.

20. Juli 1944 _____ Der national-konservative Widerstand gipfelt im Attentat des Oberst Graf von Stauffenberg, das allerdings scheitert. Im Zusammenhang mit dem Attentat werden bis zum Kriegsende mehr als 4000 Personen hingerichtet.

Widerstandskämpfer – Verräter? Vorbilder?

Im „Dritten Reich" galten die Frauen und Männer, die in Deutschland Widerstand gegen die Diktatur leisteten, als Verbrecher, Verräter oder „Miesmacher". Heute gelten sie als Vertreter eines besseren Deutschland, die auf eine bessere Zukunft hoffen lassen.

Viele Deutsche waren es nicht, die Widerstand leisteten. Aber es gab Widerstand; es gab Verweigerung, mutigen Widerspruch und Beispiele einer vorbildlichen Menschlichkeit und Hilfsbereitschaft gegenüber Verfolgten. Viele Gegnerinnen und Gegner des Nationalsozialismus, vor allem Beamte und Soldaten, mussten große Hemmungen überwinden. Sie hatten einen Treueid auf den „Führer" geleistet. Ebenso fiel es vielen Christen schwer, Widerstand gegen die „Obrigkeit" zu leisten. Unter denen, die sich nicht vereinnahmen ließen, waren auch manche Jugendliche – die meisten aus der Arbeiterschaft, andere aus dem Bürgertum. Sie alle verweigerten sich Befehlen und Ansinnen, die sie mit ihrem Gewissen und ihrer Freiheitsliebe nicht vereinbaren konnten.

1 „Aufstand des Gewissens". Das Ausstellungsbild zum deutschen Widerstand zeigt v. l. n. r.: Sophie Scholl, Henning von Tresckow , Claus Schenk Graf von Stauffenberg (beide Militär), Dietrich Bonhoeffer (ev. Kirche), Bischof von Galen (kath. Kirche) und Ludwig Beck (Militär). Diskutiert, wie man in unserer Zeit mit dem Widerstand gegen den Nationalsozialismus umgehen sollte.

2 *„Mutter des Partisanen"*, *Bild des sowj. Malers Sergej Gerassimow, 1943. Die deutschen Besatzer reagierten auf den Befreiungskrieg der Partisanen mit Erschießungen von Frauen, Greisen und Kindern – so in Lidice in der Tschechoslowakei, in Oradour in Frankreich, in Kalavrita auf der Peloponnes, in Anogia auf Kreta, in Warschau und in zahllosen Orten der UdSSR. Was zeigt das Bild? Wie kann man es deuten? Welche Wirkung sollte es haben?*

„Aufstand des Gewissens"

Die Menschen im Widerstand hatten sehr unterschiedliche Vorstellungen von der Zukunft. Ob Deutschland demokratisch oder autoritär regiert, ob die Wirtschaftsordnung kapitalistisch oder sozialistisch werden sollte, war unter ihnen umstritten. Aber sie hatten gemeinsame Vorstellungen über Menschenwürde. Ihr Widerstand ist auch als „Aufstand des Gewissens" bezeichnet worden. Die Mehrheit der Bevölkerung verstand ihre Handlungen nicht. Der Widerstand blieb ein „Widerstand ohne Volk". Auch die einflussreichen Wirtschaftsführer und alten Führungsschichten versagten sich weitgehend dem Widerstand – bis auf wenige Ausnahmen, insbesondere die Frauen und Männer des 20. Juli 1944.

Befreiungskampf

Erbitterten Widerstand gab es in den besetzten Gebieten. Dort kämpften Frauen und Männer („Partisanen") einen Befreiungskampf gegen die deutsche Besatzung (siehe nebenstehendes Stempelbild aus Griechenland). Noch heute gedenkt man in diesen Ländern mit großem Stolz der Partisanen. Wehrmacht und SS antworteten mit grausamen Vergeltungsaktionen.

Widerstand – Hoffnung für die Zukunft? Es liegt an uns – und es liegt an euch – zu überlegen, was man aus dem Widerstand lernen kann.

Widerstand nennen wir jede Handlung, die absichtsvoll darauf gerichtet war oder ist, die Menschenrechte oder Verfassungsgrundrechte zu verteidigen oder wiederherzustellen. Das Recht auf Widerstand ist gegeben, wenn Staat oder Regierung diese Rechte missachten oder nicht fähig sind ihre Verletzung zu verhindern. Als Lehre aus der Geschichte des Nationalsozialismus ist in der Verfassung der Bundesrepublik Deutschland das „Recht auf Widerstand" ausdrücklich verankert. Es kann zwischen aktivem und passivem Widerstand, zwischen Widerstand mit Gewalt und gewaltfreiem Widerstand unterschieden werden. Die Frauen und Männer des deutschen Widerstandes entschieden sich nach z. T. langer Gewissensprüfung für einen Widerstand, der Gewalt einschloss (Sabotage und Attentat). Der internationale Widerstand gegen den Faschismus fiel oft mit einem nationalen Befreiungskampf zusammen.

3 „... das Risiko muss gewagt werden ...“

Der ehemalige Leipziger Oberbürgermeister Carl Goerdeler sollte nach Hitlers Sturz Reichskanzler werden. Er wurde nach dem Attentat auf Hitler hingerichtet. Am 17. Mai 1944 schrieb er an General Olbricht:

Die Zahl der auf Befehl vor und in diesem Kriege zum Tode gebrachten Zivilisten, Männer, Frauen und Kinder der verschiedenen Völker sowie der russischen Kriegsgefangenen übersteigt weit eine
5 Million. Die Art und Weise ihrer Beseitigung ist ungeheuerlich und hat mit Ritterlichkeit, Menschlichkeit, ja, mit den primitivsten Anstandsbegriffen wilder Völker nichts zu tun. Dem deutschen Volke aber wird wahrheitswidrig dar-
10 gestellt, als ob die russischen Bolschewisten es sind, die laufend ungeheure Verbrechen begangen hätten.
Die Liste solcher Tatsachen ließe sich fast beliebig vermehren ... Gewiss, die die Mehrheit des
15 deutschen Volkes, fast die gesamte Arbeiterschaft, weiß heute, dass dieser Krieg kein gutes Ende mehr nimmt. Dem gegenüber erscheint die Geduld des Volkes unerklärlich ...
Finden wir keinen anderen Weg, so bin ich bereit
20 alles zu tun, um zu einer Aussprache mit Hitler zu gelangen. Ich würde ihm sagen, was zu sagen ist, insbesondere dass sein Rücktritt vom Lebensinteresse des Volkes erfordert wird. Es ist nicht gesagt, dass eine solche Aussprache, wenn sie
25 herbeigeführt werden kann, böse enden muss; Überraschungen sind möglich, nicht wahrscheinlich, aber das Risiko muss gewagt werden.

Zit. nach: Walter Heynen (Hg.), Deutsche Briefe des 20. Jahrhunderts. München 1962, S. 178 f.

4 „Im Namen der deutschen Jugend ...“

Aus dem letzten Flugblatt der „Weißen Rose“ vom 18. Februar 1943:

Der Tag der Abrechnung ist gekommen, der Abrechnung der deutschen Jugend mit der verabscheuungswürdigsten Tyrannis, die unser Volk je erduldet hat. Im Namen der deutschen Jugend
5 fordern wir vom Staat Adolf Hitlers die persönliche Freiheit, das kostbarste Gut der Deutschen, zurück, um das er uns in der erbärmlichsten Weise betrogen. ... Der deutsche Name bleibt für immer geschändet, wenn nicht die deutsche
10 Jugend endlich aufsteht, rächt und sühnt zugleich, ihre Peiniger zerschmettert und ein neues geistiges Europa aufrichtet.

Zit. nach: Walther Hofer, Der Nationalsozialismus, Dokumente, 1933-1945, Frankfurt/M. 1957, S. 328.

5 „Dolchstoß in den Rücken“?

Aus Hitlers Rundfunkansprache nach dem gescheiterten Attentat am 20. Juli 1944:

Es hat sich in einer Stunde, in der die deutschen Armeen in schwerstem Ringen stehen ... eine ganz kleine Gruppe gefunden, die nun glaubte, wie im Jahre 1918 den Dolchstoß in den Rücken
5 führen zu können ... Es ist ein ganz kleiner Klüngel verbrecherischer Elemente, die jetzt unbarmherzig ausgerottet werden. ... Es ist unmöglich, dass vorn Hunderttausende und Millionen braver Männer ihr Letztes hergeben, während zu
10 Hause ein ganz kleiner Klüngel ehrgeiziger, erbärmlicher Kreaturen diese Haltung dauernd zu hintertreiben versucht. Diesmal wird nun so abgerechnet, wie wir das als Nationalsozialisten gewohnt sind. Ich bin überzeugt, dass jeder anstän
15 dige Offizier, jeder tapfere Soldat in dieser Stunde das begreifen wird.

Nach: B. Hey / J. Radkau, Nationalsozialismus und Faschismus, Stuttgart 1976, S. 121 f.

6 Zeugnisse von zum Tode verurteilten Frauen und Männern

a) *Ein holländischer Arzt schreibt seinem Vater:*
Heute abend war ein Pastor bei mir und wir haben einige Stunden miteinander gesprochen. Es ist ein feiner Mensch, obwohl er zum Volk unserer Feinde gehört. Ich bitte Dich, und das ist mein
5 letzter Wunsch, keinen Hass zu nähren, wenn es Dir auch manchmal schwer fallen mag, und nachsichtig zu sein. ... Es ist schade, dass ich den Tag des Friedens nicht miterleben werde. ... Gerade unsere Arbeit fängt ja erst nach dem Krieg
10 an. Den Hass zwischen den Völkern auszulöschen, denn erst wenn es ihn nicht mehr gibt, kann der wahre Frieden kommen. ... Sieh zu, dass auch Du nach besten Kräften dazu beiträgst. Um die Welt zu verbessern, müssen wir bei uns
15 selbst den Anfang machen.

Letzte Briefe zum Tode Verurteilter, Zürich 1955, S. 381 ff.

b) *Eine junge russische Kommunistin, die vor ihrer Hinrichtung grausam gefoltert worden war, schrieb mit Blut an die Wand ihrer Gefängniszelle:*
Ich bin das Komsomolmädchen Marina Gryzun, am 28. Juli von den Deutschen getötet. Freunde und Genossen, rächt mich, rächt alle jene, die durch die Hände der Deutschen umgekommen
5 sind. Ihr könnt es, mit euch ist Stalin.

Letzte Briefe zum Tode Verurteilter, Zürich 1955, S. 345.

7 *Der Frauenprotest in der Rosenstraße – nach dem Urteil eines Historikers „der einzige Fall massenhafter deutscher Opposition gegen die nationalsozialistische Judenvernichtung."*
Anfang 1943 hatten die Nationalsozialisten die jüdischen Ehemänner deutscher Frauen verhaftet. In einem Tagebuch wird geschildert, was dann geschah, mitten im Krieg, mitten in Berlin:
Noch am selben Tage machten sich die Frauen jener Männer auf ihre verhafteten Ehegefährten zu suchen. Sechstausend nichtjüdische Frauen drängten sich in der Rosenstraße, vor den Pfor-
5 ten des Gebäudes, in dem man die „Arischversippten" gefangen hielt. Sechstausend Frauen riefen nach ihren Männern. Schrien nach ihren Männern. Heulten nach ihren Männern. Standen wie eine Mauer Stunde um Stunde, Nacht und
10 Tag.
In der Burgstraße liegt das Hauptquartier der SS. Nur wenige Minuten entfernt von der Rosenstraße. Man war in der Burgstraße sehr peinlich berührt über den Zwischenfall. Man hielt es nicht
15 für opportun, mit Maschinengewehren zwischen 6 000 Frauen zu schießen. SS-Führerberatung. Debatte hin und her. In der Rosenstraße rebellierten die Frauen. Forderten drohend die Freilassung ihrer Männer.
Die Frauen in der Rosenstraße hatten Erfolg – ihre Männer wurden freigelassen.

Ruth Andreas-Friedrich, Der Schattenmann. Tagebuchaufzeichnungen 1938-1945, Berlin 1947, S. 109f., Eintragung von Sonntag, dem 7. März 1943.

8 *„Fahnenflucht"*
Etwa 40 000 deutsche Soldaten sind im Zweiten Weltkrieg desertiert, etwa 14 500 Deserteure wurden hingerichtet.
Aus einem Schreiben des Gerichts der Division Nr. 405 vom 14. Juli 1944 an Frau Elli H.:
Ihr Ehemann, der Gefreite Georg H., ist durch Urteil des Feldkriegsgerichts der Division Nr. 405 vom 16. Juni 1944 wegen Fahnenflucht zum Tode, Verlust der Wehrwürdigkeit und zum dau-
5 ernden Verlust der bürgerlichen Ehrenrechte verurteilt worden. Für den Fall, dass das Urteil in Kürze vollstreckt werden sollte und Ihr Ehemann auf Ihre eigenen Kosten auf dem Friedhof des Vollstreckungsortes beerdigt werden soll, werden
10 Sie gebeten, dem hiesigen Gericht umgehend telegraphisch die voraussichtlichen Kosten von 150,– RM zu überweisen.
Georg H. wurde am 25. Juli 1944 in Bruchsal hingerichtet.

Aus: Jörg Kammler, Ich habe die Metzelei satt und laufe über… Kasseler Soldaten zwischen Verweigerung und Widerstand 1939-1945, Fuldabrück 1985, S. 53.

9 *„In Wahrheit geht es ja um die Zukunft…"*
Willy Brandt über Widerstand und Exil, 1984:
Ohne diese Tradition und ihren Beitrag wäre die Bundesrepublik so nicht möglich geworden. Ob man das, was sie zu geben hatten, nicht umfassender hätte annehmen müssen, ob man ihnen
5 dafür den rechten Dank zu sagen wusste, möchte ich allerdings offen lassen… In Wahrheit geht es ja um die Zukunft, wenn man die Vergangenheit nicht sinnlos auf sich beruhen lässt…
Wer kennt sie nicht in seiner Stadt, die Straßen
10 mit den Namen aus dem historischen Gruselkabinett! Der Antifaschismus, das Exil allemal, gibt da anscheinend weniger her an Würdigen als die Geschichte des Rechtsradikalismus, des Ressentiments gegen die Menschlichkeit, hoch zu Ross
15 oder in der Gosse. Wenn ich von meinem Büro in Bonn zu einem wenige Minuten entfernten Restaurant fahre, passiere ich die Walter-Flex-Straße und dann die Hindenburgallee. Wo sind eigentlich die Mühsamalleen, die Heinrich-
20 Mann-Plätze?

Willy Brandt, Aus dem Bewusstsein verdrängt, Vom deutschen Umgang mit Widerstandskämpfern und Emigranten, in: Tribüne, 1984, S. 95.

a) *Erörtert den Vorwurf, die Frauen und Männer des Widerstandes hätten Verrat begangen. Welche Motive für den Widerstand werden in M3 deutlich?*

b) *Warum stießen viele erst spät zum Widerstand? Wie erklärst du, dass es ein „Widerstand ohne Volk" blieb?*

c) *Erkläre, warum die Frauen in der Rosenstraße Erfolg hatten. Kann man von ihnen lernen (M7)?*

d) *Heute wird gelegentlich gefordert, Deserteure durch Denkmäler zu ehren. Die Forderungen sind sehr umstritten. Was denkst du?*

e) *Was erinnert in eurer Stadt an den Widerstand? Sucht in Archiven und Bibliotheken nach Quellen und befragt Zeitzeugen. Diskutiert, inwiefern man den Widerstand als „Hoffnung für die Zukunft" verstehen kann (M9).*

4.2 Was faszinierte am Nationalsozialismus?

1 **_Der Einzelne und der Aufmarschblock_**
_Reichsparteitag in Nürnberg, 1936. –
(1) Versucht herauszufinden, welche Gefühle den Einzelnen inmitten der Aufmarschblöcke bewegt haben mögen.
(2) Erklärt, wie ihr zu euren Vermutungen gekommen seid._

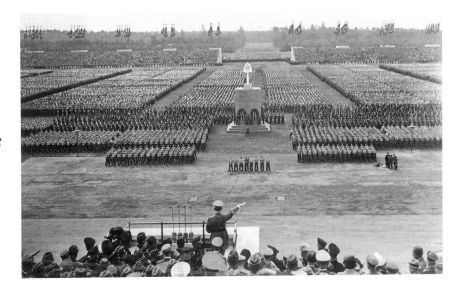

Die NSDAP war anfangs nur eine Splitterpartei, eine von vielen kleinen und provinziellen völkischen Gruppierungen. Seit 1930 wurde sie zu einer nationalen Massenbewegung, die 1932 bei den letzten freien Wahlen die Zustimmung von über 37 Prozent der deutschen Wählerinnen und Wähler fand. Was faszinierte eine Vielzahl von Menschen an dieser Bewegung? Was erklärt, wie es Sebastian Haffner fragte, „den weiteren Massenzustrom, der bis 1938 die Zustimmung und Selbstunterwerfung bis zu 90 Prozent und darüber hinaus trieb"?

2 **_„… für ein besseres Leben …"_**
Isa Vermehren, geb. 1918, in einer Zeitzeugenbefragung:
Wir hatten keinen Kaiser mehr, unser Nationalbewusstsein war angekränkelt. Ein Großteil der Bevölkerung war von der Religion weit entfernt.
5 So denke ich, dass der Nationalsozialismus für viele eine Ersatzreligion war, die eine ganz tiefe Begeisterung weckte und wie eine Kraftquelle wirkte. Man wollte anpacken, um für ein besseres Leben zu arbeiten. Aber dass das ein Spuk war mit ganz finsteren Schattenseiten, das wusste
10 man doch.

Zit. nach: Isa Vermehren in: G. Knopp, Hitler. Eine Bilanz, Berlin 1995, S. 67.

3 **_„Es war immer ganz schön"_**
Aus einer Befragung von Frauen in einem lippischen Dorf:
In der Frauenschaft war das immer ganz schön. Wir haben uns in Diestelbruch in der Gaststätte getroffen und dort gesungen. Wir haben auch Kranke gepflegt. Eine Ausbildung als Laienhelferin habe ich gemacht. Für die Winterhilfe haben
5 wir eingemacht oder Plätzchen gebacken. Es war immer ganz schön.

Zit. nach: Befragungen von Frauen in einem lippischen Dorf, in: G. Hammer/I. Schäfer/J. Scheffler, Vahlhausen, Alltag in einem lippischen Dorf 1900–1950, Detmold 1987, S. 153.

4 **_„Was die Zweifler bekehrte …"_**
Sebastian Haffner, geb. 1907, Jurist und Publizist, 1938 nach England emigriert, resümiert:
Es gab noch etwas anderes, noch weniger Attraktives als Angst: den verbreiteten Wunsch, sich dem Triumphzug des Siegers einzureihen, dabeizusein, mitzumachen. Auch das ist ein ewi-
5 ger, menschlich-allzumenschlicher Zug …
Was die Zweifler bekehrte und die Gegner unsicher machte … war zweierlei: das Hitlersche Wirtschaftswunder und die unglaublichen, ebenfalls ans Wunder grenzenden Erfolge Hitlers
10 in der Außenpolitik … 1933 gab es in Deutschland 6 Millionen Arbeitslose; 1936 herrschte Vollbeschäftigung …

Sebastian Haffner, Die Deutschen und Hitler, in: W. Kempowaki, Haben Sie Hitler gesehen? München 1973, S. 111 f.

5 „Der Eindruck von Energie"

Albert Speer (1905–1981), Architekt, enger Mitarbeiter Hitlers, seit 1942 Rüstungsminister, in seiner Autobiographie:

Es wird in diesen Monaten (1931) gewesen sein, dass meine Mutter einen Aufmarsch der SA in den Straßen Heidelbergs erlebte: der Anblick der Ordnung in einer Zeit des Chaos, der Eindruck

5 von Energie in der Atmosphäre allgemeiner Hoffnungslosigkeit muss auch sie gewonnen haben: jedenfalls trat sie, ohne je eine Rede gehört oder eine Schrift gelesen zu haben, der Partei bei. Wir beide schienen diesen Entschluss als Bruch

10 einer liberalen Familientradition empfunden zu haben; jedenfalls hielten wir ihn voreinander und vor meinem Vater verborgen. Erst nach Jahren, als ich längst zum Kreise um Hitler gehörte, entdeckten wir durch einen Zufall die frühe gemein-

15 same Zugehörigkeit.

Albert Speer, Erinnerungen. Berlin 1969, S. 34.

6 „Es ging aufwärts ... "

Der Historiker Hans-Günter Zmarzlik, geb. 1922, in einem Zeitzeugenbericht:

Meine dörflichen Freunde, meine Klassenkameraden im Gymnasium waren meist schon im „Jungvolk", trugen Uniform und erzählten die abenteuerlichsten Dinge von dem, was sie da

5 machten. Schon nach ein paar Wochen war ich im braunen Hemd mit dabei.

Vieles war nicht so schön, wie ich es mir vorgestellt hatte. Aber es gab doch genug, was ansprach: Gemeinschaft, in der man sich bestätigt

10 fühlte; Verantwortung und Führungsaufgaben, die das Selbstbewusstsein und den Ehrgeiz befriedigten. Auch sonst war manches, was nun geschah, ganz unsere Sache. Mit Vergnügen nahmen wir von den Schülermützen Abschied, die

15 bis dahin die Gymnasiasten so auffällig vom Volksschüler abhoben. Mit Begeisterung standen wir am lodernden Holzstoß bei Sonnenwendfeiern, fieberten den Sportfesten entgegen, erlebten

die Olympiade von 1936 als einen nationalen Tri-

20 umph.

Noch in der Weimarer Zeit war uns in der Volksschule die demütige Lage unserer Nation seit dem „Schanddiktat" von Versailles eingeprägt worden. Um so befreiender nun das Gefühl, dass

25 es damit vorbei war. Es ging aufwärts und wir waren die „Garanten der Zukunft".

Zit. nach: Hans-Günter Zmarzlik, Einer vom Jahrgang 1922, in: H. Glaser/A. Silenius (Hg.), Jugend im Dritten Reich. Frankfurt a. M. 1975, S. 8 f.

7 „Sammlung und Mitwirkung aller aufbauwilliger Kräfte"

Schreiben von Gustav Krupp von Bohlen und Halbach (1870–1950) an Adolf Hitler, 24. März 1933:

Sehr geehrter Herr Reichskanzler!

Wir beehren uns davon Kenntnis zu geben, dass das Präsidium des Reichsverbandes der deutschen Industrie am 24. März 1933 unter dem

5 Vorsitz des Herrn Krupp von Bohlen und Halbach zu einer Sitzung zusammentrat, in der zu der politischen Entwicklung Stellung genommen wurde. Das Präsidium vertrat einmütig folgenden Standpunkt:

10 Durch die Wahlen ist die Grundlage für ein stabiles Regierungsfundament geschaffen und es sind damit die Störungen beseitigt, die sich aus den ständigen politischen Schwankungen der Vergangenheit ergeben und die wirtschaftliche Ini-

15 tiative stark gelähmt haben. Für den notwendigen tatkräftigen Wiederaufbau kommt es darauf an, die Sammlung und Mitwirkung aller aufbauwilligen Kräfte herbeizuführen. Die deutsche Industrie, die sich als einen wichtigen und unent-

20 behrlichen Faktor für den nationalen Aufbau betrachtet, ist bereit, an dieser Aufgabe tatkräftig mitzuwirken, und der Reichsverband der Deutschen Industrie – als die wirtschaftliche Vertretung – wird alles tun, um der Reichsregierung bei

25 ihrem schweren Werke zu helfen.

Zit. n.: E. Czichon, Wer verhalf Hitler zur Macht? Köln 1972, 3. Aufl., S. 83 f.

a) Stellt Gründe dafür zusammen, weshalb so viele Menschen, selbst frühere Gegner, sich dem Nationalsozialismus unterwarfen, ihm zustimmten oder doch zumindest mit ihm einverstanden waren. Greift hierzu auch auf die ersten Kapitel dieses Großabschnittes zurück.

b) Einige Äußerungen der oben abgedruckten Quellen (M2–3, M6) wurden durch die Methode der „Oral History", der Zeitzeugenbefragung, ermittelt. Versucht selbst, mit Zeitzeugen aus eurem Umfeld über die Faszination des Nationalsozialismus ins Gespräch zu kommen.

4.3 „Unfähigkeit zu trauern"?

Schuld oder Schicksal?

1945 und später meldeten sich Stimmen, die Besinnung und Einkehr forderten. Aber konnten die wohlmeinenden Aufrufe die deutsche Bevölkerung erreichen? Mit dem schieren Überleben in Trümmern, in der Not von Hunger und ausgebombten Wohnungen, mit dem Aufbau eines neuen Lebens beschäftigt, sperrte sich der größere Teil der Deutschen dagegen, über die soeben erlebte Zeit selbstkritisch nachzudenken. Noch heute streiten Deutsche, ob der 8. Mai 1945 als Tag der „Niederlage", der „Kapitulation", der „Katastrophe" oder als „Tag der Befreiung" gelten soll. Es war leichter zu sagen, „die Umstände" oder „der Kapitalismus" oder „das Schicksal" seien Schuld gewesen. Der Schuldanteil etwa der Führungsschichten aus Wirtschaft, Bürokratie, Adel und Militär ist zu Recht genannt worden. Aber: Größere Zivilcourage gehörte und gehört dazu, die jeweils eigene Schuld, die jeweils eigenen Versäumnisse, die jeweils eigenen Unterlassungen, die jeweils eigene Feigheit einzugestehen und daraus lernen zu wollen.

„Unfähigkeit zu trauern"

Die meisten verdrängten die Fragen nach Schuld oder Mitschuld, Verantwortung oder Mitverantwortung der Einzelnen oder des Volkes für Verbrechen, die im Namen des deutschen Volkes von Deutschen angeordnet und ausgeführt worden waren. Wäre eine andere Haltung zu erwarten gewesen? Die Psychologen Margarete und Alexander Mitscherlich nannten die fehlende Bereitschaft, sich mit der eigenen Vergangenheit auseinanderzusetzen, auch eigene Schuld einzugestehen, die „Unfähigkeit zu trauern". Die meisten Deutschen machten Hitler verantwortlich – ihn allein. Oder sie schoben die Schuld den Nationalsozialisten zu – ihnen allein. Umstritten war, ob es eine gemeinsame Schuld der Deutschen gebe – eine „Kollektivschuld". Weniger umstritten war die Vorstellung, es solle eine gemeinsame Scham der Deutschen geben, über das, was Deutsche an Verbrechen gegen die Menschlichkeit angerichtet hatten: eine „Kollektivscham".
– Vielleicht waren die Zeitgenossen mit den Fragen überfordert. Und wir …?

1 *„Das Erwachen"*
Bild von A. Paul Weber, 1945.
Viele hatten weggesehen, als ihre Regierung kriminell wurde. Und es dauerte Jahrzehnte, bis in Deutschland eine umfassende Auseinandersetzung mit der NS-Zeit erfolgte. Die „Bewältigung der Vergangenheit" stieß auf manche Widerstände. – Welche Gründe könnte es dafür gegeben haben?

2 „Wird Deutschland seine Seele retten?"

a) *Der österreichische Schriftsteller Franz Werfel (1880 bis 26. August 1945), der 1938/40 über Frankreich, Spanien und Portugal in die USA emigrieren mußte, richtete am 25. Mai 1945 einen Aufruf an die Deutschen:*

Dasselbe Elend, das euch jetzt hohläugig durch Ruinen jagt, habt ihr den anderen Völkern Europas kalten Herzens selbst bereitet und habt euch nicht einmal umgesehen nach dem Jammer, der
5 euer Werk war. Die Völker haben diesen Jammer überdauert und auch ihr werdet den Jammer überdauern, unter einer einzigen Bedingung freilich, dass ihr eure Seele rettet. Und das ist die furchtbare Prüfung und die große Frage: „Wird
10 Deutschland seine Seele retten?" Deutsche Menschen! Wisst ihr, was durch eure Schuld und Mitschuld geschehen ist in den Jahren des Heils 1933 bis 1945, wisst ihr, dass es Deutsche waren, die Millionen und Millionen friedfertiger, harm-
15 loser, unschuldiger Europäer mit Methoden umgebracht haben, die den Teufel selbst schamrot machen würden, kennt ihr die Bratöfen und Gaskammern von Majdanek, den Jaucheberg verwesender Mordopfer in Buchenwald, Bergen-Bel-
20 sen und hundert anderen Höllenlagern … Das Verbrechertum des Nationalsozialismus und die unsagbare Verrohung des deutschen Wesens sind logische Folgen der frechen Teufelslehren, die vom „Recht des Stärkeren" schwärmen und be-
25 haupten, Recht sei einzig und allein das, was dem Volke, das heißt ein paar Bonzen und Gaunern, nützt …

Zit. nach: Bayerische Landeszeitung, 25. 5. 1945.

b) *Ein Arbeiter antwortet dem Schriftsteller in einem Leserbrief:*

Wahr ist, dass seine Vorwürfe für einen großen Teil des deutschen Volkes berechtigt sind. Aber das ganze deutsche Volk für die Verbrechen der Nazis und des deutschen Militarismus haftbar zu
5 machen, empfinde ich als unrecht. Meine Meinung ist: Jeder Mensch in Deutschland und im Ausland, der die Nazis und ihre Ziele erkannt hat, hätte die Pflicht gehabt, alles aufzubieten, damit die Nazis ihr Ziel nicht erreichen. All diejeni-
10 gen, die nicht gegen die Nazis kämpften, tragen Schuld an der Katastrophe. Aber in Deutschland ebenso wie anderswo lehnte die Masse der Arbeiter die Nazilehren ab. Die Volksgemeinschaft jedoch wurde durch blutigen Terror zusammen-
15 gehalten.

Münchner Zeitung, 9. 6. 1945.

3 „Erwachen aus einem bösen Traum"
Ein Zeitgenosse stellt Fragen:

Es ist wie ein Erwachen aus einem bösen Traum. Betäubt stehen wir vor den Ereignissen, die über uns niedergebrochen sind. Von einem Schmerz befallen, der schon brennt, aber noch nicht wirk-
5 lich begreifen kann …
Die Ahnung von der Einmaligkeit, die Unwiederbringlichkeit des Verlorenen ist jäh und scharf. Unser Bruder und Freund, unser Sohn oder Mann oder Vater ist gegangen und nicht
10 wiedergekommen. Unsere Frau, unsere Kinder sind in Kellern verschüttet worden. Unsere Häuser sind zerstört, die Stätte unseres Wirkens ist dahin, die Straßen und Städte unserer Vorfahren nur noch Erinnerung. Seit dem Dreißigjährigen
15 Krieg, seit dem Schwarzen Tod ist kein solches Unheil durch die deutschen Lande gegangen. Bedrückender noch, aufwühlender, würgender noch wirkt das Bewusstsein, für diese Lawine von Blut und Elend, die über uns und über Eu-
20 ropa niedergegangen ist, verantwortlich gemacht zu werden. Als Ausgangspunkt dieser Katastrophe zu gelten, die mit ihren Ausmaßen ohne Vergleich in der Geschichte steht. Von Abscheu und Verachtung umgeben zu sein.
25 Zu Recht oder zu Unrecht? …
Die Möglichkeit der inneren Ablehnung, der schweigenden Nichtbeteiligung an der politischen Organisation des Regimes war immer vorhanden, wenn auch um den Preis mancher Nach-
30 teile. Aber auch zum offenen Protest wäre immer wieder Gelegenheit gewesen … Wenn es nicht unsere Sache war, einem Hitler Einhalt zu gebieten, wessen Sache war es dann …?

F. A. Kramer, Von den Ruinen Deutschlands. Ein Aufruf zur geschichtlichen Selbstbesinnung, Koblenz o. J. (1945/46), S. 5 f.

4 „Der letzte Befehl"
Gemälde von Helmut Bibow, 1945.

5 „Unsere Schmach"

Thomas Mann, Literatur-Nobelpreisträger, aus Deutschland vertrieben, schrieb in der „Ruhr-Zeitung" am 12. Mai 1945:

Der dickwandige Folterkeller, zu dem der Hitlerismus Deutschland gemacht hat, ist aufgebrochen und offen liegt unsere Schmach vor den Augen der Welt, den fremden Kommissionen,
5 denen diese unglaubwürdigen Bilder nun vorgeführt werden und die zu Hause melden, dies übertreffe an Scheußlichkeit alles, was Menschen sich vorstellen können.

„Unsere Schmach", deutsche Leser. Denn alles,
10 was deutsch spricht, deutsch schreibt, auf Deutsch gelebt hat, ist von dieser entehrenden Bloßstellung mitbetroffen. Es war nicht eine kleine Zahl von Verbrechern, es waren Hunderttausende einer so genannten deutschen Elite,
15 Männer, Jungen und entmenschte Weiber, die unter dem Einfluss verrückter Lehren in kranker Lust diese Untaten begangen haben ... Die Menschheit schaudert sich. Vor Deutschland? Ja, vor Deutschland.

Ruhr-Zeitung, Bochum, vom 12. 5. 1945.

6 „Die Unfähigkeit zu trauern"

Die Psychologen Alexander und Margarete Mitscherlich urteilten 1961 über die Frage nach der Schuld:

Die auf historische Genauigkeit drängende Auseinandersetzung mit diesem Abschnitt unserer Geschichte würde dann sehr rasch den Erweis dafür bringen, dass sich der Mord an Millionen
5 schutzlos Verfolgter aus sehr vielen schuldhaften Entscheidungen und Handlungen Einzelner zusammensetzt und dass er keineswegs mit jener Selbstverständlichkeit, die wir uns zu eigen gemacht haben, auf Vorgesetzte, schließlich auf den
10 Führer selbst verschoben werden kann. Dass alles das, was geschah, geschehen konnte, ist nicht allein das Ergebnis mirakulöser Führerqualitäten, sondern ebenso eines „unglaublichen Gehorsams". So ist es auch gar nicht erstaunlich,
15 dass nur wenig von Sanktionen bekannt wurde, die verhängt worden wären, wenn einmal sich jemand eklatanten Mordaufträgen widersetzte. Er konnte das offenbar ohne eigene Gefährdung, wenn er nur den Mut zum Widerspruch hatte ...
20 Da das Gehorsamsideal sehr bildend war, beschwor das Löcken wider den Stachel in Gedanken unerträgliche Schuldängste, die mit überschießender Unterwürfigkeit abgegolten wurden. Welches Volk wäre sonst bereit, die sich
25 langsam als wahnhaft offenbarenden Ziele seiner Führung mit solcher Geduld, mit solcher Ausdauer auch in der Selbstzerstörung zu verfolgen?

A. u. M. Mitscherlich, Die Unfähigkeit zu trauern. Grundlagen kollektiven Verhaltens, München 1967, S. 31 und 33.

7 „Der Schoß ist fruchtbar noch ..."?

Unter dieses letzte Bild seiner „Kriegsfibel" schrieb Bertolt Brecht 1955 die Zeilen:

Das da hätt einmal fast die Welt regiert.
Die Völker wurden seiner Herr.
Jedoch, ich wollte, dass Ihr nicht schon triumphiert:
Der Schoß ist fruchtbar noch, aus dem das kroch."

Bertolt Brecht, Kriegsfibel, Berlin 1955, S. 69.

HITLER: April 20. 1889

a) Eine Frage lautete: Wer war schuld? Eine andere Frage lautete: Was war schuld?
b) Welche der zeitgenössischen Äußerungen berührt dich am stärksten?
c) Welche Antworten gibst du heute auf die Fragen von damals?
d) Diese Vergangenheit wird und soll uns immer beschäftigen: Begründe deine Zustimmung oder Ablehnung dieses Satzes.

Verzeichnis der Namen, Sachen und Begriffe

Verwendete Abkürzungen:
Abb. = Abbildung; amerik. = amerikanisch; brit. = britisch; dt. = deutsch; eigtl. = eigentlich; engl. = englisch; europ. = europäisch; evang. = evangelisch; frz. = französisch; geb. = geboren; ital. = italienisch; jüd. = jüdisch; kath. = katholisch; kirchl. = kirchlich; Kg. = König; Ks. = Kaiser; Kt. = Karte; latein. = lateinisch; Min. = Minister; Min.präs. = Ministerpräsident; nat.-soz. = nationalsozialistisch; österr. = österreichisch; Präs. = Präsident; röm.-kath. = römisch-katholisch; russ. = russisch; sächs. = sächsisch; schweizer.-dt. = schweizerisch-deutsch; sowj. = sowjetisch; sozialist. = sozialistisch; span. = spanisch

Hinweise:
▷ Verweis auf ein Stichwort
~ ersetzt das Stichwort bei Wiederholung
● Hier wird der Umgang mit bestimmten Materialien besonders geübt.
Halbfett gesetzt sind historische Grundbegriffe, die im Buch in einem Kasten-Text erläutert werden. Die halbfette Seitenzahl gibt den Fundort an.
Bei Herrschern und kirchlichen Amtsträgern werden Regierungs(Amts-)daten, bei anderen Personen Lebensdaten angegeben.